POYI JIAOYU MIMA

破译教育密码

——干国祥教育教学精华

干国祥　著

漓江出版社
·桂林·

目录

破译教育密码

海拔五千

再版序：生命中的每一段，都有不可替代的风景

《破译教育密码》第三版了。

在内心深处，我依然希望自己是35岁时的模样：青葱，灵动，虽然幼稚之处难免，但是有激情，有勇气，更有每天不止歇的灵感勃发。

重要的永远不是深度，虽然这深度是我毕生孜孜以求的。重要的是初心——初见面、初领悟、初相恋时的灵魂的悸动。

这一生交给了教育，栖身于教育，虽然后来确实创造了许多为人称道的课程，提出了一些让人眼前一亮的概念，但是我深深知道，对自己而言，没有写文字之前的教育工作是最美丽的，没有发表的诉求而真诚写下的文字是最珍贵的。

我最珍贵的文字，有一半就收录在《破译教育密码》这本书里，它不具备我后来作品的深邃和博雅，但是它确实更美丽，具有被多重解读的可能性。

这本书的原名是《破译教育的密码》，由长春教育出版社于2005年出版，现在我和朋友们的手头都已经一本不存，书店与网络上也无从寻觅，于是就一直有朋友"唆使"我重新出版。

于是有一个问题就油然而生：一本十多年前的著作（里面最早的文章写于二十多年前），难道它还没有被今天的我所超越、所抛弃，还具有重新出

版的价值？

因为我自己最为清楚，就是这些年中，我重返新教育，和伙伴们一道深入大江南北，做教育公益，搞田野研究，深扎一所学校数年以检验自己所设想的课程系统……

就是在这些年中，我第一次深切地读懂了海德格尔、克尔恺郭尔、康德与黑格尔这些以前还并不曾真正读懂的哲学家。而在此之前，我仅读懂了杜威，部分地读懂了怀特海和存在主义……

就是在这些年中，我真诚地信奉儒家，开始重新阐释《论语》《孟子》等儒家经典，把道家的自然和儒家的自由整合到一个“道”的传统。而在此之前，我是一个在禅学、道家思想中浸淫多年，在基督教思想与现代启蒙思想之间徘徊不定的寻觅者。我想为存在寻找根基，在心理学、艺术和教育中倾注了十多年时光，但《破译教育的密码》成书时，我还没有全心向儒，我还在十字路口彷徨……

就是在这六年中，我系统地穿越了整个小学六年的教育，无论是语文教学、数学教学，还是我们新教育首创的“晨诵课”；从儿歌童谣，到名为“农历的天空下”的中国古诗词之旅，以及更为宏大的儒家、道家课程；还有我们新教育名为“从毛虫到蝴蝶”的儿童阶段阅读，我亲自解读并授课其中十多本经典的童书。而在此之前，我还只是在心理学的深入阅读和华德福教育的观摩中，不时感到神奇与欢欣，在女儿的童年岁月中，领悟到生命的节奏、纪律和自由……

但今天，当我重读《破译》一书中自己的“青葱之作”，我知道了这样一个简单的真理：当时，我固然写不出今天诸如《新教育本身以生命必将胜利》这样的解读，上不出《三打白骨精》或《巨人的花园》这样的语文课，写不出《以词为祀》这样的文章，但是，今天的我同样写不出《旷野上的歌声》和《槐香满校园》这样的心灵散文，而当年我对“帕里斯的金苹果”的解读，对电影《回归》的解读，今天也仍然不能再有什么太多的改动（因为这些年我精进的是哲学，而《破译》的教育学成就主要来源于心理学与现象解释学）……

即使是语文课堂，当年《斑羚飞渡》的高度，自然是远不及今天的《景阳冈》和《少年王冕》的，但是它仍然是一个有价值的艺术品，虽然不够圆融，科学性更是有所欠缺，但它充满了当年的个性与张力……

于是我相信，生命中的每一段，都有不可超越的精彩。当年出书时的惶恐与认真，使我今天能够坦然地把书稿交给出版社；而今天的回望，让我明白生命既是一段永不停止的上升之路，而在它的每一段，又都会有不可替代的风景。

就像海德格尔所说的那样，存在的真理是没有遮蔽地显现在世界上，但它不能够一劳永逸，隐匿与沉沦是它的宿命，在新的时间、新的历史、新的境域中，我们还需要再度以另外一种方式，把同一存在真理、同一神性活出来。

我不会停留于《破译》，但我知道它是那个时刻我生命中的真理。而我今天的道路，我以后的道路，都从那里走来；在那里，蕴含着今天所能看到的一切种子，只是当年未必能知道它今天的模样。

干国祥

2022 年 7 月

破译干国祥

——《破译教育密码》读后

给干国祥的书写一篇书评，是一件困难的事情。但是搁了一段时间后，又总有一种非写不可的冲动。这种感觉非常奇怪，是因为同为中师生的大致相近的命运？是因为共同的对于教育莫可名状的情怀？是因为作为朋友，我们在相互阅读中获得的东西想要表达？似乎都是，又似乎都不是。

干国祥现在也已经获得了一定程度的认同，虽然这与他应该获得的影响力还相差甚远。（当然，对于干国祥来说，认同不是目的，干国祥的故事不是于连故事的现代版——一个中师生如何经过艰苦奋斗一步步地成为专家。因为我们的目的不再是，或者主要不是外在的承认，而在内在的确认，除此以外的喧哗，与干国祥无关。）我只是觉得，干国祥的价值还远远没有被发掘出来，而且，他现在仍然只是一粒种子或者说一株小苗，但注定会长成森林。我读过干国祥公开发表于报刊或者网络的几乎所有文字，有些文字读过许多遍，我觉得他本身就是一个难解的密码，包含了有关成长，有关教育的层层隐喻，而对他的解读，本身就对我们有着丰富的启示。

一

干国祥曾经为自己写了一篇童话——他认为每个人都有自己的童话，

只是大部分人没有写出来而已。“那时候，我常常无端地陷入忧伤和冥想中，同学们总是远远地避开我，如害怕某种传染病似的。”当时，班上流行养蚕，因为不合群，“我”成了唯一没有获得蚕种的人，于是从路旁的树叶上摘下类似于蚕种的东西独自养着，后来发现长出来的不是蚕，而是毛毛虫。

在同学的嘲笑中，“我”并没有丢弃毛毛虫，当其他同学的蚕化成蛾子后一只只死去的时候，“然后，才是我的虫儿们，悄悄地从茧中钻出，穿着一身不可思议的美妙的衣裳。在凝神留恋了好一阵后，才慢慢张开那对巨大的美丽的翅膀，一下子跃离纸盒，向着窗外湛蓝的天空翩翩飞去”。

这篇童话是意味深长的，它包含了干国祥成长过程中的重要关键词：孤独、思考、边缘，也隐含了他在不被承认、不被理解时对自身力量的自信。

的确，干国祥是个典型的边缘人，这种边缘性，不但表现在他的宿命般的经历上——比如学历较低，更表现在他的人生姿态上。因此在学院派看来，他是一个优秀的实践者；在一线同行看来，他又是一个热衷于学理的人。而他自己，其实不过是在两者的边缘游走。这种边缘，并不是那种对于理论和实践都一知半解的边缘，而是不愿意被任何东西框定的边缘。他可以在课堂上挥洒自如，甚至可以自信地去小学、初中、高中授课并颇受好评（这又是一种边缘，因为对许多一线老师而言，小学、中学是老死不相往来，自成天地的），也可以深刻地理解各家之说甚至精辟地指出其优长乃至缺陷。换句话说，可能比大部分一线老师更了解一线，也可能比许多所谓的教育专家更清楚理论。

他说：“我不会任自己这样沉醉于任何一个大师的声音中太久的，因为我不想成为谁的信徒，我只想把他们作为我的朋友。同时我也没有忘记自己的职责，我不是哲学家，我只是一个热爱教育的人……”

我尊重那些沉醉在教育理论的迷人大厦里的专家学者（其实这样的人中国并不多），他们的工作自有其意义。但是，理论与实践之间毕竟有距离，需要对两者都理解得比较通透的人来整合，而干国祥的价值正在于此。因为过分地专注于理论，往往会导致臣服于某种理论（可能是别人的，也可能是自己的），然后在这种理论的框架内去解释教育，最后会妨碍理论的深入；而长期沉浸在一线教学中，又会导致对形而上的思考的恐惧或轻视，一味地追求所谓的实用有效，结果往往会迷失于现象之网，反倒认不清真相，妨碍了对问题的解决。也就是说，学院里的专家学者可能更多地关注意义，而一线老师则更关注技术，但是意义与技术本来相辅相成密不可分，是我们视野的狭窄使之人为地割裂了。干国祥的价值在于，他立足于实践，以边缘化的姿态，打破了两者间的隔膜状态。他采取了拿来主义的态度，从哲学、心理学（当然更不用说教育学了）等学科中广泛地汲取营养，但又不拘泥于任何一家学说。因为任何一家学说，都只是从一个方面解释了世界，都有一定的局限性。正是这种博采众长，通透而不黏滞的学术态度，反倒使许多教育现象获得了更为合理的解释。

不但如此，干国祥始终保持了充分的开放姿态，在他眼里，教育无处不在，不但遍布许多学科，更奇妙的是，他从神话、电影、电视剧、小说、漫画等许多方面开拓了新的疆域，重新“发现”了许多被我们忽略的教育问题。在这本书中，类似《内心的神殿——我的心灵观和教育观》《“不听话”的意义——从教育的角度解读亚当偷食禁果》《一场青春的宿命——从“帕里斯的金苹果”看早恋》《电影中的教育元素》等篇章都是令人叹服的精品，揭示了一个我们以前从未留意过的迷人世界。虽然博采众长，但是干国祥仍然有自己的立足点，那就是哲学、心理学和神话学。这种立足点是很有意味的，意味着干国祥的兴趣在于探寻复杂的教育现象背后的更为本质、本源的东西，比如存在、原型等。因为这种穷根究底的探寻，许多我们看不清或者自以为看清的现象背后的东西就呈现出来了。

在这种探寻中，干国祥也确认了自己“存在的意义”，他融合了各种理论，从更宽广的视野来审视教育现象背后的意义，反倒为具体的教育活动提供了更为有效的解决思路。可以说，当主流话语迷失于术语和西方话语中，遮蔽了教育的真相时，这尾独自自由游走的鱼儿，反倒游出了一条清晰的线路。

二

干国祥的视野很开阔，他关注的始终是大教育，但他同时也是语文教师，在语文教学的领域内，他同样游刃有余。

干国祥在语文教育方面的成绩，主要的不是指能够上课并且能够在不同的年级上课，而是他对语文教学从学理层面进行了深入的思考。这种思考，为混乱不堪的语文教育提供了一条思路（当然，只是“小径分岔的花园”中的一条路径而已）。这种思考，始于批判，终于建设，或者说在建设中批判，在批判中建设。

在这本书中，干国祥用了五个关键词来概括他在语文教学方面的理解：主题、可读、互文、对话、存在。这五个关键词并不陌生，现在几乎是教育界的流行词语，而这些词背后的东西，比如主题教学、建构主义、后现代主义等，也风行一时。但是能够真正透彻地理解这些理论并且在课堂上清晰呈现的，在我有限的视野内却不多。这本书中收录的《成为课程开发者——教师专业化之思考》《两种阅读观：“只读”与“可写”》《多元之界与“临时性共识”》《从“知识体系”到“主题单元”》，都是极有分量的理论文章。更难得的是，干国祥将他对语文教学的思考化为实践，书中收录的《〈斑羚飞渡〉课堂实录》《建构学生自己的语言和思想——〈丑小鸭〉课堂实录（第一教时）》就清晰地呈现了他对语文教学的理解。在《深度阐释之后——评郭初阳〈珍珠鸟〉课案》一文中，他同样通过具体的分析让读者看到这些理解是如何化为实践的“血肉之躯”的。如果不是因为“脚踩两只船”，恐怕很难写成这批文章。

这些相对成熟的思考在网上也影响了一批喜欢读书，热衷于思考的语文老师。于是，在干国祥的提议下，一个名为“深度语文”的流派逐渐形成（详细地阐述深度语文的主张以及理论背景，是另一篇大文章的任务）。

深度语文的形成是建立在对现实语文，包括被纸媒奉为经典的课堂的反思的基础上。也就是说，我们必须回到本源，重新反思语文课究竟要做什么，一个好的语文老师应该具备哪些素养，“优秀”这个词应该如何定义。在这种反思中，深度语文形成了自己的姿态，也形成了自己的关键词：思与诗、智力挑战、形式训练等。所谓的思与诗，其实正是干国祥的一个基本姿态，甚至可以说是他一生的追求，即“经过思抵达诗”。深度语文一直反感充斥于公开课与日常课堂的虚假的抒情或者说煽情，拒绝浅薄的感动，但是深度语文从来不排斥诗意，因为诗性也是存在的组成部分。或许恰恰相反，追求诗意是语文课的最重要的目的之一，但是，没有经过思考沉淀，没有经过思考去伪存真的“诗意”是可疑的，这种所谓的“诗意”会妨碍人自由地生存，会导致人的异化，甚至会让人沦为工具。因此，任何诗都必须经过思的考问。同样，针对传统课堂缺乏真问题（稀奇古怪的问题倒不少），缺乏真思考，一味臣服于文本的事实，深度语文强调课堂上要营造情智落差，要通过富有梯度和启发性的问题促进学生思维——《〈斑羚飞渡〉课堂实录》就是其中的代表作。

当然，深度语文仅仅是一颗种子，一颗包含了上述几个关键词的种子，它的成长还要有一个漫长的过程，而深度语文也不会是一个封闭的不断自证的团队——如果没有了个体的思考，没有了多元化，也就没有深度语文。在这个过程中，它会被不断地丰富甚至改写，而这颗种子所包含的若干密码，其实已经藏在这本书中了。

三

干国祥的上述成绩，来源于长期孜孜不倦的阅读与思考。

我们为什么要读书？或者为了消遣，或者强调学以致用（这些都不是错误，是人生的必需），或者把读书与成功联系起来，读书成了获取成功的重要途径，这是“书中自有……”的现代翻版。

我觉得干国祥的阅读有很大一部分是一种纯粹的阅读，是一种恢复亚里士多德传统的阅读，阅读的目的——如果有目的的话——被重新定义为三个字：好奇心。或者也可以说是趣味。是啊，对未知世界的好奇心，对自身秘密的好奇心，难道还不足以构成阅读的理由吗？我们过于强调了阅读的功利性，反而迷失在阅读中，找不到真相。

“我阅读，因为我孤独。”我想这或许就是干国祥的答案。“古之学者为己，今之学者为人。”我们离古之学者远矣！本书中《我的阅读史》这篇文章或许会给我们许多启发，让我们重新思索教师专业化阅读的意义。

对于干国祥而言，阅读首先是为了去魅。自从有了文字以来，书写的东西便获得了一种魔力，这种文字崇拜一直在我们的潜意识里潜伏着，许多人不加分辨便会对变成铅字的东西或者自己不懂的东西顶礼膜拜。在许多时候，我们崇拜的不是思想，而是文字本身，或者是文字背后因我们跪着而显得高大的作者。往往是他们的头衔、名誉而不是思想俘获了我们，而我们通过阅读又进一步地加深了崇拜。这是许多人阅读的真相，他们只是自以为获得了思想，其实不过是可怜的应声虫。

不用说孔子、老庄、柏拉图，那些被一些人挂在嘴边的弗洛伊德、荣格、弗洛姆、马斯洛、海德格尔、伽达默尔、巴尔特等，都被他一一翻过，而且这些天才们的天才思想能够很快地被整合到他的知识结构中去。阐释学、新批评、结构主义、建构主义、后现代，等等，他也都有不同程度的涉猎。这些他通读的并不多，“弱水三千，只取一瓢”是他的基本态度。

值得注意的是，干国祥的阅读通透而不黏着，是进去能出来的那种阅读，是六经注我而非我注六经的阅读。他不会在一个地方流连太久，所有的资源都只是资源而已，不能够代替本身的思考。其实，我相信，阅读是一种更高层面上的“自证”或者说“自我发现”的过程。每一个人降生到这个世界上，然后成长，在这个过程中慢慢地会形成宿命性的东西。换句话说，每一个人都有属于自己的一个原型，我们的一生可能就是不断地去发现它，丰富它。而不恰当的阅读会让自己迷失，成为书橱。干国祥的读书远远不能算是很丰富，但是他找到了自己，他对自己的意义与局限有比较清晰的体认，因此，他能够最大限度地通过阅读丰富自己，形成真正的力量。

读书不是为了做别人的传声筒，而是为了促进自己的思考。“我思故我在。”笛卡尔说得多好！思考，其实就是我们存在的基本方式。所以，干国祥一直在寻找属于自己的阅读结构，然后不断地丰富它，但是所有的阅读，都不能够代替自己的生命体验。

对于干国祥来说，比读书更重要的是生活，是用整个生命去体验所面对的世界。而这一点，正是真正意义上的诗意，这种诗，只有通过在阅读中思考才能够最终抵达。因此，有人说干国祥是个思考者，这诚然是对的，但他本质上更接近诗人，他用艺术话语与心灵话语把握世界，把握教育。

干国祥曾经说他文字不好，自嘲读小说太少，这固然是不幸的——小说中有多少乐趣呀！但也未尝不是一种幸运。我的感觉是，干国祥在创造自己的文体风格：朴素、干净、直接、清晰。这是我特别欣赏的文字。他的文章往往是小切口，然后打井般地直入下去，一下子探到现象的底部，逻辑性强，不枝不蔓，令人叹为观止。相形之下，便显出许多论文废话太多。要写出这种简洁直接的文章并不容易，它需要真正的高密度的思考和严密的逻辑推理能力，需要深入浅出的文字功底。这种弃绝抒情的干净的文字，透出来的是经过思辨沉淀后的真正的诗意。

这就是干国祥，他凭借出色的思辨能力和领悟能力，凭借着他与生俱来的自由感，持一柄无形的长剑，在理论与实践之间游走，在不同领域内游走，打开了许多门扉，刺破了许多真实的谎言。从他的身上，我看到了无限的可能性。我相信，在《破译教育密码》这本书中，包含了他以后成就的最初的种子，我对他充满信心。

因为这种信心，我隆重推荐他的这本书。至于本文中所讲的一切，我相信，时间会给出最好的证明。

魏智渊

2005年12月

原序：走向边缘

人们用两种不同的方式来思考问题：一种是提出并回答“怎样更有效”这类技术问题，另一种是提出并回答“这意味着什么”或者“为什么是（要）这样”这类意义问题。这两种思考方式的差异也体现在绝大多数教育问题上，譬如在前者问“如何提高这次期末考的平均分”的时候，后一种思考方式问的是“考分意味着什么”和“为什么要提高学生的分数（而不是保持现状或者降低考分以达到另外的目的）”；在前者思考“如何成为优秀教师”的时候，后者问的是“教师意味着什么”或者“优秀的定义由谁给出”。人们习惯上把前面那种思考方式称为“形而下”或者“方法论”，但不会相应地把后面的这种思考方式称为“形而上”或者“本体论”，反倒会不无贬义地称之为“大而无当”的“空想”。

当然，并不存在始终只用一种方式思考问题的人，所有的人都兼具这两种思考方式，只不过各有侧重而已。很不幸，我显然属于喜欢用后面那种方式思考问题的人，一个喜欢空想胜于脚踏实地，喜欢问“为什么”胜于“怎么样”的人。这几十年来被我反复诘问的问题，大概有以下这些：人“存在”的“意义”是什么？“教育”和“语文”的目的是什么？成为一名教师意味着什么？（成为丈夫意味着什么？成为父亲意味着什么？）为什么升学只能通过狭窄的考试，难道真的还有（或者没有）其他的途径？目前的考试（或者说所有的考试）究竟是体现了公平还是不公平？人类究竟会不会灭亡，人性究竟是善还是恶？……

真的很不幸，这些问题似乎和当前的教育现实极少关联，更不幸的是我对这些问题的探求似乎最终也并没有什么答案。所以这本书既不能提出关于教育的唯一正解，也不能提供若干教育实践中可以屡试不爽的万金油理论与百消丹方法。至于它的价值到底在哪里，老实说我在写这些文字的时候，仍然是存有疑虑的。

不像大多数自我规划者，我的教育道路是在走过了很多年之后，回头看身后的脚印才察觉的。这条不经计划的林中小路，在现在看来可以用“走向边缘”这四个字来加以概括。

近几百年来，世界教育的核心理念，在教育目的与内容上体现为传授完整的科学知识体系（知识教育）和灌输国家－民族主义（道德教育），在教育方式及理论上体现为基于工业形式的高效管理和基于认知心理学的高效学习；最近五十年来，个人主义和市场主义在教育中大有后来居上的势头，并与前面描述的几种理念混杂在一起形成了当前的教育话语与教育现实。而我“走向边缘”，正是从这些左右当前教育的核心理念中“出走”，向教育的边缘地带，寻找那些被强势语言所压迫与排挤，被历史失落与遗忘的“弱势话语”。因为我相信，正是在那些我们本能地珍爱，但却从来没有认清过的科学主义以外的艺术话语与心灵话语（相对于头脑话语）中，可能存在着改变当前教育日益推动机器进步却失落人类幸福这一咄咄怪事的密码。所以，“走向边缘”也就意味着走出以上诸多主义缠绕的“城堡”，向教育领域的边缘地带，寻找新的教育资源。譬如，在认知心理学以外，寻找精神分析学与人本主义心理学；在科学主义以外，寻找独立于物理框架外的哲学与其他人文学精神；在效率主义以外，寻找对人的幸福的真正定义；在模仿科学进行抽象分析的教育理论以外，寻找生动的具体而微的表达方式；在市场主义的自由与竞争以外，寻找人类存在的尊严与意义；在个人主义与相对主义以外，寻找对话的契机、方式与临时性共识……也许正像我在《斑羚飞渡》一课中对“面对灾难是否应该自我牺牲”的追问一样，最终我将得不到令所有人满意的解答，但我确信在这个过程中，已经拥有了因不断创造而带来的快乐，拥有了因痛苦抉择而带来的尊严，拥有了因艰辛而显得沉甸甸的一段岁月。

另外尚需说明的是，作为一本为教师而写的探讨教育的书，本书却是有意识地在淡化爱心（更确切地说是指那种宣传蜡烛与春蚕的道德）的鲜艳色彩。虽然我一直认为缺乏爱心将无从谈教育，无从实践教育，但近几十年的教育话语表明，许多人将必要条件（只有……才……）当成了充分条件（只要……就……），在诸多爱心牌教育文章的推动下，迷信地认为只要有了爱心，就能解决一切教育问题。但是，当前教育真正缺乏的是智慧，是建立在爱心基础上的并融合了爱的智慧。

只可惜作者并非大智之人，所以虽然是解读蕴含了整个人类智慧的神话、童话、小说与电影，但是真正被作者所破译且能给读者以启迪的，可想而知不会太多。在表达形式上，本书则有意地放弃“面面俱到”的学术论文的表达方式，而倾向于运用教育现象解释学与教育叙事来进行“一门深入”的写作方式。但这并不意味着本书放弃了术语，拒斥了后现代和结构－解构主义等多少令一些读者望而生畏的思想。也可以这么说，本书正是希望借助这些和人的心灵息息相关、和人的智慧息息相通的学术思想，来冲击相对保守与势利的教育，并期待它们能够在碰撞中达成趋向教育的融合。

在开始酝酿这本书时，本来只准备出一个没有任何框架的随笔集，但在整理的过程中，还是按类分成了“一个人的教育史”“破译教育密码”“海拔五千”这三大部分，并以其中一部分的标题“破译教育密码”作为本书的书名。

干国祥

2005 年 2 月

一个人的教育史

关于“一个人的教育史”

一个并不成功的而且已经是过去时的教师，在这里絮絮叨叨地说个人的私事，它能有任何意义吗？老实说，这也是我自己一直在怀疑的。钱钟书对他的读者说，你觉得鸡蛋好吃就算了，没有必要认识那只生蛋的母鸡。但是，现在是一只根本没有生出蛋的公鸡（我肖鸡），却饶舌地要讲述他的故事，真有这个必要吗？

这大概与我对小说与生活的态度有关。一直以来，我极少读小说，一来是当时条件有限，没有机会接触多少值得深读的小说；二来是我总觉得生活本身（尤其是生命本身）远比我所读到过的任何小说要来得精彩。相比于生活的丰富性与不确定性，《基度山伯爵》这样的传奇都显得太简单幼稚了。所以，我更看重的是阅读生活这本无字书，这本无始无终，每一页都变化着的奇书。即使是我读过的三十多册（如果把一年算作一册的话），只要我重读，它就仍然在变化着，在生出新的意义。这真是奇妙！大概是想把这种奇妙与更多的人分享，所以我冒昧地将没有艳遇，也没有世俗荣耀的个人历史端出来。而之所以冠以“一个人的教育史”这个让人猜疑的名称，是因为作为一个在“文革”中出生，在农村中获得童年的启蒙，在县级初等师范学校接受一生最高的正式学历教育的教育从业者，磕磕绊绊走到今天，每一块将我绊倒的石头，每一处让我迷恋的诱惑，对其他的教育者而言可能是不无启发的。我说过，我是一个“特殊的学生”，我的全部教育思想的基本元素，来自自己在黑暗中走过的经验。

此部分《突围》一文，是应《教师之友》编辑范美忠（当初我还并不是此杂志的编辑）的邀请而写的对自己十多年教育经历的反思，可以视为我个人从事教育的一段历史。这个反思是真诚的，也是混合着痛心与骄傲的。痛心的是在我未明白教育常识——更不要说把握可能永远触不到的“真谛”——之前，不知有多少学生已经被我耽误了；骄傲的是我在缺乏阅读与研究的氛围里，在没有借助官方培训的条件下，竟然走了那么久那么远的路。

《我的阅读史》一文，是应山东的刘钢朋友在网上的提议，写出来为一些希望我能够列一个语文教师必读书的朋友们做参考的。但是让大家遗憾的是，不仅我本人读过的书太少，而且这篇文章也不是一个可以按方子抓药的书单，不是祖传秘方或者什么宝典与秘籍，而仅仅是我个人的阅读史。我以为，对于阅读而言，不是在书里，而是在阅读这一活动本身中，人才有了质的提高。

《岁月书签》收录了我的一组生活叙事的文章，这些文章大致按当时的年龄编排，写的也不是直接论述教育的故事，但我想这些教育与阅读以外的故事与心境，应该是和我的教育思想与实践息息相关的吧。

最后的《翠微苍苍路茫茫》一文，是纪念自己上“教育在线”两周年的文章。上“教育在线”，打开了我的视野，也使我走上了教育吉卜赛人的流浪生涯，姑且不以利益成败计，它已经使我这一生发生了空前的变化。这是我个人历史的转折点，其中复杂的难以辨识的滋味，即使我自己，也需要更长时间的反刍与回味才能明白命运的这种安排。所以便再做一次野人献芹，也一并放在这里。

岁月书签

曾经青葱的岁月，最终只为我留下了这几枚蜡黄的书签。而埋葬在抽屉里的上百万字的日记、信件与读书笔记，曾经记录过那么多感动与感伤、汗水与泪水，但是对并未一道流过汗流过泪的人而言，它们并不存在着任何的意义。最终，它们只配付之一炬，只在记忆的残片里，留下一些暗淡的颜色——而这几篇文章，就是我尝试着用残缺不全的颜料，为如许漫长的岁月画一幅斑驳的速写。

旷野上的歌声（童年）

天空里突然升起了一个男孩子的尖锐的歌声。他穿过看不见的黑暗，留下他的歌声的辙痕跨过黄昏的静谧。

——泰戈尔《新月集 · 家庭》

如果不是镜子每天的提醒，我总是会忘记，我已经——早已经不再是一个孩子，我有了漫长的十五年的工龄，有了相守十余年的妻子，有了5岁的喜欢舞蹈的女儿，有了一届届的不少已经成为父亲和母亲的学生。我总是忘记这些，总是会被录音机里不知名的歌声打动，在黄昏里忧伤得像个无助的孩子；而我在生活中，甚至在网络中，总会固执倔强任性地说出只有孩子才会说的话，做出只有孩子才会做的事。

我总是问自己，我的孤独和倔强的病毒究竟来自何处？我一直找不到答案，直到“教育在线”的两个帖子，提醒我记起所有童年的故事，我才明白，原来并不是我在选择我走的道路，而只是道路在书写着一个走在它上面的人。

那是两个分别请60年代和70年代出生的人相聚的帖子，与70年代的浪漫充实不同的是，在60年代的故事里，在他们生命的开头，几乎无一例外地写着饥饿、荒唐以及精神的贫乏。我于是记起我的童年，在今天已经成为城市，而当初只是一片鹧鸪与野鸭栖息的旷野上的童年，许多年后，开始接触诗歌的我曾经为它写过一首诗：

黄昏的歌谣

黄昏又在我的心头
投下它无穷无尽的忧伤
蟋蟀向着秋露纵声长鸣
我依然把沉默
作为唯一的歌声
为着我没有歌谣的村庄日夜吟唱

无穷的田野啊，我的忧伤
姐妹们背着行囊走向了远方
老樟树那弯曲的枯枝
是年迈祖父的祝福和期望
无穷的田野啊，我的忧伤

我看到泪水，在兄弟稚气的脸上流淌
急切的呼唤向着苍穹和远山
却依然没有回响

让唐诗蒙尘吧，让镰刀和锄头生锈
让我们走吧
带着繁华的梦
用黄金的草垛和河流日夜不息的歌声
把远去的姐妹寻找

然而，这样的诗句里已经完全地过滤了我童年的疾病，因为饥饿而偷窃的羞愧，从将被焚烧的“毒草”中偷得一本影响一生的《水浒传》上卷的故事，以及一个人面对自己性渐渐成熟时的恐慌和迷茫……

是的，这一切在那个时候代替了今天孩子们的童话、卡通、电视和游戏，深深地烙在了我的身上和心灵上，使我终己一生，也只能以一个多病且屡屡犯错的孩子的目光，来看待这个世界，来惩罚或者宽容自己新的过失，并以此为唯一依据，来面对其他的孩子和曾经是孩子的人。

母亲生我的时候，只有 18 岁，我的整个童年是在祖母的慈爱和自身的疾病中度过的。我至今清晰地记得夏天祖母的竹席那古旧的颜色和清凉的味道，以及她抽的劣质烟的烟味。也许是这种记忆的作用，后来我一度抽烟，也只是为了重温那卷烟特有的淡淡的气味。

然而只要是童年，就一定会有许多快乐的回忆。和伙伴们比赛谁的泥巴炮仗摔得最响，谁收集的烟片儿最多最贵重……这些游戏也曾有过，但记忆中总是如此淡薄。只是夏天的故事，似乎记得稍为清晰一些，因为这是食物最丰盛的季节，到荷塘里用脚踩池深处的藕，忍着被莲梗所刺的痛游到池中央去摘别人摘不到的莲蓬，在池塘里摸虾——可惜我摸虾的技术也只平平，每个下午除填饱自己的肚皮之外，也只能摸上一小碗带回家去，好给同样体弱而又极为挑食的母亲做一碗干菜鲜虾汤。

因为夏天是那时候唯一可以喜欢的季节，所以对于“水”的记忆，在我整个童年中占了很大的比例。最为辉煌的一段记忆是有人来收购可以养珍珠的三角蚌，有一角多一斤的好价，当时我已经不小，水性又特别好，可以在一上午摸一大脸盆这种极为稀少的蚌，卖上几元钱，交给母亲补贴家用。另外更小的时候还有一次曾经跳下水救过一个小女孩，后来女孩的父亲买了白糖等来谢我，只是那时太小了，记忆已经极为模糊。至于水底几次偶然地从石缝里拔不出手，或者出水时误钻入厚厚的水草丛几乎送命的记忆，虽然完全没有向别人说起的价值，但对我，却是性命悬于一线的至死不会忘记的重要时刻，而且也许从这里，可以为我今天的果断和冷酷做最好的注解。

不知从何时起，我学会了一个人在旷野上漫步。我经常远离我的朋友，一个人独自面对旷野上的一段河流，或者一棵斑斓的乌桕长时间地发愣，想人生、想死亡、想疾病，以及想很久以后才触摸到的爱情。可惜的是，这种思考并没有诗歌来引导或者升华，而只能是一些浅浅的忧郁。在《30岁时的自画像》中，我写道:“没有儿歌，没有童谣，没有故事，没有零食和音乐，没有书籍;缺少食物，缺少‘爱’‘关怀’等今天时兴的词。除了越来越少的麻雀，见不到鸽子;除了满地的狗尾草，没有见过玫瑰、百合、郁金香……于是，总是在梦想着这一切带有魔力的词语，直到今天。”

岁月不断地带来新的故事和人物，又不断地带去老的故事和人物，那一片滋润了我童年的十里荷塘早已沧海变成桑田，又由桑田变成了工厂和街道。我也渐渐习惯于后来的好生活，渐渐地忘记，在那个无人的旷野上，曾经有一个用沉默来吟唱歌谣的孩子。

然而这首被忘记的歌谣终于会在某个不知名的黄昏被另外的一个声音唱出，让我在歌声中久久地怔住，就像一个找不到回家的路，却又并不急于回去的孩子。

青果（少年）

刚进师范那会儿，我15岁，是全校长得最黑的学生，又常常穿着七叔穿过的宽大衣服，活脱脱一个最标准不过的乡下野孩子。而我的前座J

是全校最美的女生，多才多艺，从城里来，有一个当翻译的姐姐。然而这一切还不足以形容她当初在我们中间所产生的震撼力，最令班主任兼语文老师喜爱，令全班男生女生心服口服的，是她写得一手好文章，那遣词造句的流畅与优美，在那时的我们看来，篇篇都可以选作杂志扉页上的刊首语。

当时我的第一篇作文就被老师点名表扬了，文章后还加了许多热情洋溢的鼓励的话，那篇文章我得了68分，一向吝啬分数的语文老师对我们说，在她的手里，65分已经不是一个很低的分数了。而J的第一篇作文就被老师作为优秀作文范读了，所打的分数是85分。

我不知道当初有多少男生为她倾倒，但我得告诉你，我并没有暗恋上她——因为她太出色了，我甚至觉得她就是一只天外飞来的白天鹅，而我只是一群丑小鸭中最丑的、孤独又高傲的一只罢了。

日子一天天流逝，我们也渐渐熟悉了。在她的鼓励下我断断续续地写起了日记，兴来时一写就是数张，兴尽时写一句“今日无话可说”充数。而她则天天捧着一本精美的日记本不停地写着记着，我不知道那里面有些什么，也并不很想知道——因为我在人事上的好奇心，从来就不是很强。

在第二学期临近期末考的某一天，我正在寝室里玩吉他，班上绰号“才子”的男生慌慌张张地来找我说：“干，求你一件事，你无论如何要救我一救！”我问他怎么了，他拿出一个日记本——我一看就知道是J的——尴尬地告诉我，他偷看了J的日记，发现了许多不应该发现的女生的秘密，而现在J应该已经发现日记本不见了，如果他去归还，不死才怪。我问：“为什么你认为我可以去还？”才子说：“因为她常常偷看你的日记。”我不语，其实我也曾发现日记被人动过，没想到竟然是骄傲高贵的J，不过那又有什么呢？无非多认识了一层我的冲动与浅薄，可我本来如此，也没有什么可隐瞒的。于是我说：“好吧。”接过日记本就往教室里走。

刚走下楼梯，迎面就遇上气喘吁吁、美丽的脸庞上挂满焦虑和汗珠的J。她一见到我手中的日记本，就一把夺过去狠狠地顶在膝上一把一把地撕成碎片，然后把那粉碎了的日记本朝我一摔，哭喊着走了。

可以想象，那一天，全班女生瞧我的眼神里，有多少鄙夷与不屑。

然而我居然一点儿也不生气——这一点即使今天的我想来也不可思议。我依然平静地读诗、作文、画画、弹吉他，写断断续续的日记，就像J依然在每一次晚会上演唱，每一次作文时被范读或表扬，每一次外出时被路人行注目礼……只是我们从此不再说话，除了她在收语文作业本时，向总爱赖着不交的我做出一个催逼的命令外。

许多事情随着时间的流逝在静默中变化着，大概在二年级时，原本不认识哆来咪的我们组建了一个班级乐队，乐队里竟然有爵士鼓、小号、圆号、单簧管、小提琴、手风琴等十数件乐器。我作为当然的主力，也渐渐有了演出与获奖的机会。而也就是在那个时候，突然某一天，我的作文被语文老师在课堂上读了，分数也是85分。

好像一切约好了相伴而来，我获得了那一年的语文奖学金、美术奖学金，我的作文分数渐渐攀升，85、88、95……终于有一次，达到了连语文老师自己也认为不可思议的98分（而这一切其实也并不能算是一种炫耀，我的许多同学都获得了当初——刚进师范时——无法想象的进步，我想我并不是做得最好的一个）。

最后一年的中秋节，那一天月色特别皎洁。我们班同学在操场上生起了一堆篝火联欢。我一个人溜了出来，站在阳台上痴痴地望月。过了许久，后面轻轻走来一个人，我没回头。许久，那个人说话了，是J，她说：“你那时候为什么不告诉我你是冤枉的？你为什么要替才子背黑锅？”

我终于长长地嘘出了那口憋了两年的气——为我的好朋友才子。我说：“他终于有勇气告诉你真相了。”

“你那样做值得吗？”J自顾自地问她的问题。

“我从来就心安理得。对得起才子，对你也没有什么可惭愧的，对自己更问心无愧。……谢谢你今天亲口对我说，这让我觉得自己所做的一切很值得。”

接下来我们又谈了些什么，我已经记不清了。只记得不久J回到了热闹的人群中，我依然在阳台上一个人痴痴地望月（也许就是从我“偷看日记”

的那一天起，我开始习惯了独处与寂寞）。

写下上面的文字，我才忽然记起，那一切并不是昨天刚刚发生的，而已是十五年前的事了。虽然J的音容与眼泪、才子的惶恐与愧疚，都历历如在眼前一般。

然而令我不解的是，一枚十五年前嚼下的青橄榄，为什么在经历了那么多岁月与沧桑后，依然会留有它淡淡的清香。

【后记】

也许有人会不相信，不仅这个故事是真实的，而且它里面的细节，也是百分之百地忠实于它的原貌。它是一个一直横亘在我心中的结，我一直想提笔，却一直无从下笔。因为故事中的爱与怨、失落与拥有、骄傲与鄙夷紧紧地纠结在一起，即使到了今天，我都无法仔细地一一辨认。

是作文的题目给了我一个灵感，它让我一下子想起这个被我埋藏了许多年的记忆。而当我重新启坛，当年的青苹果、青橄榄、青葡萄都不见了，只剩下一坛酒，一坛被岁月酝酿了十五年的酒，孤独、芬芳、清冽、甘醇，然而，也许它仍然只宜独饮。

于是我举杯，遥向着已逝的青春，干杯。

20岁时的小诗：余生

今夜的孤独
要深深咀嚼才可生味
如一杯愈来愈淡
愈来愈凉的清茶
我深深懂得这一生
将再也写不出
杏花春雨般的词句

再也不能扬鞭催马
做一回童年梦中的英雄
我的余生将只是一把
喑哑衰老的吉他
在每个多风多雨的夜晚
反反复复反反复复地
低弹

阅读——享受你的寂寞（青年）

因为这季节已丰富得不堪负载，而浓荫里正传来牧羊人哀伤的笛声。

——泰戈尔《采果集》

当那个寂寞的夏季，我坐在槐树的浓荫下，静静地读泰戈尔的《吉檀迦利》和纪伯伦的《先知》时，我根本没有想到，我的这些写在书边上的文字，会成为岁月淘尽一切所剩下的独有的几枚书签。今天，它们静静地夹在我思想的履历里，竟然有着我意想不到的精致和质朴，让我于惊讶中不禁怀疑起来，怀疑它们也许并非出自我这粗糙的灵魂。

现在想来，如果说这些文字也有它们生存的价值的话，那么这个价值应该来自它们背后的空白——那些假日里长长的寂寞。就如同山水画中淡淡地点上几点便成为一群飞鸟，这些文字的背后，也有着一大片现在看来几乎奢侈的寂寞的空白。

那是个多么漫长的假日啊，然而它又仿佛只有一天，只有午后的一个片段：在遮天蔽日的浓荫下，一张小小的方桌，几把简单的椅子，一个或者两个寂寞的人。偶有槐树的叶子随风落下，小小的，透明的黄，悄无声息；而泡桐的叶子则会在地上砸出一声轻响，惊跑那几只渐渐走近的松鼠或者鸟雀……

然后，文字静静地、历历地出现在我的面前，每一个字都是那样宁静、那样清晰，带着莲花一样的芬芳。

我必须撑出我的船去。时光都在岸边挨延消磨了——不堪的我啊！

春天把花开过就告别了。如今落红遍地，我却等待而又流连。

潮声渐喧，河岸的荫滩上黄叶飘落。

你凝望着的是何等的空虚！你不觉得有一阵惊喜和对岸遥远的歌声从天空中一同飘来吗？

——《吉檀迦利 21》

是啊，我也必须撑出我的船去了，我必须让自己撑离这个繁华的码头——在那个被称为“教导”的位置上，我做了多少为应试教育助力的事啊，难道我真的是因为留恋那一点点“纸醉金迷”？如果不是，我为什么不把我的船撑离了，让它在顺流而下的同时又逆流而上，一路漂流、穿行在四季之上？

仿佛中，我又已经起程，在书籍和年轻的心灵中自由地漂流，我遗忘了时间如遗忘了自己的年龄，我遗忘了来时的目的如遗忘了将去的方向，只觉得两岸树木荫郁，不时有清香袭来。是的，这就是书籍和心灵的芬芳。在以后的岁月里，我因为这个下午的彻悟，而得以无数次回到那种漂流中的宁静，在大师的书籍和年轻的心灵中徜徉彷徨、徘徊流连……

在这十多年的寂寞的阅读中，我总能听到有人在呼喊我的名字，穿越遥远的时空，这些声音竟然是那样熟稔，仿佛我伸手就能触摸到他们微笑着的脸。

一个季节又一个季节过去，在漂流似的阅读的快乐中，我一再地遗忘时间和目的，一再地遗忘我来的道路和去的方向，只沉醉于两岸树木的荫郁和习习的清香。是啊，这些名字里有着多少智慧的芳香啊，我甚至谨慎地不敢说出他们的名字，想把他们当成是个人心灵的秘密花园，在里面装满我秘密的快乐。

然而这些快乐会溢出来，就像花蜜从饱满的花房中溢出一般。于是在聆听中我学会了与大师对话，我会拿起笔，把快乐的灵感写在大师们的文字旁边，就像一个小学生，因了老师的宽容，而一再地提出许多幼稚的问题。这就是《穿越时空的聆听》这本读书笔记的由来。当某一天，有朋友偶尔地捡到它，为我的幼稚的虔诚而感动的时候，我才突然发现，岁月竟然在无意中，已经替我写了一首诗，虽然依然幼稚，却因为它背后的长长的寂寞，而竟然也有些动人起来。

突然地又记起为学生所制作的集子《迟到的花季和提前的雨季》，在它的序言里，我曾这样写道：

> 我知道自己只不过是一个捡贝壳的孩子，我漫步在沙滩上，却不知道今天的收获究竟有多大价值。
>
> 当旁人拿着他们捕获的鱼虾来嘲笑我和我手中这几只不起眼的贝壳时，我几乎流下泪来。
>
> 然而当夜深人静，当我在烛光下打开这些贝壳时，我才发现，那里面有着世上最美丽的珠子。只是我不知道，我该不该拥有这一切，我不知道，这一切究竟应该属于谁。

是啊，这一切究竟应该属于谁呢？我只不过是在大师们的海边，捡拾起他们思想的蚌，又怎么敢窃为己有呢？

所以，当《中学生阅读》问我能不能把《穿越时空的聆听》作为它的一个专栏时，我竟然惶惑得有些不知所措，只觉得横亘于时空之上的冥冥中似乎有着某种许诺，是不可能为我们所知的，但它最终会清晰地呈现在我们面前。

30岁时的自画像

一种蛰居于深山里的上一个时代的孑遗生物。

一个不适时宜的中庸论者。

与一般人的不同在于脑后多一块反骨，额上多一只眼睛，心里多一种声音。

1969年出生。因“文革”，童年尝过饥饿、疾病、孤独、愚昧。没有儿歌，没有童谣，没有故事，没有零食和音乐，没有书籍;缺少食物，缺少“爱”“关怀”等今天时兴的词。除了越来越少的麻雀，见不到鸽子；除了满地的狗尾草，没有见过玫瑰、百合、郁金香……于是，总是在梦想着这一切带有魔力的词语，直到今天。

9岁时上了村里的小学，教我的老师小学也未毕业，应了一句俗语，就是“7岁养8岁”，也就这么养大了，认得了不少字，当然没一个是读准的，倒是学会了蒙字。于是就蒙着啃了一本父亲从地主家抄来的《水浒传》。

就这样，半部《水浒传》陪伴了我的整个童年。直到今天我仍在遗憾：如果当年我读了几十遍的是一部《三国演义》或《红楼梦》，那会怎么样?

上初三时一度“流学”，后来勉强让老师给劝回了学校，但从此与考试“绝缘”。于是在同学们埋头鏖战的时候，竟看了《基度山伯爵》和《福尔摩斯探案集》。

中考时发挥超常，进了师范。依然与考试“绝缘”，读了鲁迅，读了金庸，背了上千首唐诗宋词，画过画，弹过吉他，沉溺过生物和生命，谈过恋爱，学过弗洛伊德和弗洛姆。自然，更多的时候是在聊天和瞎想。

师范毕业时正好20岁，到山里面的一所中学教语文，从此就成了一个深山里的“土著”。深山寂寞，书从此成了生命中不可或缺的成分。生平服膺庄子、孔子、苏格拉底、甘地、尼采、惠特曼、泰戈尔、叶赛宁、弗洛伊德、苏东坡、惠能、嵇康等人。

后来结了婚，生了孩子，照说该安分一些，却依然读与这个世界格格不入的书，说与这个世界格格不入的话，做与这个世界格格不入的事。

大概在教书七八年后，对学生的热爱让我从此死心塌地地从事教育和教学，于是渐渐地有了一些成绩。人生目标也变得越来越单纯——做一个无愧于学生的教师。

明天会不会比今天更好?我总是这么想，却没回头去看看，今天有没有比昨天更好。

为自己而作的教育寓言：从种子开始

应学生课堂上的要求，课代表杨英口占以“种子”为题，我当场完成此口头作文。完成作文后，让杨英从办公室取来硕大的绣球花，我拎起花序，学生发现它竟然属于一个花枝（即传统意义上的只有一朵花）时，全班一片惊呼。

我不止一次地感叹：已经很难找到一个愿意与我一起从播种开始植树和种花的人了。

要种花？有现成的——枝头还带着鲜艳花苞的带土坨的玫瑰、杜鹃甚至牡丹的“幼苗”。

要种树？合抱粗的，不论死活，强行从异地移来，种在繁华的广场和小区……

除了出售苗种的商人，没有人再愿意从种子开始栽种。

然而只有真正的种花植树者，才知道种植的快乐不全在于得到它的花与果。从一粒种子开始，到萌芽，到成长，到绽放的整个过程中，花儿都是美丽的，我们都可以从中获得一种生命的愉悦。

前些年，食堂门前的空地上长出了几株小刺槐，虽经烧饭的老人一再地砍斫，它们仍是坚持着在每一次砍斫后，长出几茎新的细枝。我对老人说：为什么不索性让它们生长起来呢？她依了我。于是三五年后，那里有了一片小树林。从此，在每一个春天里，会开出芬芳洁白的大串大串的花朵；在每一个夏日里，有了鸟鸣和清荫；在每一个秋日里，有了叶落知秋的感慨；即使是冬日，我们从此也有了一份期待，一份对花朵、鸟鸣、清荫、落叶的期待。

去年，一个女孩给我带来一枝小小的绣球，没有花，细细的枝条上，有几片宽大的叶。今年，它在墙角结出了几团花序，开始是浅绿色的，我妻子说一点儿也不好看，还不如初春的嫩叶来得鲜艳。然后它们渐渐地变成了粉白，又渐渐地转为蓝白色。今天清晨，当我在雨中将最大的一朵折来，插到办公室的花瓶里，所有的人都惊叹起它的美丽来。只是他们不曾想到，在那个墙角里，那枝他们都见过的小小的绣球，用了整整一年的时间，才为我们绣出了这样的一个奇迹。

作为一个侍花者，这几十年来我感受过体悟过多少这样的奇迹啊：一个小小的花球，用了十年的时间，成了好几个花圃里一大片一大片的剑兰；一叶细细的茑萝，用了二十来年的时间，成了单株连起来超过几公里的无数个新的生命……其实，只要一粒草茉莉（又叫夜娇娇）的黑色种子，用一个春夏的时间，就会变成无数朵清香的鲜艳的花朵这一事实，就足以让我们为此而震惊，而感叹上苍或自然的神通了。

然而仍然很少有人愿意陪着我从种子开始进行这些奇迹的创造。因为当我播下一些种子时，我看到的是一地的雏菊或者一大片五颜六色的、从初夏直开到霜降的小丽花，而他们说，这仅仅是一片空地；因为当我种下十来株小小的桃树时，只有我一个人，看到了无数朵粉红的花朵和千百个红白相间的果实。只有孩子们，才往往能成为我的支持者。

那一年的冬天，我带着几个民工在校园里种下了一行芭蕉。每一个老师都说，这光秃秃的一根根光杆儿，要多难看有多难看。而孩子们告诉我，他们看到了夏日里的那一片片巨大的碧绿的叶子。一个女孩很伤感地说，等到它们成荫的那一天，他们就要起身告别了。

为那一句话和那一片夏日里的浓荫，我常常很是感动。我知道孩子们也就是一粒粒正在萌芽的种子或者一枝枝刚刚伸展的幼枝，他们将会成为一个个由他们自己和上苍共同创造的奇迹。而我所需要做的，只是静静地等待、静静地守候而已。然而，从一开始的时候，我不也就见到了那未来枝头上的花和果吗？于是写下一则俳句，为我的文章作尾：

每一粒种子 / 值得我们守候着 / 用漫长一生。

岁月留下的感动

——在杜亚泉中学 2002 届初中毕业典礼上的致辞①

一路走来，总和大家一块儿在抱怨中期待，期待着初三这个“提前的雨季”能够早早地结束。可现在真的到了终点，却徘徊在过去与未来交汇的点，忍不住地想要回去，想要回到和你们最初相逢的那个时刻，把这条有欢笑也有眼泪的路重新再走一遍。

此刻，只有到了此刻，我才突然发现当初嚼在嘴里还感到有些苦涩的青橄榄竟然已只剩下了甘甜。对我们这届同学，曾经有过最多的埋怨和最大的不满，包括我自己，不也是因为学校行政会的讨论决定，才不得不接管初三的吗？我不也曾在三（1）班的黑板上写过“正气不足”，在三（2）班的黑板上写过“勇气不足”的批评吗？但毕竟我们谁也不曾放弃，那几次失败后，班会课上大家一起流过的泪，含泪唱过的《我的未来不是梦》，②现在终于都成为珍珠。岁月这样安排，是不是为了告诉我们：必须有过那些伤与痛，才能拥有最后这含着热泪的笑容？如果真的是这样，那么对于这一年的坎坎坷坷，我还有什么可以遗憾的呢？如果一定要我说说还有什么遗憾，那就是命运只给了我一年的时间来和大家一道度过，对于一个习惯从种子开始播种的人，一年的时间实在是太短了。

记起去年的 9 月 1 日，我为你们上的第一堂课，记起那堂课上我们一起播下的种子。当时我说：“我们将把这一年的故事，写成一本自己的书，一本属于自己的《花季雨季》，我姑且先给这本书取名为《听，这是花开的

① 杜亚泉中学以杜亚泉先生之名命名。杜亚泉中学是上虞区长塘镇所属的一所农村中学。长塘镇，有竹笋之乡、状元之乡之称。

② 作者当时任杜亚泉中学教导主任，是连续两年任初三行政蹲点兼语文教师，当时经常根据情况参加各班的班会课。初三年级每班有一首班歌。

声音》，如果以后我们的故事有了变化，我们也可以换一个更合适的名字。”说这话的时候，我看到了许多目光中的憧憬，也发现了不少眼神里的怀疑。那么，现在我可以问一声：我们有了自己的“花季雨季”里的故事吗？（学生答“有”。）我们听到了吗，我们听到了“花开的声音”了吗？（学生答“听到了”。）是的，我们听到了“花开的声音”，而这开放的，正是在座一百多位同学的青春之花啊。我们刚刚就收到了令人非常满意的中考成绩，我们刚刚就听到了三位同学的发自肺腑的精彩发言，还有，留在《听，这是花开的声音》里的那些曾经让我们深深感动过的文章……所有这些，不就是我们期盼的“花开的声音”吗？刚才赵枫同学的发言中有几句话尤其带给我很大的感动：“请大家不要忘记班会课上你被震撼的刹那，不要忘记相互送别时的眼泪，不要忘记你在这里度过的或如影如幻或风风火火的三年……”

她的话，让我再一次清晰地记起了这一年中所有的欢笑和泪水，我相信这些欢笑和泪水大家会比我珍藏得更久。我永远不会忘记，那个疯狂的周六，虽然雨水冲散了原定的野餐，虽然我把大家叫进会议室的时候，我看到的是一百多张失望的脸，但是我们终于把快乐发挥到了极致。那是我一生中也许是唯一的一次做节目主持人，我会永远记住大家给我的无休止的掌声和呐喊，我会在记忆中刻下大家的吼声和上百人齐声高唱的歌声。当然，我同样永远不会忘记，为了寻找那两个离家出走的同学（今天，这两个同学就坐在我们中间，我们不要怪他们，至少我已经原谅了他们），我和他们的母亲在一座座泥泞的山上疾行，那两个焦急的母亲在一个个山坡上无望地喊叫自己儿子小名的声音，也将同大家的歌声一道，烙在我的记忆深处。

当然，留在你的记忆里的，也许是辩论赛上的唇枪舌剑；也许是你生日那天，广播里突然传来的为你而点的歌曲；或者，是你考试失利的时候，班主任偷偷地夹在你作业本中的那封信……

收藏在我的记忆里的，还有去年的圣诞夜，那天晚上的语文课我曾这样对同学们说：如果上帝答应实现你的一个愿望，你将许下什么？当时，我们——我和你们都静静地面对自己，用笔写下了一个愿望。我清楚地记得我自己的愿望，我当时对自己的灵魂是这样说的：我的愿望很多，但此时此刻，我愿意把这个可以实现的愿望献给一群特殊的人，我希望他们能够顺利地完成初中学业，成功地通过中考，圆满地写好人生的这一笔。

今天，我可以很高兴地对自己说，我的这个梦想实现了！只是帮助我圆梦的，不是什么上帝，而是在座的每一位同学、每一位老师，以及站在我们身后一直支持着我们的家长和其他老师。

是的，我们就是这样相携着走过来的：不只有阳光，也有风雨；不只有欢笑，也有眼泪；不只有感动，也曾有过误会。并不是所有的路都是平坦的，也不是所有的滋味都是甘甜的，但也许正是因为我们走过的道路有比别人更多的汗水、眼泪、辛苦、坎坷和挫折，它才能够如此精彩。而且，最最重要的，是你们毕竟已经走过来了，你们已经成功地走到了这一天，为了这个，你们值得为自己庆贺！为自己骄傲！而我，此刻回头望望来时的路，才发现只因为路上有你们，所以我从不曾孤独。

我是因为热爱山林，才从山外面来到长塘这个山村教书的。但是我的职业恰恰是为了把大家从山里带向山外。长塘有许多山丘，当年，它们并没有挡住罗万化、罗淇的脚步，[①]也没有挡住马一浮、杜亚泉的脚步，[②]今天，你们也不能让它们挡住了你们的视线，让你们看不到外面的世界，走不出这小小的山村。

“外面的世界很精彩，外面的世界很无奈”。而外面世界是精彩还是无奈，完全取决于你个人，也就是说，如果你很精彩，那么外面的世界也就很精彩；如果你很无奈，那么你面对外面的世界时，也就只会感到很无奈。既然我们所学的最后一篇文章告诉我们：结束，意味着新的开始。[③]那么，今天的毕业典礼就并不是一个句号，而是一条射线的一个起点，大家将从这一点开始，奔向无限广阔的生活空间。所有精彩的故事，还留待大家在

---

① 罗万化，明代状元，浙江上虞长塘人；罗淇，清代武状元，浙江上虞长塘人。

② 马一浮，国学大师，现代三儒之一，浙江上虞长塘人；杜亚泉，科普翻译家，儒学自由主义者，曾在五四时期与陈独秀有过非常著名的中西文化论争，杜执“中西文化调和论”。

③ 取自小小说《儿子的旋律》，这是作者为学生所选择的“最后一课”。

以后的岁月里自己去续写；就请把这本薄薄的作文集和所有这些“花开的声音”的故事留给我，请你们——

走吧，走吧，人总要学着自己长大。谢谢。

一个教育情结：再见，梦里春晖

山里的黎明总是比阳光更早地来临，然而我登录“教育在线”，却发现已经有几个版主和网友更早地“在线”了。我和李镇西通了几条短信，和于春祥互致了问候，上自己的“语文沙龙”处理了几个帖子，便匆匆地下线，关上电脑。

今天是我到春晖试教的日子，虽然已经决定不再应聘春晖，但上课的日子早已安排下，而且我已经答应老朋友白马湖（网名，即俞高敏，春晖外国语学校教师）要去看望他。于是便拿了一本书、一盒磁带就出发了。我要求自己，一定要借春晖的学生来上一堂“原生态”的课。

叫了一辆车，从车山岙到了白马湖畔的春晖园，校门紧闭着，说是因为“非典”，拒绝客人来访。好不容易进去了，校园里依然碧梧荫郁、杨柳依依，春色并没有因为“非典”而灰暗一点。

春晖，对每一个上虞人都是一个梦一般的名字。我中考前在志愿上填了春晖，结果因为英语成绩差，被班主任老师勒令改了志愿。然而在十八年之后，突然能够有机会重新选择踏入这一方近乎神圣的土地，这几乎是一种致命的无法拒绝的诱惑。

在办公室里和几个认识的老师打了招呼之后，便一个人徜徉在旧校园区，在一棵棵树干婆娑、枝叶繁茂的槭树、樟树、皂荚树和柳树下，我寻找着未被现代文明遮掩的那个时代的气息，在泥地寻找经亨颐、朱自清、夏丏尊、丰子恺他们踩过的脚印。老朋友正在上课，没有陪我，倒成全了我独自一人安静地走走的心愿。在碧树荫里，就在书声琅琅的教学楼旁，我找到经亨颐和他女儿的埋骨之所，碑前放着已残的鲜花，树上有鸟在不知忧郁地唱着它们的歌，身旁有教师和学生的声音清晰地传来，我没有鲜花，也并不想折一枝杨柳放在墓前，只是默默地燃一炷心香，对自己说：能做到少者怀之，就是寂寞一生，也是值了。

课上得还算成功。刚到的时候，在办公室里读了这些学生的作文，《头发的故事》《于连的人生》《林黛玉和薛宝钗在现代状态下的生存》……虽然是初一，感觉很有灵气与底蕴。上课的时候，印证了这些作文果然是有灵气的少年的灵感之作，学生时有精彩的表现，让人禁不住为他们鼓掌，当然我自己也表现得并不逊色。然而比上课的成功更让人感动的，是我每在走廊上和学生相遇，他们都会侧身让路，并对我说“老师好”。这些，让我想起那些大师留下的灵气与风骨，虽然只是如此依稀，却仿佛又是如此熟稔，甚至仿佛自己也正和布履长衫的大师们一道步过校园，接受着学子们充满爱戴的敬意。

午餐是和春晖的语文老师及几个领导一起吃的，几支啤酒外，都是便菜，让人吃着安心，且与窗外浓郁的绿色相宜。饭桌上，谈的依然是教育，是春晖，是“教育在线”，是李镇西，是朱自清和夏丏尊们。大家虽然观点不一，对新教育的认识也有深浅之别，但是对教育的执着，却是那样一致。

饭后在白马湖兄的宿舍里坐了一会儿，两个“教育在线”的在任版主谈得投机，竟然忘了时间，直到手机里校长催我返校，才不得不动身——这几日中考报名工作正紧，是该回去了啊。

我在校门口和白马湖兄挥手道别，乘三轮车沿着白马湖走出这湖山相间的春晖，告别自己的一段童年梦想。如果没有今天的来临与谢幕，我想也许会一辈子遗憾，但是今天我来过了，在春晖的课堂里留下了我带给学生的惊奇和惊喜，这也可以算是对那个未能实现的梦想所做的一个小小的祭奠了。

乘车路过县城，从春晖那四明山山岙里，又回到了在会稽山山岙里的自己的学校。赶上了一天中的最后两节课，副校长告诉我，由于“非典”，明天市里的师徒结对和课件展示都取消了，也就是说，本来分身乏术的23

日，我倒可以喘息一天了。于是赶紧上网，登录“教育在线”和“语文网”，发现刚刚重温了友情的一个朋友梁兄已经应我的邀请上了线，还发来了质量颇高的帖子和真诚的问候。他一连写了两首诗：“傲气薄云天，佛心惠学子。与君一别意，惺惺自相惜。”“师心不作媚时语，干尽残酒出阳关。使气长发兀兀声，远离枯潭行天山！”其中后一首用上了我十年前的笔名“残酒”，和我正在网上用的签名“师心不作媚时语，使气长发兀兀声”，用心良苦，怎能不让人感动?!

而更让我感动得几乎流泪的，是在我那个声明卸职，并且更换风格与马甲的帖子“干干，再见”下，朋友们留下了许多真诚的劝勉，对那个即将远行的“干干”，无论是爱之，还是怨之，朋友们都是凭着真性情来告别，来挽留，来鞭策，来激励……仅为此，今天就值得干上三觥了啊。

于是晚上在小酒店里叫了几个菜，依然独饮，但心里不再寂寞，因为在山的另一边，有我的朋友白马湖兄和梁兄，今晚他们一定会讲起我，因为在“教育在线”的许多个终端上，有许多我的朋友，也在为我祝福。

于是，晚上一个人坐在办公室里，让赵传的歌声充满这个空间，让自己在歌声中历历地回数这一天，这 2003 年 4 月 22 日，这“非典”背景下的与“非典”无关的故事。

临别心绪：槐香满校园

又快到刺槐开花的时候了，到那时，每棵树上都挂满了成串成串的粉白的花序，饱满得有些嚣张，明艳得有些野气，像极了树下走过的女孩们，虽没有城里女孩的精致，但青春的气息不可掩饰地向外冒着。这时候，整个校园的空气中弥漫着淡淡的紫藤花一般的甜香，这是这个学校一年中最诗意最温情的一段日子，与它相仿佛的，是桂花盛开的季节，颜色要淡得多，但芳香却要浓烈得多。

但是已经很少有人知道，这些槐树从哪里来，也很少有人知道，这个校园里曾有过两棵异常高大茂盛的槐树。那是两棵足以遮蔽半个操场不受烈日炙烤的大树，夏日里在树下仰起头，便能看到无数鲜绿的叶子在湛蓝的天空下摇曳拂动，一片片叶子都写着“清凉”二字。这两棵刺槐是当年建造校园时栽下的，我来的时候校舍已经破旧不堪，只有这树上的叶子，每一年都是那样的鲜亮。很多年后的某一天，当我读到夏丏尊、朱自清时代的春晖中学毕业歌，歌词写道:“碧梧何荫郁，绿满庭宇。羽毛犹未丰，飞向何处？乘车戴笠，求无愧于生。清歌一曲，行色匆匆。”然而那一刻，在我心中首先涌起的，不是白马湖畔碧梧荫郁的春晖园，而是这两棵也一样曾“绿满庭宇”的槐树。

不久后学校彻底改建，两棵树和树下的水井在“撤扩并”范围的边缘，我虽是极力劝阻，最后还是只留下了井，树却倒下了——我没有听到它们扑倒在地的声音，我来的时候已经找不到一片叶子、一根树枝。我虽然已经预知它们的命运，却仍然抑制不住自己心头的忧伤。因为一直以来，我都认为，校园真正能够熏陶学生，且让学生难以忘怀的，一是大师，二是大树。你可以在一夜之间建起十幢百幢大楼，但你不可能在一天两天中成就一批大师和大树。你固然可以移植许多艳丽的花草，但那种遮天蔽日的大树，正如那些特立独行的大师，是只植根于自己的泥土中的，你是不可能“嫁接”和“移植”的。

大树砍去后，校园空落而平坦，幸好背后还是那刈不净的青山和青山上的天空。

不久之后，食堂门前的空地上长出了几株小刺槐，虽经烧饭的老人一再地砍斫，它们仍是坚持着在每一次砍斫后，长出几茎新的细枝。我怜惜那些大树的后代，于是对老人说：为什么不索性让它们生长起来呢？她知道我爱极了树和草，就依了我，不再砍斫它们。于是三五年后，那里有了一片树林，最大的几棵，又有了碗口那样粗细。

从此，在每一个春天里，又会开出芬芳洁白的大串大串的花朵；在每一个夏日里，又有了鸟鸣和清荫；在每一个秋日里，又有了叶落知秋的感慨；

即使是冬日，我们从此也有了一份期待，一份对花朵、鸟鸣、清荫、落叶的期待。就像此刻，枝头虽然还只是疏疏的新绿，但我知道这新绿的后面是无数大串大串的花朵，和弥漫整个空间的芬芳。

这就是无人知晓的槐树的故事，只有我依旧秘密地珍藏着那两棵大树的形状和大树下井台上的那一个夏季的清荫。就像是一个坐在大学校园里的学生，面对着巍然的教授，却忽然地记起他心中至爱的，在他生命中留下印痕的一位老师，一个无名的年轻的班主任。

只是今年的春天有些特别，因为我静若止水的心灵忽然地起了“流浪”的念头。但也许，我也不过是不想在形成一片碧荫之后，依然被无知者无情地砍刈，或者，我只是在寻找一片更适宜自己的土地。

不久之后，槐树又将盛开，给喧闹的校园一片宁静的白，一片粉白的芳香。“木犹如此，人何以堪”？如果我抚摸着那粗糙的带刺的树干而流泪的时候，你不必问我，为什么也会为花落泪。

民师生涯

“万里”过河卒

大地棋盘上的残局
已搁置了多年
一个逃避规则的男孩
越过界河去送信
那是诗，或死亡的邀请

——北岛《多事之秋》

久违的忧伤，终于随着寂寞回来，一遍遍无声地撞向我羸瘦的胸膛。

下了线，突然发现这个世界里已经只剩下我一个人。船声、蝉声、女儿的笑声、妻子做家务的杂声，都远远地在另一个世界里飘荡。

在这个叫宁波的地方，有一个叫万里的学校，但我为什么会坐在这陌生的地方，我有时连自己也不敢问起。

来这里已经一个多星期，昨天听到电话那端女儿掩不住的啜泣声，心里突然地柔软起来，几乎有一种想要放弃的冲动。现在，转过屋角有个女孩在连声地呼唤妈妈，我知道这不是我的如云，她现在是连妈妈也未能看到，一家三口在一个坐标的三个遥远的点上，不知女儿的梦，能不能找到这么远的地方。现在，再也不能回到那个起点上，再也不能与妻子同时拉起女儿柔柔的小手，走在那条绿禾如茵的通往车山岙的柏油路上。

“你抛弃公职到万里，真的就为如你所说的‘把自己的名字写在一些人的心中’？”朋友李斌在新教育实验昆山会议上的诘问，已经不止一次地被我翻出来，像一面旧镜似的擦一擦，来照照自己内心深处的灵魂：我到底想要什么?!

然而我已经看清自己，这十多年来的“无为”“遁世”甚至“愤世嫉俗”，其实也如大多数和尚出家一样，并不是因为他彻悟了佛法和人生，而极可能只是因为在情路上绊了脚，才遁入寺庙和山林，这样的和尚，一旦昔日的梦中情人淡妆浓抹了找上门来，多半还是要还俗的。我的“无为”“遁世”的面具，在一个“美艳之极”的教育梦想之前，也是注定要还俗，要因为六根未净而重返人间的。

然而，也许我真的没有准备好，我没有把与家人的别离、抛弃原有的舒适住房（还不能出售）从此寄身于宿舍、一家人将来的户籍等身外之物和身内之情安顿好，我仍然只是十多年前那个想要采蚌的男孩，不顾被旁边水草吞噬的危险，一头就向水底扎了进去。

那一天，在新聘教师的见面会上，面对硕士、全国优秀教师、应届大学毕业生，虽然校长以“网络高手”的名义点到了我的名字，可是我依然能够清晰地读到自己的苍白和不足。向前，我不懂英语，失去了进入新领域和研究高端学术的机会；退后，我至今没有包括高校文凭在内的那必不可少的本子证件。我只是凭着一个梦想、一份对自己和朋友的信任，像一枚棋盘上不能回头也不能左右移动的卒子，贸然越过了界河。

“一枚过了河的卒子，一个异乡的游子。”虽然在见面会的自我介绍中，我也有“启航于甬江，扬帆在万里”的壮语，却已经不会再作“大风之吟”，不会再爬到高高的楼顶，面对嬗变中的宁波城和万里校园大喊一声：我来也！

是的，永远不甘心沦为功利主义和屈从于现实的现实主义，却也不再是浪漫主义甚至理想主义的英雄。我只能凭这十多年来的教育经验（其实多半是教训），和从经验与教训中反复思考而积淀下的对教育的一点点理解，来寻找自己在万里的坐标，来摸索自己的下一个脚印该踩在什么地方。然而也只是在过了河之后，才突然发现自己在身陷危机的同时，已经拥有了左冲和右突的自由，虽然岁月仍然不允许我回头，虽然此文在网上发出之后，有网友告诉我：“在国际象棋里，虽没有过河一说，但卒子如果有幸冲到对方底线，可以由着自己的心愿升级换为任何一种新的身份（王除外）。为了这样的梦想，卒子一直在努力。”

半年前刚上网络的时候，许多网友（甚至我自己）忍不住感叹：干干是不是为网络论坛而准备的？现在，我只希望这句话在经过我漫长的努力后，被改写为：干干这个人，是不是为“一贯制”和“新教育”，或者是为“万里”而准备的？或者说他是为了这些，而在山中度过了十五年寂寞的时光。而我也能够对自己说：没错，这就是你想要去的地方，这就是你想要走的路。

写下上面的文字后，妻子来电话告诉我，一直教小学高段的她被安排教小学一年级，在“可能”增加了工作量之后，她的工资“可能”并不会比上半年高出多少。我没有叹息，我知道，我们还得走好长好长的路。

草坪上的白蘑菇

今年天气暴热。我刚到万里的时候，正是宁波有气温记录以来最热的日子。我看到虽然花工不断地用水泵在为花木和草坪浇水，但是没有能够长在荫蔽处的八角金盘，顶上的叶子还是全枯焦了。

在很长一段时间里，我也像这些被种错地方的灌木一样，在漂亮宽敞的校园里找不到自己从容呼吸的地方。那幢不久我就要在此上班的东校园的综合建筑里，不少民工正开着各种机器在搞装修，满地的灰尘和空气中的噪声盖住了这幢设计大气的楼房的优美和舒适。我的办公室里还未装上空调，待上一分钟，汗水就会使刚刚换上的衣服变得黏湿。寝室里也一样，连音乐也不能使我清凉，头顶上电扇的声响使得音乐变成很滑稽的一种客观的不带感情的“声响”，直让空气也客观地不带感情地振动着。

然而多年的忍耐习惯让我知道这一切终将过去，等到雨光临之后，整个世界都会显得亲切起来。

就像此刻，雨断断续续地下了几天，且还会断断续续地下下去。就在这雨的间隙里，我带了抹布坐在艺术中心和图书馆之间的绿地上，抹去花岗石桌凳上可亲的雨水。坐下来，让耳朵滤过工地上嘈杂的机器声，来享受这数个月来难得的湿润的清凉的空气、不再沉闷的雀声，还有这绿草坪上星星点点的白蘑菇。

前天，在西校区路过“名人树”时，发现草坪上竟然有几朵白色的蘑菇。很惊讶，但以为这只是一个偶然。昨天，在市中心三江交汇处的绿化带上，又看到更多的星星般的撒落在草坪上的蘑菇，依然惊喜，便想到，这或许并非仅仅是雨的恩赐，也许这小小的生命，便是园艺家偶然的匠心所致呢。

今天，在校园各处的草坪上，我都发现了这些可爱的精灵。它们是草坪上青草的异类，却并不像另外的杂草那样惹人生厌，需要花工费力地小心地一一拔除。它们倒像就是这些青草的花朵一样，自然而短暂地点缀了这些整齐而略显单调的草坪。

然而它们也许比花更懂得自我约束的艺术，也许明天阳光造访的时候，你便再也找不到它们的芳踪——这不也和星星一般吗？花儿在阳光下艳丽着，但这些太卑微的生灵，只不过是在某个雨后下午，与某个宁静下来的人类，做片刻的会晤。

手中的那朵被我摘下来的蘑菇，正在渐渐地褪去原先的洁白，从里面透出一种淡淡的粉红来，它的气息，一样是山林蘑菇的气息，带着朽木特有的清香——我刚才几乎忘却了，它们还并不只是长在泥地里的生物，它们还是枯枝和腐叶生命的涅槃呢。

一年的重量

新雨日记

一个教师的“新年”，也许该从8月份的某个日子开始算起。那个炎热的日子将决定接下来的一年或者几年中将会是哪些名字与我们的这段生命书写在一起，决定从此在我们的眼睛里，将流着谁的泪水；在我们的笑容里，将开着谁的花朵。2002年8月，我辞去学校教导主任之职。为了让校长答应我的辞呈，我开出的条件是由我来带领全校都“厌恶”的一个毕业班。校长犹豫再三答应了，因为把这份苦差交给谁，本就是他的一块心病。

所以，2003年这棵长相古怪的草，是几个月前就被播在一个被我叫作“空山新雨”的班级里的，从8月中旬到年末，岁月为我留下了十万多字的《新雨日记》，还送给我绍兴市优质课一等奖的殊荣。这十万多字的日记，与其说是写下了一本时下流行的教育随笔集，倒不如说是在用十万多滴真诚的泪珠，为一群几乎没有希望挽回命运惩罚的孩子，向上苍做着最后的祈祷。

祈祷的结果是他们在发生了许许多多“事件”之后终于安静下来，然后静静地面对即将到来的中考。而优质课一等奖的结果使教研员决定把这一学期的另外一个机会也交给了我——由我代表上虞市参加绍兴市青年语文教师论坛。于是，这才有了2003年的所有故事，有了网虫“干干”，有了万里过河卒，有了从乡村背景下阅读到城市背景下思索的过渡。

青师论坛

我的2003年在绍兴市“中学语文青师论坛”中展开，这似乎是一个预兆，预示了我这一年将伴随着刀光剑影度过。“青师论坛”上的出彩既是我当时所能达到的荣誉的巅峰，也是我自我革命的肇始。十余年枯守山中的寂寞的阅读与思索，近五年的教育教学反思与实践，换来了一堂课和一场“演说”。但是对于一个习惯于在旷野中和虚无争斗的堂吉诃德而言，我舞动的长矛旋即就刺破了自我膨胀的谎言。我站在胜利的废墟中感到前所未有的空虚——幸亏，仅仅为了请人批评一下参与青师论坛的讲稿，我在朋友白马湖的指点下进了网络论坛，进了“教育在线”。这一进，从此是“误入藕花深处”，且“沉醉不知归路”了。

教育在线·语文论坛

如果说2003年是一篇岁月为我写就的冗长文章，那么我不得不说这里面的许多关键词，是未经我的许可而“历史强行介入”的，“李镇西”“教育在线”“朱永新”“新教育实验”“书香校园”……这些有着金属光泽的名词嵌在我的习惯于阴郁的岁月里，许多时候还真的不习惯。但是即使是一个习惯于寒冷的人，面对名满天下的李镇西的青眼有加，还是不能不温暖起来、感动起来。于是就有了后来做版主的故事；有了因为不堪在线朋友的批评愤而离开“教育在线”，在中国语文网语文论坛担任总版主的故事；有了因为李镇西的召唤而重回“教育在线”的故事；有了在昆山会议上网虫“干干”被评为最佳网友的同时，版主“干国祥”所负责的“语文沙龙”被评为“优秀论坛”的故事。蜂拥而至又擦肩而过的，还有许多名字，像《卖火柴的小女孩》手中的那一根根火柴，这些名字确确实实照亮过我的许多夜晚：凭栏、微笑、瓜山书生、李斌、李反动、苏静、泥土、人淡如菊、wxch、阿根1212、芷眉、笑语嫣然、看云、残剑、铁皮鼓、正E、小易、玫瑰……许多根火柴被我忘却在过去的岁月里。

对一个一直是没心没肺的彼得·潘一样的人而言，忘记是那样正常与平常的事，我不会怪他的遗忘。这种遗忘的极致表现就是他对中国语文网语文论坛的遗忘，当初，在担任总版主之后，他以“如果给我一片沙漠，我就有足够的信心把它改造成绿洲。那么如果你给我一片足够宽广的沃土呢”的豪言开始了论坛的改造。许多播种梦想的人因为他的孩子式的梦想而聚在了一起，共同创造了一个“网络神话”，创造了一个蓝色的季节。今天，他们所首创的链接式导航、论坛周刊、定题论剑、诗 + 画等形式，已经在各教育网站成为家常菜。而在当初，他们就像一群没有长大的孩子，在永无乡中做着快乐的梦，为每一点创造而忘乎所以，在西至新疆，北至黑龙江，以及远在美国的不同的电脑终端上，发出纯粹的快乐的欢呼。在远远地离开语文网语文论坛，忘却所有那些曾经被称为神话的故事后，我仍然保留着那个季节里最动人的故事，保留着一些最最珍贵的名字……

春晖之梦

在这篇素描的开头我已经说道，我在会稽山脉的一个山岙中枯守了十多年，自少年起就好读老庄，从来没有想过到外面去，到城市去。在我看来，只要有学生，就有我的教育和教育的快乐。但是，当梦想越来越饱满的时候，我就不得不为它着手寻找一块更肥沃的土壤。当山里的孩子在我苦心教育三年后，思想和语言达到某一个高度而再不能逾越时，我知道，要创造更好的“学生”，必须寻找更高的起点。于是我想到了近在咫尺的春晖中学。春晖，也许是中国每一个语文老师的梦想。而我，距这个梦想是这样近，和它的关系是这样“暧昧”——我曾经在小学毕业和初中毕业时两度报考春晖，都被班主任老师退了下来。而我从教十多年的一大目标，就是尽可能多地把山里的孩子送到这所历史名校。

于是，在槐香与“非典”的阴影一齐飘荡的四月，我再一次走进了春晖校园。此时，我已经与另外一所学校有了亲密接触，但我还是想到春晖走走，想要知道，春晖有没有足够的空间可以播种我的并不太大的梦想。然而，我最终与春晖失之交臂，因为我附带的要求被传话的朋友给退了回来。据他说，这里只需要听命行事，并不需要你个人的思想。于是只好做出携妻挈女远走他乡的决定。只是我不知道，错过春晖，会不会是我一生的过错，而造成这个过错的，是我的骄傲，还是它的顽固？

语文三卒·小卒过河

那所与我亲密接触的学校，就是“万里”。它的全称是“宁波万里国际学校中学”，是拥有着幼儿园、小学、几所大学的万里教育集团的一个分部。关于这所民办却不是私立的学校，我即使在进来之后也仍然有些读不清楚，所以曾经在一首小诗中称它为“身份暧昧的红色城堡”。那时候，万里的一个校长化名为阿根1212，在“教育在线”上四处游荡，结果和我是不打不相识，成了朋友。当时他原想招聘一个在语文界有些名声且仍在发展着的人来提升本就不弱的万里语文，譬如姜广平；但是当时姜广平已经暗恋神州学校，他就推荐了我。于是，就有了“三卒”的第一次网上对话。

然后我们在对话中发现三个人竟然有着绝妙的互补性。作为作家的姜广平（戛剑卒），他的文学素养在语文教师中自然可谓个中翘楚，相信任何人与他对话，都会有不小的收获；教育硕士兼在平面媒体已经站稳脚跟的贺学根（舞戚卒），既在理论上有着足够的优势，又在思维上具备贯通新生代与前辈们的隔膜，完成教学理念上的承接与过渡的优势；作为长期在语文论坛供职的版主，读了不少形形色色的帖子，在此之前又驳驳杂杂地读了许多怪书的干国祥（荷戟卒），在讨论中自然是从二位兄长处学得更多、得到更多，但是他怪异的旁逸斜出的想法却不时会产生“打开”的效果，给其他二卒提供可以充分发挥他们优势的空间。

三卒在对话中阅读朋友，提升自己。而这三个本在张家港、绍兴和宁波三地的语文卒子，终于因为对话而一齐走到了甬江边（宁波）。我，从此成了一枚“万里过河卒”。过河小卒的所有意义全在那个棋盘的象征中：它只能前行，不能回头——虽然前面很可能蹲着另一枚想要吞噬它的卒子，或者一匹拐马、一辆战车，或者一门藏在阴影里的炮。在宁波有史记载以来温度最高的这个夏季，我来到了宁波，从山里的清凉到暴晒在城市的酷热下，从书斋的宁静暴露在民办学校管理体制所决定的喧哗中，我真的有很长时间在内心里不能适应。妻子也“嫁鸡随鸡”，来到了相隔十数里外的万里国际小学，成了另一枚过河的小卒。教惯了公办学校的毕业班，现在一下子落在民办学校的一年级中，她都已经清楚地窥见了整个棋盘后面的巨大阴影。

只是，与前面未知的阴影相比，似乎在我们背后的那个梦想要清晰一些，它的力量也要更大一些。它推着我们向前，不由自主。

昆山之行·贵州之旅·书香校园

我在万里有一个比“干国祥”或者“干干”更重要的名字，叫“新教育实验”。当时与阿根接触，准备到万里来的时候，他所有的引诱与期许只有一句话：“我们已经决定把新教育实验引入万里，现在迫切需要有人来做这个实验。”于是，没有高薪或者其他条件的许诺，我来到了万里。又从语文论坛回到了“教育在线”，并且平生第一次走出浙江，在七月的“狂野与热烈”中来到了江苏昆山，参加“教育在线”的网友大会——和不久后的贵州之行一样，昆山之行只能说是人生中的狂热季节，阳光太强烈，草木太葱茏，感受太多太泛太芜杂，让你很长时间无法用语言来准确地描述。但是这就像是在这个夏季里进行过的光合作用，在秋天的果实中，最终还是会蕴藉着过去季节里的所有阳光。

七月底，在遵义宾馆的一个卡拉OK包厢里，在卢志文和袁卫星的激情的歌声中，我在朱永新老师耳边说：“我准备到万里跟阿根去做新教育实验，但是，您要给我们足够的时间……”于是，在几个月后的秋天，有了朱永新的万里之行，有了万里长达一个多月的读书节，有了全面开展的书香校园行动，有了一个校园论坛的兴起，有了一个民间沙龙的形成……

《教师之友》

虽然借助于网络，我开始有了频频在纸质媒体亮相的机会，但是我仍然固执地认为不能简单地把发表文章看成是一个网络人的成功。对于网络和平面媒体，我的看法恰恰是后者应该向前者学习与靠近。在这个后学习时代，老者向少年学习，过去向未来学习是最正常不过的，平面媒体向网络学习，也将是不可逆转的趋势。所以，我有时对那几个因为在纸质媒体频频发表文章而从此再不上网的朋友开玩笑，说他们是被传统势力“招了安”。但是毕竟自己也未能免俗，也时不时地把一些性情文字寄给几个做老编的朋友，以期换点稿费，换几杯咖啡。

在和纸质媒体的交往中，我仍然倾向于接近那些关注网络靠近网络的新锐媒体。这一年和几家杂志的编辑有了切磋的机会。在文字上往来较多的，一是广东的《师道》，二是四川的《教师之友》。虽然一度在《教师之友》做特约编辑，编了几期“风云”，推荐一些网友的文字，但我自己的文字发在《教师之友》上的却并不多，因为这本杂志的负责人李玉龙追求思想的实用性和语言的精美流畅几乎已经到了苛刻的地步，这对读者固然是好事，但有时真是要了作者的命。我有时还真怕一篇草稿让他看上，然而就是无休止地切磋雕琢，让人终于感受到了文字的痛苦。倒是《师道》似乎对我的文字情有独钟，所以我的那些并无技术价值的教育散文，多半是被龙建刚兄采走——其实我在写的时候，还真的没有想过这样的只抒写心情的文字居然也能在教育杂志上发表，想来是我们的杂志也在渐渐地褪去一些工具心（机心），提倡一些人文性了。时常有朋友在我耳边念叨江西的《教师博览》，说是一本挺不错的杂志。可惜我一直误以为它只是一家介绍教育知识的杂志，也就一直没有进一步接触。临近岁末投了一稿，才明白它也一样喜欢性情文字。于是便索性邀请薛农基主任到万里走一遭，来为万里沙龙再添一把火。

E 家咖啡

然而我始终明白，借着网络的火柴，借着媒体的霓虹，毕竟不可能让自己的灵魂温暖起来。如果说网络和媒体上的出彩是人生之花的话，那么基于现实环境、基于学校实际、基于每个学生的教育实践，才是我们漫长岁月中所应该结出的果，也只有它，才能让我们骚动的灵魂平息下来。一到宁波，我还算是做了几件对将来很重要的事情。我为每个学生在网络上建立了成长档案，老师、同学、家长和他自己可以在这个档案中共同书写他成长的历史，添加成长的细节；我为自己在这个新兴的海港城市寻找到了一个可以诗意地栖居片刻的落脚点，它有一个与网络有关的名字——E 家咖啡。在这里，夜色中的教堂，音乐中翩翩起舞的喷泉，黑暗中异常精致的人群，高大的加拿列海枣与银杏……以及我为自己选定的兄长与师友，共同构成了一座城市的背景，在我新的生命中静静地展开。

如果说 30 岁以前我的血液中有一半是酒精的话，那么 30 岁以后，我的血液中便一半是咖啡了。从端起酒杯到端起咖啡杯，就完成了灵魂从狂野的时光走向宁静的岁月的转折。从此以后，我们的话题少了对不公社会的抨击，少了对浅薄得志者的不满，少了某些话题的猎奇，而只有教育，只有一个个教育的细节和梦想，才一次次地在我们举杯浅酌的同时被拈起，被擦亮。一杯红酒与一杯咖啡间未完成的话题，就被放到个人的论坛里，和三五好友悄悄地继续，但总是会在谈话结束后遗憾忘记了录音，许多灵感来不及化为文字，就飘散在某个秋夜的风里……

寒夜之茧

许多快乐、成功、光辉、幸福的油彩浮在生命的壳上，让人把网络生涯，把加盟教育吉卜赛人俱乐部看得太过诗意，我想我可能是在制造了文字的同时，却欺骗了生活。站在冬至日的长夜里回望 2003 年，如果能够细数走过的每一个日子和写下的每一个文字，也许便会发现比阳光、快乐更频繁地出现的，是忧郁，是焦虑，甚至是无望与无助。所以在一个阳光下的“干干”和一个月光下的“干干”之外，始终还有一个躲在无星无月无烛的寒夜里无法用爱情、用文字、用电话取暖的“干干”。他会在青师论坛的获奖证书背后写下无法示人的教育忏悔；会在当众声明不上某个网站之后又忍不住地换几个马甲上去发帖；会在无数个像这样的长夜里，仅仅为某个学生无法更改的毛病而耿耿难眠……正如教育还远远不是一种享受一样，教师生涯也远远不是一种诗意的栖居。只是网络像一棵倔强的藤，已经不屈地把藤蔓伸向了依然被应试的阴影牢牢封锁的城堡，伸向了每个孤独者不眠的窗口。所以不管怎么说，这枚躲在黑夜里的茧毕竟还是应该感谢网络，感谢它带来的文字的柴火，带来的可以如火柴般擦亮，取暖片刻，照亮片刻的那些名字，带来的茧外世界的精彩和无奈……

站在2003年的尾巴上，我想把这5000多个汉字缩减一些或者增添一些，都已经无法改变文字以外的幸福或者痛苦。一年的网络生涯带来了一次思想的飞翔与身体的跋涉，只是灵魂依然只有在倾听到根须扎入泥土的声音，倾听到一朵朵蓓蕾开放成花朵的声音时，才能得到它的平和与宁静。于是期待着迎面走来的2004年，我有足够的时间站在学生中，就像一个农夫站在他的庄稼中一样获得更简单的幸福。

一个人的宗教

做一个宗教徒真是幸福！他们知道在前方，在道路的尽头，不是死亡与黑暗，而是他们伟大的父亲在等待着他们；曾经严厉的父亲在那一刻将温柔地把疲惫的儿子揽入怀中，让他在永恒的光明中洗尽这一生的疑虑、痛苦与恐惧。但是宗教的虔诚拒绝自欺欺人，站在被科学与无神论摧毁的信仰废墟里，一个现代人，一个没有神性父亲的肉体将如何度过此生？如何面对诱惑、打击与无意义感？谁告诉他答案？谁陪伴他在没有路标的尘世中跋涉，并从容地走向永恒的黑暗？

最初，是为了寻找生存的答案，同时也为了抵抗身边泛黄的且散发着某种可疑气息的流俗，我选择了阅读，并把阅读视为个人的祈祷。但在我内心的神龛上，却并没有供奉任何一尊可以许诺我以回报的神灵。就这样，我开始走上了自我教育的道路——如果教育不只是获取分数，不只是掌握一些公式与定义，不只是换取一纸文凭，而更是理解外在的世界与内在的灵魂，是尝试着为每一天给出意义，那么阅读就是真正的自我教育。

我出生于“文革”，在“文革”与后“文革”的政治时代度过了全部的童年与相当长的少年时光；三四十年前的农村，除缺少食物外，更缺少知识与思想，在两个小学未毕业的老师的教授下我读完了小学；若干年后，又在一所县级初等师范学校里完成了此生最后的正式学历……那时候，我不知道书写这一切的是哪一个命运之神的手，然而回过头来，我才恍然大悟：正是幼年不经意的阅读让我在一群不思学习的农村顽童中脱颖而出，成为教师，成为知识人；正是经历了漫长的我称之为“享受你的寂寞”的阅读，我才能以一个山村教师的身份，与其他实践者和研究者一道开拓语文与教育的疆域；又正是通过走出大山的这两年如饥似渴的阅读，原先几乎只字未写的我，逐渐地转变为著述颇丰的教育理论作者。

但是，这样的表述多么令人生疑，似乎是我与书本做了一笔成功的交易，就像人们献供品于寺庙，却只是为了请菩萨保佑他买彩票中个大奖；也许确切地应该这样说，当我以自己的方式（阅读）向着无名的神灵祈祷，我的祷词里并不敢带有任何的索求，但是它给予了我意料不到的馈赠，在每一个人生的转折点上。

更重要的是“祈祷”本身，是阅读本身赋予每一天、每一刻以意义。任何外在的显赫与成功，其他的人借助于权力和金钱可以更轻松更快捷更多地获得，但阅读作为祈祷，却赋予我平凡的生活（十五年的山村教师生涯）、坎坷的历程（这两年又经历了放弃公职进入民办学校，西走成都成为知名杂志的编辑，杂志停刊等事），给我原本荒谬的人生以宁静、安慰和希望。虽然这宁静只是每日繁劳中一盏清茶的宁静，这安慰只是无数失落失败中一碗心灵鸡汤的抚慰，这希望只是茫茫时空中一个纤弱的生命对自己的一遍遍期许，虽然仍然没有终极的意义，没有确定的方向，没有确信可以超越死亡的回答，但是，毕竟所有的跋涉都因此有了伴侣，且既然我可以穿越时空来聆听，想必我也应该可以让自己的声音超越厚壁与偶然、短暂与无常。而即使它消散在四季的风中或者宇宙的哪一次悸动里，它至少已经让我，让聆听到它的人们，有过哪怕片刻的宁静与彻悟。这就够了。

虽然一个移动硬盘就已经可以存放下我所有书籍的信息，且我所创作的数十万字，甚至还不足以装满一张小小的软盘，但是每一次搬家，书籍仍然成了我最为沉重的负荷。从宁波到成都的那一次搬迁，一家三口的二十包行李里，有十一包是我不能离弃的书籍。是书籍让我步履沉沉，于是所有的日子，也因此再不能轻飘飘地被岁月吹散在风里。读书何为？事实是，它让我沉重如斯又清贫如斯。除了文字我已经一无所有，但清贫的不仅是物质，还有思想。是的，是思想，清贫的思想。不要企图通过阅读来换取财富、声色、名望与权力，深入灵魂的阅读恰恰是让人类保持思想的清贫。阅读并不是这个时代的流行语，它像一个衣着过时的旧贵族，不得不为了保持自身的纯粹而拒绝了斑斓的色彩。文字与阅读曾经将人类从口语思维的短暂偶然中提升起来，给予了条理、逻辑与永恒感，给予了签名的责任与尊严。现在，它们还将拒绝日益显现的读图文化，拒绝将由文字与阅读缔造的人类的想象力与创造力，退化为幼稚的读图能力与辨别音质的能力。

读书何为？我可以对别人说：我原本平凡甚至平庸的教师生涯，正是阅读赋予了它日新的创造力与意义感。而对我自己的回答则是：在这个失落了信仰的时代里，读书是我一个人的宗教。

突围（一个人的教育史）

人存在的意义是什么？教育和语文的真谛是什么？这些大而无当的问题一直纠缠着我。后来我才明白，答案并不存在于任何一本经典中，而只存在于向外“追问”和向内“反思”之间，它是一个过程、一种姿态、一种努力和挣扎。现在，我开始学着用历史眼光来看自己走过的歪歪斜斜的路，觉得它歪斜的姿态也有了一种别样的趣味。而且我相信，只要读者不把故事里的细节当成教育中的“是非”选择，而视为一个个体“转变”与“成长”的隐喻，那么这种描述与解剖也就有了标本的意义。

应试外的孤魂

一直到工作的第六个年头，我仍然被认为是一个不负责任的教师，因为我基本上不会按要求去写教案，不出试卷和批试卷（除统一组织的考试），也极少批改作业。有关考试的各种率的计算一直摇摇晃晃，一不小心就会落到最后。许多年后，我在思考教师与教育行为的关系时曾说：“每个教师都像上帝一样在以自己为原型捏着泥人。”当时，我确实也不过是以自己为原型在教书。作为一名在学校里基本不交作业，平时靠小聪明混过考试关的学生，我对考试既不感兴趣也并不害怕，甚至有点轻视它。这一特殊的经历保留了我自由的天性和创造力；然而躲避了枯燥的高中和大学学习，同时也就意味着错失了系统知识的建构和学术研究的基本训练。知识结构单薄，缺乏足够的学养，对学术研究的框架和术语容易产生恐惧，对最新的学术动态和整个思想界缺乏了解……这些沉重的硬伤伤及筋脉，触及骨骼，使我在今天面对“那一代”与“这一代”的争论时，只能生出“中间物”的自怨自艾，既无力承担“那一代”的衣钵，也不敢成为“这一代”的先锋。我相信这种感受也许在20世纪八九十年代毕业的师范生中更能引发共鸣，按怀特海的学习阶段的说法，我们即使侥幸拥有了学习的浪漫阶段，却并没能拥有学习的精确阶段和综合阶段。也正是这种先天不良让更多的初中教师和小学教师慢慢地成为“高级初中生”和“高级小学生”——在日复一日的机械操练中，本就缺乏学术视野的“一代人”被自己的教案和习题操练得日益肤浅，当福柯、德里达、伽达默尔，历史叙事学、结构主义和解构主义等“怪异”的词语出现在我面前时，我在痛恨自己的浅薄与不幸的同时，不免憎恨起这些让我难堪的词语。也就是说，我在没有进入词语之前，就排斥它们，把它们视为异物——我相信这种感受对于今天的中小学老师而言是具有普遍意义的。

我唯一的幸运也许仅仅在于：我毕竟成了应试外的孤魂。“人”是什么？“意义”是什么？这些困扰所有人的问题更是强烈地困扰着我。于是，在世俗中找不到趣味与共鸣，我转而漫无目的地在书籍中寻找线索。由于书籍的匮乏，我只能在没有指引、没有任何解读做参照的情况下，开始阅读尼采、庄子、萨特、弗洛伊德、孔子、泰戈尔、甘地等人的著作，以及禅、朦胧诗和宋词。但面对令人痛苦的现实，我的阅读渐渐地投向了东方寂静主义的怀抱，我在佛经和禅道中消泯了痛苦，再慢慢地消泯了欲望与斗志，最后只能是把青春残余的精力耗损在纸牌和游戏机上，成为一个无所求的犬儒。十年之后，我在许多朋友身上反复地看到了三条线索：成为学校的应试骨干（或中层领导），在学术意义上的身份是“高级小学生或者高级初中生”；从不甘寂寞的阅读中渐渐地成为现代社会的犬儒，用小聪明从容地应付考试而不热衷于此，用家教、炒房、炒股获得不再寒酸的生活，将剩余的精力消耗在纸牌、麻将和网络游戏上；通过网络论坛看清自己的浅薄与仍然残留的生命意义，重新开始新的追问与冒险……这三条线索交迭出许多种人生的道路，这些道路也许可以简单地勾勒出绝大多数六七十年代出生的中小学教师的命运，我甚至认为他们可能会是被遗忘的一代人。

魏书生们的足迹

我在27岁时人生有了一个小小的转折。那一年我生了一场病，病中学生对我和我的课堂的怀念让我意识到自己的“逍遥”是对学生极不负责的表现。于是我提前出院回到学校，投身于刚刚发现乐趣与责任的教育。我担任毕业班的语文老师兼班主任，并筹划建立了若干文学社团，而我的学生也开始在各类比赛中打破沉寂……然而，当我开始行动的时候，却发现自己确确实实站在旷野上，我急于要寻找导师来帮我解决眼前的各种困难。就这样，原先在书柜里的魏书生的书被我每天放在案头，即使在了解全书的思想甚至细节之后，我仍然会不时地翻阅，用魏书生的思想和策略对自己的教育行为进行监督与纠偏——如果是魏老师面对这事他会怎么说怎么做？这是那些年我经常诘问自己的一个问题。今天，当我和我的朋友对前辈老师们展开批评的时候，我个人的感情是颇为复杂的，因为我不仅仅是从他们那儿汲取了营养成长起来的，而且我自己唯一的成功也可以说是建立在技术主义公开课和应试的基础上的，除此以外我别无所有，对他们那一代的反对也就是对自己历史的一次反叛。魏书生等老师不仅仅创造了自己的神话，在他们的神话里，也有着无数个像我这样的教师的成长。

在短短的几年里，我一跃成为学校中最受学生欢迎、家长信任甚至校长器重的骨干教师，班级整齐的风貌，学生深深的依赖，各方面显露的成绩，所有这些让我在一段时间之内颇感自豪。这里不得不提到，正是利用知识树及相关的教学方法，我在没有增加学生学习时间的前提下使学生的应试成绩有了明显提高。那一届学生毕业后的新学期的第一个星期天，有三十几位学生不约而同来看望我，然而正是那一天和随后陆续收到的书信，让我的内心经历了一场痛苦的风暴——我的“三率”极高的学生在进入高中和城区学生一道学习之后，带给我这样的消息：城里的同学能说会写，思路活跃，语文水平太高了！他们讲的一些书、一些人，我们根本没听说过。我的学生进高中的第一篇作文，是《我难忘的老师》，而他们的笔，几乎没有例外地指向了我，但是这些文章放在其他优秀的文章中……

肯定有什么地方出错了！——也许是我领会错了魏书生等，所以导致了这一切，我相信他们的书里不仅仅有应试的策略，同时也应该有提高学生语文素养的思想。为了找到答案，我开始向外寻找，钱梦龙、于漪、宁鸿彬、陈仲樑和林炜彤……我寻找视野内的所有特级教师的课例和著作，后来又接触到叶圣陶、吕叔湘和张志公对语文的论述，试图在其中找到“教育是什么”和“语文是什么”的正确解答。当时正是模式盛行的时候，借助杂志中的一些文章，我开始涉猎外国的一些教育理论。那些在当时殊不可解的结构主义、控制论、信息论等西方现代理论开始一点点地切开我的皮肤，进入我的思想。这里最最重要的是我读到了苏霍姆林斯基的《给教师的建议》。

对苏氏作品的阅读让我体验到空前的愉悦，然而同时也给我带来巨大冲击，因为就是在那一刻，我觉察到我们没有真正的教育，觉察到了先前所阅读的国内大师们存在着致命伤，没有任何一个教育家能够与苏氏相提并论，也没有任何一所中学可以和帕夫雷什中学相比。我窥见当前教育漂亮装饰下的空虚与单薄，然而先天知识结构的不足加上后天阅读上的营养不良，却使我根本无力来对当前的教育做彻底的解构和宏大的建构——甚至仅仅是批判。我只是近乎本能地开始对“课堂教学目标”“课堂的控制”以及画知识结构图等模式说“不”。

堂吉诃德的长矛

经过三年的“反叛”之后，又一届刚刚毕业的学生再度回学校来看我，人数不多，更没有统一的时间，因为我确实已经不再是学生的“神话”——但这次他们带回的信息表明他们已经“入侵”了各高中文学社、广播站，成了其中的主力和班上的语文课代表，他们说的许多书和名词，城里的孩子并没有听说过——这是以前从来没有过的。一个学生在告别的时候猛然回头问我：“人活着的意义是什么？”当时我已经送他到门外，就指着花园中盛开的玫瑰和木槿问他："它们成长并且开放的目的是什么？"——我的意思是说：活着就是所有的目的，活着就是把生命中潜在的能量与可能性实现为"花朵"。但是花朵后面诸如枯萎的意义，已经超越了我追寻的范围，我无从回答。

这也可以说是那几年中我生命状态的一个写照。根本性的怀疑带来了方向感的沦丧，我只能用马斯洛的"高峰体验"来取代"生存的终极意义"。现在回头再看，一切似乎很清晰：我参加上虞市和绍兴市的优质课比赛并夺得第一，只是因为朋友说我普通话不行，板书也潦草，我打赌说我的理解和应变能战胜其他人的表演；我用十五天时间废寝忘食地边学 Flash 边做课件，当《人民解放军百万大军横渡长江》这个我第一个也是最后一个课件拿出来的时候，几乎没有一个朋友不拍手叫绝，但当时仅仅是因为校长对我这个负责教研的说得去外校请人来做课件培训；我培训学生参加论辩赛，却强迫兄弟学校定下谁输谁出局（不再组合成队）的规则，只是为了让一群山里的孩子战胜镇队、区队，和市里的高手一决高下；1991—1992 学年我参加市里组织的五项比赛，几乎每一项都获得了一等奖……

然而我来不及也不敢追问自己这样做的目的究竟是什么。像一个找不到对手的堂吉诃德，我只好把旷野中的风车作为自己争斗的对象而来舞动手中的长矛。"人"是什么？"意义"是什么？"教育"是什么？"语文"是什么？在一张张证书的背后，我并没有找到自己生存的意义和教育的真谛。我只不过是像一个工匠，努力地把师傅们要求我做到的每一项技术做得炉火纯青，然而这种聚沙成塔的游戏最终除了让我自欺欺人，却根本不能够留下任何实质性的东西。我甚至认为，尽管做出了相当的努力并取得了这些成绩，但我和那些把精力消耗在网络游戏上的朋友在本质上没有什么两样，都只不过是一种游戏中的快乐和力量的证明，却都是对生命问题放弃了追问。在这些成功中唯一积极的一面是：除了刺激自己来抵御岁月的下坠外，就是学生在一定程度上也参与了我参与或者设计的各种游戏，譬如那四个一路过关斩将参加辩论赛的同学，此经历成了他们青春岁月中一个持久深刻的"言语—精神"事件。这种杂音冲击了枯燥的教学并在一定程度上给它带来了新鲜的形式与内容。

在这种世俗的匆忙和追逐中，我仍没有补上应该补上的“课”：文学和文学批评，从黑格尔到海德格尔再到伽达默尔的系统哲学，后现代旗帜下的各个领域的理论，裴斯泰洛齐、怀特海、杜威等人的教育著作……细碎的成功遮蔽了巨大的不足，于是虽然在本能地对某种模式说“不”，却根本不能说出说“不”的理由，因而也就无从开辟一个新的语文园地。如果不是因为网络论坛的“拯救”，也许我便会在这种沾沾自喜中由反叛到谈判，最后因分得一杯羹而妥协。假如这种转变产生，我想除了自身学养上的欠缺，还有一个原因就是缺乏对教育的宗教般的情怀，而缺乏这种宗教般的虔诚，就不免以世俗的成败作为学术是非和人生意义的价值标准。

后现代的冒险

论坛撕裂了教育的粉饰，同时也带来了新的可能。在经历了一年网络论坛的烽火和半年啃咬式的阅读之后，我开始进入了语文教育的“后现代冒险”。对我而言这个“冒险”具有多重含义：我在个人价值日益得到官方承认的时候放弃了公立学校的“相对安全”，选择了民办学校的“部分自由”；我放弃了“问题→图示”和“问题→问题”这两种已经得到同行充分认可的语文课堂模式，进入了一种备受质疑的连自己也不可名状的新的教学探索中；在我的教育散文和带有禅意的教育案例开始得到媒体认可且前景看好的时候，我放弃这种散文化写作转而进行“诠释的语文”和“历史叙事中的语文教育研究”的探究……

把自己打碎，像土粒一样打碎自己，这也许是泥土孕育花朵的唯一可能。虽然所有的硬伤在我面对未来的那一刻一齐发作，让我不得不意识到：我们过去把杰出的工匠当成中国的米开朗琪罗和罗丹，这固然是一个虚妄，然而“这一代”却更只是一些留恋着泥巴的“顽童”，对工匠的背弃，也不过是对个体自由的一种留恋与向往，却根本不足以建构现代教育和后现代教育。但是，在我眼前确实展开了一些饶有趣味的东西，这是我以前所没有发现的：在前一个范式中工具论和人文论此消彼长的历史起伏轨迹及其原因中，看到了二者的相互依存、发展与在后现代教育范式中的解释欠缺；语文教学作为对话与诠释的新的可能；教育心理学和生命成长节奏与教材和教学的同构；后现代教育哲学上的个体反思和自组织；“意义”的生成原理与过程；语文教育历史上的叙事与诠释……我知道我最终不能理清并进而把握这些，但是不妨把这一努力视为个体（仅仅我自己）意义上的又一次转折与成长，一次打碎自己融入新的未知的努力与尝试。

最初我想把这次回顾命名为《被失落的“个”》，想借此声明：我不代表任何一代，也不隶属于任何一代，我只替我个人发言，尽管我的皮肤上分明烙着整个时代乃至整个历史的痕迹。我希望不要把任何人（包括“那一代”与“这一代”）当成宏大历史中的一些有待被替换的符号，而应该视之为已经用行动为自己的生命创造了或正创造着自己的独一无二的意义。而教育，就是对这一“意义创造”的更积极的实现；语文教学，就是对这一“意义创造”在“言语—精神”上进行重构，即建构个体的“言语—精神”。就像我通过这篇文章，像蚕一样，做一次突破皮肤创造自己的努力。

我的阅读史[①]

在“教育在线”上写下这个标题是需要一些勇气的。正如我在一个帖子里所交代的那样：“两年前的干国祥是一个最平常不过的师范生，他从来不知道有个写诗的叫海子，不知道他卧轨自杀，也不知道他的‘面朝大海，春暖花开’。至于里尔克、卡夫卡，乃至于陀思妥耶夫斯基、后现代、解构或者建构，他都没有听说过，他只认识一个‘司机（斯基）’，就是苏霍姆林斯基。他只读过席慕蓉和泰戈尔、叶赛宁等人的诗，近十年来几乎没读过什么小说……”而这个论坛上颇有一些每个细胞里都浸透了书臭（音xiù）的朋友，譬如范美忠，恐怕要有上百个较勤奋的教师，才可能有他一个人的读书量——至于“质”就更不好比，一本黑格尔的《小逻辑》，我认为恐怕是比许许多多当代小说散文加在一起还要重一些的。

所以一个读书无几的人要大言不惭地在这里写下“我的阅读史”的标题，不是无知，就是十足的狂妄。只是既然刘钢诸兄诚恳地要求我“务必将自己读过的并且认为有价值的书籍详细列一列”，所以也就只好斗胆，冒论坛之大不韪，来整理一下这个头脑中虽然数量不多却芜杂零乱的书柜。

大概在9岁那年，我拥有了自己的第一本书《激战崔家庄》，黑白连环画，人民币九分。从那时起，购书就一直是我生活乃至生命中的一种定期去满足的本能需要。显然这并不是一件什么特别高尚的事，但至少它并不比另外的孩子玩弹子和另外的男人玩纸牌更差。这可能只是我偶然的一次选择，先是我选择了它，后来便是它选择（修塑）了我。

① 此文原为答刘钢兄而作。

第一本真正进入我生命的书是《水浒传》上部，是从“文革”抄四旧即将烧掉的书中偷出来的。我来来回回地大概看过数十遍，直到初一时借给一位同学而从此失去了它。反复地读，是因为对我而言在当时没有任何其他的一本书可以与它相比。在一大堆抓特务、保卫羊群的连环画中，它显得突兀而厚实。刚开始读的时候是小学二三年级，手头也没有字典，自然只能是蒙着读。蒙着读，任书中带有许多我尚不能够理解与确定的信息，却坚持着读下去，这多半是我从这本书的阅读中开始养成的习惯。从那时候起，我就知道我的每一次阅读，都只是走近一本书，走近一个故事，但我不可能完全地把握这个故事——哪怕我认识了书中所有的字。现在回想起来，这个习惯实在太重要了。相比于遇到拦路虎非得设法解决后才可以继续往下读的阅读方式，这种“好读书不求甚解”的阅读不仅是自由的，是培养了想象力的，而且它更培养了一种探求书中的意义，而不纠缠于表面字词的阅读态度。

然而，我进师范后开始知道，《水浒传》并非真正的杰作。同时我已经明白，如果当时不是《激战崔家庄》而是《海的女儿》或《小王子》，不是《水浒传》而是《红楼梦》或者《约翰·克利斯朵夫》，成为我的第一本书和童年最重要的书，那么我的一生将会彻底地改变。即使仍然会与现在一样清贫，但我的精神肯定会比现在要来得高贵一些。我身上颇带有几分说得好听一点是“侠”，说得难听一点是“流氓”和“强盗”的脾性，究其根源，除当时整个社会处于“文革”的遗留症状中外，那个一百零五个男强盗与三个女强盗的故事，还是对我有着不可磨灭的影响的。童年的阅读是一生精神的奠基，我用半册《水浒传》打下了强盗的底子。更可惜的是当时找不到下半册，所以来不及学会招安，学会把流氓与强盗身份转换成合法的官兵。这真是不幸之后的又一不幸！

大概是小学四五年级的时候，红小兵改称了少先队员；连环画中也开始颇有些西方的东西。当时《少先队报》上的小狮子爱尔莎的故事，是我每个星期期盼的盛餐；而印象更为深刻、给我无穷遐想的，是《鲁滨孙漂流记》。此生热爱动植物，并最终选择流浪，一定可以从遥远的童年找到合适的理由的。

大概就在那个时候到初中一二年级，我开始阅读《三侠五义》《隋唐演义》《封神榜》《西游记》《三国演义》《红楼梦》等书。印象最深的是一本类似《三言二拍》选本的元明清白话，虽然对有关情色与封建糜烂生活的部分做了大手术，但毕竟剩下了一些带色的段子，弥散着那些远去的朝代的特殊的气息。这些对身心渐渐发育的我颇有神秘的吸引力，况且它里面的人物没有一个是特殊的英雄，似乎都只是我的左邻右舍，我可以随时随地地回到那个奢靡繁华的年代而远离这个我并不喜欢的时代。我大概是从初一开始就被这些"腐朽"的书启了蒙，所以一生淡泊。

中学旁边就是乡政府的图书馆，我开始读到《福尔摩斯探案集》《基度山伯爵》《三个火枪手》《茶花女》等作品。但总体上来说，我并不是一个有明确阅读目的和有外显的阅读状态的人。虽然我以几乎不学习的态度考上师范后，家乡也有一些关于我平时勤于自读的传言，但这只是一种后来的附会。那时候我特别会跟朋友们疯玩，同时也特别忧郁，喜欢一个人长时间地独处，但就是极少读书。(现在想来，当时并没有想过为什么要读书，因为那只不过是和现在的孩子喜欢看电视一样，是在寻求一种快乐罢了。)

现在流行一种读经或者读经典的说法，我除从教育学的角度提出过一点点批评外，并没有对这个问题做过深究。因为童年到底读什么书好，仅从我个人的经验，是得不出任何可以安排他人一生的结论的。我自己想来，当初读的都是故事性的读物，情节与人物是让我在没有任何督促下快乐地阅读的最主要原因。当然，后来才知道，这世上还有许多读来更爽的小说与传记。只可惜我很早就过了读小说的阶段，后来除了金庸的武侠小说，就再也没有一本小说像当初那样扑上来把我攫住，让我无法罢休，只能废寝忘食地把它读完。

小说（以及与小说相似的神话、童话、历史故事）中有着人类全部的思维结构、文化结构与文明结构，而且这个结构虽然不是明示的，却也没有像哲学一样高度抽象化与符号化，它是以暗示的形式告诉你，让你掌握、消化，但也许你一生都不会显性地明白它。譬如，蕴含于《西游记》中的反叛与服从，成长与磨难，信念与力量，自由与团队……可能你一直不自觉地用孙悟空或者猪八戒的方式来处理你的生活，却永远不知道自己的导师是他们中的某一个。

未读金庸之前，从同学那里接触到几本武侠，我读得索然无味，相信了当时社会上的一种谬论：读武侠是有害无益的。后来进师范，读到金庸，再后来读到古龙，这才恍然明白，世人论书，多半是瞎人发论，聋人附和，而少有用自己的心去读去议的。当时我认为，金庸是仅次于鲁迅与曹雪芹的大师。这样的论断自然引得周围一片嗤笑，因为这两个人的作品，在当时基本上列入庸俗文学和流行文学之列，学校里还专门开过讲座进行批判，一道受批的还有琼瑶，一个我认为价值不大但害处也没有他们说的那样严重的“青春小说”作家。

近二十年过去，金庸的地位自然已经是今非昔比，甚至有越出小说家的范围向文化界扩张的迹象，但似乎只有在范美忠那里，我听到了相同的结论。而我之所以说金庸的作品可以列入杰作，是因为我把金庸小说视为一个民族的童话与神话。童话人物与神话人物是一个民族的精神原型，而我们似乎除了可怜的没有半点血肉的精卫与夸父之外，便只有西天取经的四个和尚可以取用。神话与童话原型的匮乏也就是一个民族丰富性的匮乏，然而东方不败、东邪西毒、萧峰、小龙女、老顽童……我们终于拥有了一个足够丰富的形象库，可以为后人提供源源不断的阐释（也就是填充使其丰富）的原型。从这个意义上讲，我们应该在孩提的时候，就让他们阅读金庸。

然而阅读金庸毕竟只不过需要一两个星期，长长的三年中，我都读了什么？这几乎是一个我自己也解不开的谜。因为几次回忆，脑袋中竟然都空空如也。

师范岁月是我此生的黄金季节，如果可以，我愿意人生就在那里长驻。那三年，我曾经花过相当长的时间阅读唐诗宋词，以至于当时唐诗宋词的修养，自以为已经在老师之上。但三年中更多的时间花在了音乐、美术和爱情的启蒙上。这时候，我已经离小说渐远，杰克·伦敦的小说、《红与黑》

《巴黎圣母院》《复活》等，都是语文老师怕我误入歧途而推荐给我的，但当时它们在我心中的重量，已经抵不上一首唐诗、一首钢琴曲了。

师范最后一年，因为恋爱的原因人生受挫，于是我开始了陶渊明、嵇康和佛经等另类文化的阅读，其实这种另类文化的种已经在阅读唐诗与金庸的武侠小说时有所埋伏，譬如《射雕英雄传》，我最喜欢的并不是郭靖和黄蓉，而是东邪西毒南帝北丐式的世外高人，后来知道，这其实是魏晋人物的武侠版复活。

如果人生到此时告一段落，对我此生影响最大的是这些书：《基度山伯爵》、《水浒传》（上）、《鲁滨孙漂流记》、元明清白话（来自《三言二拍》）、金庸小说、唐诗宋词。

而同样重要的许多事情没有在这里记下，姑且简略地补上几笔：我投入在种花、绘画上的时间精力，恐怕比阅读还要多一些；音乐与恋爱，是非常重要的经历；大概在小学四五年级到初一初二那段时间，我几乎每天给身边的比我小的孩子讲故事，信口编造故事，是我童年最重要的精神生活。

离开师范那年，我18周岁。到一个山村中学教初二语文。身边有两位大学出来的姑娘，我们几乎生活在一起，很多时间形影不离。然而这并不影响我已经确定无疑的恋爱，就像姐妹不可能妨碍兄弟的恋爱一样。

从这时候起，我的灵魂已经开始需要完全的独立。即使去女友家，手中也不放下书，当时握得最多的是龙榆生编的《唐宋名家词选》，此书终于读得韦编三绝，连封面封二都给摩擦得所剩无几，不得不一再修补。同时经常读的还有《人间词话》《赵鑫珊散文精选》《七里香》（席慕蓉的诗集）等书。经由赵鑫珊，我走入了尼采、雅斯贝尔斯、萨特等哲人；经由席慕蓉，我走入了泰戈尔、叶赛宁、惠特曼、纪伯伦等诗人；经由诗与哲，我走入了诸子百家，《论语》《大学》《中庸》《老子》《庄子》是我比较喜爱的几本，其中郭象注的《庄子》几乎用去了我整整一年的时间。那一年，我下放到一所山村小学，晚上便一个人关上校门读书。在邻居猪舍的猪叫声中，开始了与庄子一道御风而行的逍遥游。

这时候，我仍然不为任何外在的目的而阅读（在许多读书无几的师范同学都拥有了大学本科文凭之后，我至今仍然只有专科的文凭），而仅仅只是因为我孤独，需要有能够对话的人，需要找到一件令我满意的能够打发时间的事。那时候，没有电视，没有游戏机，没有纸牌。而有了这些之后，我便丢下书，去看电视、玩牌、打游戏，不亦乐乎，且是个中高手。

我的一生在 25 岁上有了重大的转折。这一年我结了婚，而且生病住了院，这两件事是一道完成的（于是我此生也就永远地欠妻子一笔债，再也还不清）。更重要的是，从这一年开始，我决定做一个真正的教师了，即我不再把教师当成换取工资的工作，而是当成足以寄托此生的事业。

如果在这里也清算一下我的阅读的话，这前面的阅读实在太贫乏而且散漫。诸如种花、养鱼、写情书、做报告的书也不少，而影响最大的是与禅有关的一些书。我这个人属于不读名著的怪类，越是名著我越可能读不下去，倒是一些旁门左道的书，我可能会读得很上瘾。那些书现在是连书名也记不得了，且大多连“尸骸”也找不到。如果那段时间还有什么书给我留下最深印象的话，那就是《庄子》《人间词话》《瞧！这个人》《禅与西方世界》《禅与艺术》《吉檀迦利》《叶赛宁诗选》《草叶集》《野草》《圣经》《希腊神话故事》等。

决心投身教育的第一件事是和妻子一道到绍兴背了一筐教育书籍回来。这些书后来大都没有阅读，因为大多写得很烂，只不过是对西方落后教育理论的曲解与稀释。第一本走进灵魂的教育类书籍是魏书生的《魏书生班主任工作艺术》。这本书对我的影响是巨大的，这种巨大就像是童年阅读《水浒传》上部一样，这是历史的错位，但错位之后业已成为不可修改的历史。此书让我进入了成功教师的行列，也许比这成功更重要的是通过魏书生，我找到了苏霍姆林斯基，这一影响微弱而深远，但对一生而言，它比魏书生式的巨大冲击还要重要。

迄今为止，对我影响最大的教育著作仍然是苏氏的《给教师的建议》，这是把他所有作品中的精华集装起来的苏氏教育思想的合集。后来《后现代课程观》《课程与教师》等教育著作也给了我很大的触动，但都是饱食人按时到豪华饭店进餐，虽然味美，却只是快乐而非狂欢；只有饥饿时刻吃到洁净美味食品时的那种狂欢，才能形容阅读此书所带来的最大的快乐。

这样从1995年起，我陆陆续续地读了许多教育著作，可惜真的没有多少是经典。这倒培养了我一种特殊的阅读方式：批判性阅读。以前在阅读泰戈尔和尼采等人的著作时，我喜欢做注释性阅读，将另外相关的东西记在旁边，或者将自己的感受写在旁边。而那些质地疏松的教育书籍经不起注经式的阅读，我就改用批判性阅读，或赞其偶然的精到，或批其逻辑的荒谬，或提供反例向自己提出疑问……这时候，我基本上已经从麻将纸牌中走出来，学生是我最大的快乐，妻女是我安定生活的保证，阅读是我精神的娱乐之地。对学生而言，我是一个优秀的教师，甚至可以说是一个导师式的教师；就作者而言，我是一个顽固但认真的读者。

我的阅读时间仍然是极少的，因为我将绝大多数时间用在与学生共同生活上。我精心批阅每一本周记，许多批语的长度超过了原文——我们有约定，一次周记至少在一页以上。当然，我的学生喜欢写周记，一次写三五页，没过半学期就将周记簿写完的人不在少数。这消耗了我大量的时间但也给了我最大的快乐，我喜欢倾听，对话，帮助信任我的人度过精神的危机。这让我感觉自己没有白白来此世一遭。

后来我做了教导主任，便不再享受批阅周记的快乐，但依然用更多的时间陪伴着他们成长，组建文学社，组织辩论赛，用每个学年完成一本精美文集的方法来吸引学生进行文学创作。从那时起，我开始阅读流行于学生中的电视和文学作品，那一年，我购买了《灌篮高手》的影碟，阅读了韩寒的《零下一度》和《三重门》。前几天和李玉龙主编到成都新教育书店，我如数家珍地说出了郭敬明、张悦然、安妮宝贝和几米的作品，让他非常吃惊。这些书都相当不错，它们带着名著所没有的当下的、青春的气息，这种气息固然很难沉淀下来成为经典，但是你若想理解当下，理解生活于一定时代与潮流中的学生，你就应该怀着欣赏而非敌视的眼光来阅读它们。

即便到2003年我远离家乡进入万里国际中学，也并没有正儿八经地阅读过任何一本语文教育著作。或者可以这样说，到今天为止，我仍然没有阅读过。李海林的《言语教学论》，王荣生的《语文科课程论基础》，李维鼎的《语文课程初论》，王尚文的《语文教学对话论》和《语感论》，这些是老早就放在桌上的，但都只读过一章半节。从事语文教学而不愿意读语文学专著，这确实让我自己一直感到纳闷，从这里可以看出我的阅读一直是服从趣味的。

从2003年1月7日上网以来，我经历了大半年的读网的岁月。网络没有名著，但所有的声音蜂拥而至，这是一个多声道的对话场，这是一个没有权威的自由王国。我开始接触一些陌生的名词：现代性、后现代、结构主义、解构、阐释学、新批评、现象学、分析哲学……

我不会再轻易地、盲目地进入阅读了，我用批判的方式向任何一个名词提问，在对话中确定自己的趣味与禀赋，确定可能的阅读。

但是私立学校的生活几乎榨干了我所有课余时间，阅读成为一件太奢侈的事。直到遇到范美忠，遇到郭初阳和阿啃，我才知道，生活必须由自己来拯救，而阅读已经成为我再向前走的唯一动力。

2004年是疯狂购书的一年，如果说这一年购书费用达四五千元的话，恐怕也不夸张。但购书并不是阅读，这一年有哪些书进入了我的灵魂中？没有一本教育书。

因为长期的批判性阅读，已经让我养成了与任何作者展开血肉厮杀的习惯。《后现代课程观》批注满后丢失了，购买新的又给批注得密密麻麻。另外《课程与教师》《教育的目的》《民主与教育》，都成为我汲取教育灵感的源泉。但是，它们更多的只是在知性的层面给予我启发，深刻地打动我的是哲学家和心理学家们，荣格、弗洛姆、马斯洛、海德格尔、伽达默尔、巴尔特……这些人的著作有些我读了很多，有些还只是浅尝一二，但他们天才式的思维，总能让我从矛盾重重中发现灵魂的光芒，虽然只是一线，却撕裂了整个存在的黑暗。

我不会任自己这样沉醉于任何一个大师的声音中太久的，因为我不想成为谁的信徒，我只想把他们作为我的朋友。同时我也没有忘记自己的职责，我不是哲学家，我只是一个热爱教育的人，以前是教师，现在是编辑。

所以，在阅读的同时，我开始用批评和阐释的方法来解读我面前的文本。或者说，我开始用他们理解世界与人性的方法，来理解语文与教育。

这就是《丑小鸭》《斑羚飞渡》《一场青春的宿命》《假如兔子并未中途睡觉》等课堂与文章的来由。现在，没有孩子围在我的身边听我信口开河编造故事了，我开始用全新的方式讲述老外婆讲过的故事。

那么，我读过什么书？有什么书我认为是非读不可的呢？没有！正如我曾经在一个帖子里所说的：任何一本书，都可以被另外至少十本书替代。即使是《圣经》，孔子、柏拉图和苏格拉底们也并没有阅读过。

最好的阅读是基于个体的传统结构的阅读。一本恰好有百分之三十难懂内容的书，也许是最好的书；超过百分之五十，恐怕就读不下去了；没有一处障碍的阅读，只能算是打发时间的消遣罢了。

刘钢兄想要获得的，其实不是一个书目，而是一个知识结构的问题。知识结构来自阅读，但又不是简单的阅读所能完成的。一个语文教师的认知结构问题，我个人的看法已经在《成为课程开发者》一文中有了简单的表述，也可以再用另外的表述法表述之：

他应该具备一定的独立解读文本的能力，也就是说，他应该掌握一些阐释学和结构主义、文学新批评的方法。有关的理论书不少，不必全读，不必一定要读哪一本，网上一搜就是。但是要紧的是他自己切实地试着去解读经典的文本（包括小说、诗歌、童话、神话、重大历史事件记录等），在实践中习得默会知识。

他应该是一个人本主义、人道主义者。这方面的文章更多，比文章好的是追随历史上伟大的人本学者与人道主义者，从他们的故事中体会其精要（如哈维尔、马丁·路德·金、耶稣、史怀泽等）。最重要的是他应该在生活中也是一个人本与人道主义者，或者说他是一个人本与人道主义的实践者。

他应该是一个博学者，能够对更多的领域进行思考。同时更重要的是思考要成为他的生存方式。

试图读几本书而拥有智慧是不可能的，我只是努力用整个生命去体验所面对的世界，但省悟既晚，所得也就有限。比书更重要的，是人，是心，是灵魂。

还是列一个书单吧，只是这个基于我个体经验的书单，它绝无普遍性与仿效性。

所有著名的童话；希腊神话、罗马神话、中国神话；《圣经》及相关阐释作品；金庸和古龙的武侠小说；鲁迅小说与《野草》；四大名著；西方和日本的读得下去的（自己觉得有味道的）小说名著，建议先读古代经典，再读现代经典；泰戈尔、海子、穆旦、里尔克、纪伯伦、惠特曼、波德莱尔等人的诗歌（先读自己喜欢的，不喜欢就放下）；沈从文散文及小说；《论语》《大学》《中庸》《庄子》《孙子》等读得下去的儒家经典及诸子作品；所有喜欢的唐诗宋词，《人间词话》；西方哲学名家中选择与自己趣味相近的一至三个，深读之（西方哲学味道全不相同，如叔本华本质是诗人，黑格尔是解剖学家）；《给教师的建议》《后现代课程观》《理解课程》《课程与教师》《民主与教育》《教育的目的》等教育名著；了解结构主义、新批评、后现代，可以读一些西方人编著的综述性著作；《甘地传》《苏东坡传》《史怀泽传》《李白传》《马丁·路德·金传》；等等。

续我的阅读史

《我的阅读史》写于2005年1月，算是对自己从1976年到2004年整个阅读旅程的回顾。但是，所有叙事都是对真正发生过的事件所做的某种改写，这个文本的可信度是有问题的——写下的倒都是真实的，但问题在于，有许多可能更为重要的书籍却因为某些原因而并没有写出来。这也许是因为在书写时，我还没有能够意识到书籍在生命中真正的轻重，譬如我当时就没能认识到《论语》《大学》和《中庸》中的有些语句以及所蕴含的精神，竟然在我的灵魂中如此根深蒂固；譬如昨天偶然重读雅斯贝尔斯《悲剧的超越》，竟发现这本二十年前囫囵吞读的小书，事实上有许多思想已在不知不觉中楔入我年轻的头脑，而且在整个二十年里都持久地发挥着作用——而这样的重新发现，在之前就多次出现过，相信在以后也一定还会出现。每一次生命叙事的转向，并不仅仅只是对此后情节的变动，它往往会牵引着整个生命从开端的那一刻，都重新书写。

这让我意识到，任何真诚的阅读对于生命都是极为深刻与重要的，它像是一粒粒神奇的种子深埋在灵魂之下，只要某一天生命的土壤被生活之犁重新犁开，某一粒种子重新暴露于空气之中，它就会迅速地萌芽，长成生命中新的乔木——仿佛它就一直长在生命的旷野上似的，仿佛那粒曾经被淡忘的种子，一直是生命中最悠久与高大的一棵树。

在这个意义上，任何一次真诚而深刻的阅读，就是在生命中埋下一种新的叙事可能，一条当时不可能被彻悟的生命线索。一个在童年和少年时真诚地吸纳过道家、儒家、禅宗、基督教知识的人，在他以后的生命中，会因为机缘的流转，完全可能在按道家方式叙写漫长的一段生命之后，拥有另一种全新书写的密码。

上面的表白并不表示我准备修改那个已成定局的文本，因为《我的阅读史》书写的延误、错漏，都已经是生命中真实的事件。而我续写这个阅读史，也只是因为从2005年到现在，又有三年时间过去了，哪怕仅仅从数量上讲，这三年的阅读量又同样接近过去生命所阅读的总量；更何况从阅读的状态来说，这三年中至少有近两年的时间，我是极为纯粹的一个阅读者，阅读成为我当时生命中最日常的事务，最本真的状态。所以，也许有必要重新回顾一下，从2004年年初开始，或者从自主的阅读开始，重新回顾塑造自我的阅读。

不经意间，我在22岁之前的最珍贵的那段生命里，已经真诚地楔入了唐诗宋词、存在主义哲学、儒家经典、道家经典、禅宗思想、生命科学、种植知识与生物知识、绘画与音乐、神话故事……也许，这些词语，就暗示着我生命走向的全部可能。从“做学问”的角度讲，这些阅读中没有任何一门称得上是系统与深刻的——准确地说，这里没有任何词语应该从“做学问”的角度来理解。但是，它们都是我生命在某一时刻的自主选择，这些阅读没有因为任何外在的强迫，而仅仅只是一个年轻生命对于自己所在的种群（人类）某种文明积淀物发乎内心的敬畏、聆听、汲取，有时，这种阅读还伴随着一些必要的操练：如音乐、绘画、种植，甚至是诗歌的吟哦。

没有体认一个传统，没有通过某个权威，没有传承自一个强大的文化，我们单薄伶仃的生命必然不能走得多远，一种肤浅的自由将把我们带到历史的某个浅滩，甚至连认识到自己的渺小也没有可能，更不必说实现每个生命本可以达到的潜能——在任何一个历史境遇中，生命总可以在继承了传统与权威之后，在特定的场景中重新创造出自己。宿命与自由，同是生命的本质。

在2004年之前，我的阅读总体来说可以分为三类：一类是和同龄人一样的教科书阅读，在这方面，我是一个自觉的逃遁者，但还不算是一个失败者；第二类是个体生命神秘的饥渴所诱发的阅读，以上所列的大多数阅读属于此类；第三类是解决问题的阅读，尤其是在教育方面，从我矢志于教育开始（那一年大约是1996年），我就知道，一定会有某些书，藏着我所面临问题的更好的答案，困难的只是我如何才能找到它们。

这三类阅读都算不上是学问式的阅读，如果用浪漫、精确、综合来强为区分的话，这些阅读仍然也大都应该归属浪漫阶段（也许解决问题的专业阅读应该除外，因为它确实已经延伸到了精确阶段），而学问式的阅读，则可以归属为精确阶段——对我而言，这种高度自觉的阅读正是从2004年开始。也是这一年，我不无黯然地离开讲台，而为了回应这一令我黯然的宿命，开始了上下求索的天问式阅读。

我在这个阶段的阅读，所聚焦的已经并不是具体的哪本书，而是阅读所围绕的那个主题。这个主题，往往来源于我真实存在中某个一直悬而未决的难题——甚至这种探索式的阅读，也并不会带来对这个难题的最后解决，但是，通过这种阅读，却能够把我的存在带到一个新的高度。对一个并不在学院里需要靠撰写论文谋得生存，也并不需要借用一些或时髦或深邃的词语在报纸及网络上赢得盛名的人而言，我仅仅只想通过阅读、思考和写作，获得存在的真理与意义，而检验我的一次阅读是否有价值，主要就是阅读是否带来了灵魂与文字的共鸣，文字是否带来了我视野的更新。

如果一次阅读不能叩响自己的心扉，让自己的灵魂在日常的沉沦中有所警觉，如果一次阅读不能带来一个新的视点——一个新的世界或者对这个世界的新的观点，如果一次阅读没有能够让自己身心深度卷入某个事件、某次对话，那么这次阅读就显然值得反思与怀疑。我们的生命如此短暂，为什么还要用最宝贵的时间，去打开一本本只有泛滥的信息，却少有创造性的知识，更少存在的智慧与灵性的书呢?

和最初“漫无目的”的感受性阅读所不同的是，我在这个时期的每一次主题阅读，只有达到对这个主题的深刻的领会，才算是一次功德圆满的阅读。事实上，二十年前我在没有师承的前提下，独自在书籍中找到诸子，找到存在主义诸哲人，就是一种有目的的寻找，我本想找到那条解答存在主义的道路，但是，限于年龄、阅历和环境，事实上那时候的阅读每一次只能抵达一个很浅的水域。而现在借助网络，借助自己日益庞大的藏书规模，确实有条件为自己的阅读清理出一条可行的航道来。虽然并不是每一次的试探总是成功的，但是每一季、每一年，总能在摸索中找到某个主题；而岁月也似乎准备好了，总会在某个特定的时间里，为我展现出这个主题的大部分奥秘。

譬如我在二十年前就买了竖排本的《说文解字》，这意味着我对汉字之谜一直有着破解的欲望。但是事实上十多年来我一直没有顺利找到门径，我读不明白那本《说文解字》，我读不懂那些神秘的甲骨文。直到2006年，像是一切准备好了似的，我突然开始领悟汉字的一些神秘，而这时候，大量的汉字学书籍也能够非常方便获得，网络上有网站可以随时查出一个汉字的甲骨文、金文和小篆。综合这一切，但并不只是依赖于任何一本现成的书，我突然对汉字有了一种全新的彻悟——这种彻悟超越任何一本现成的书，它是自己生命智慧的猛然涌现。而这时候，我也明白了当年为什么没有顺利读得下《说文解字》，原来是它的基于臆测为主的解字法，许多方面明显是证据不足，这让习惯于讲证据与逻辑的我在一开始就难以信服。

这种阅读，信任权威与怀疑权威甚至是同一回事，真诚的阅读使得你保持足够的敬畏、谦逊的聆听，但是这种敬畏与谦逊也同样会让你发现新的见解，提出新的观点。譬如阅读神学以及存在主义的哲学，最初的目的就是寻找生存的意义。我想听听那些卓绝的宗教徒、哲学大师，他们穷其一生所获得的对这个问题的答案。但是在阅读中发现，我在赞同尼采的同时无法接受他的大多数观点，我在赞同克尔恺郭尔的同时不能接受他为自己所做的选择，我在欣赏海德格尔卓绝的词源学方法的同时，对这个方法本身却拒绝信任……

从2004年到现在，我涉猎过的主题有对话理论、建构主义、结构主义、现象学和解释学、精神分析心理学、道德哲学和社会伦理学、教育哲学、汉字学、神话学、儒学、实用主义、儿童文学及儿童心理、生物人类学……但是，这些分类有时会给人误解，因为事实上，我只是就存在的某个疑难，用阅读做出一次探索的尝试，然后，我发现人们已经给这个疑难的某类解释确定了一个名称，叫它存在主义或者结构主义。也就是说，我其实并不太在乎这个学科或者这个学派究竟建立了一个怎样庞大严谨的体系，我真正在乎的始终只是：关于存在，它们究竟说清了一点什么。

每一个主题，总会由一两部史类性质的著作和若干本经典著作所组成。当你进入这个领域的时候，因为言说者的创造生命，语言的力量，总会产生毕尽于斯的错觉。但当合上书本，冷静下来，又总会发现它其实只说出了关于整个存在的极小领域的并不求中允的真理。而且这些知识永远不可能经过整理拼凑出一个整体，这个知识的整体并不是存在的真理。存在之谜因为这些观点而愈显厚重，但它并不会因此而简单一些。

我其实想说，如果浪漫之后是精确，精确之后可能带来一个综合阶段的话，那么这个综合并不是全部知识的整理，它不会是一个体系。

阅读只是存在的一种呼吸方式——如我们用肺呼吸空气一样，书籍、语词、那些精彩的观点是我们思想所呼吸的空气。也许我们确实因为在某个传统中生存，也许我们确实因为对某一权威的敬畏而起步，但是，当我在生活中做出种种判断和选择之际，事实上一个独一无二的历史性的“自我”已经在慢慢地开始形成。经由某些故事，经由某一特定的信仰，经由某些特定的规则，我们每个人，成为“我们”中的一员，但是，存在的偶然性，境域的历史性，使得我们永远不可能生活在任何一种现成的规定中。而当我们开始判断，开始选择，开始创造出新的语词的时候，我们便从阅读中也从生存中创造出了“自己”。如果那些精确阅读，那些从精确阅读中获得的观点，最终成为一个并不成体系，但是却服从于某一更有说服力的内在理性或者内在权威时，如混乱的希腊诸神，最终俯首于宙斯的雷霆时，我认为，这就是一个真正的综合阶段的实现。但和神话故事不一样的是，它不拥有一个一劳永逸的实现时刻，事实上它是一个永远处于形成之中的过程，它永远处于既定未定之中——因为它总会面对新的场景，需要调整自己，做出有益于发展这个“自我同一性”的决定。

我仍然是在讲述我的阅读，我是说，我的阅读只是我存在的呼吸，借由这种呼吸，我拥有了一个明确无疑的自我，这个自我对世界对人生有了一套恒定但不死板的应对程序——更准确地说，这个自我就是这套恒定的程序。这些存在的智慧与立场，来自阅读，但并非阅读本身。

自2004年以来，我平均每年购书近万元——其中有一些是团队书架所需；自2004年以来，每年细致阅读过的哲学、宗教、心理学或教育学著作不下数百万字。但是，没有任何一本书，没有任何一个作者或者哲人是在这个名单中不可划去的，事实上，它们都只是我生命的偶然相逢，却因为某种神秘的安排，就此成为我生命中沉甸甸的部分。

在孔子和原儒，或者天命、担当这些相关的词语之下，究竟选择哪一本书或者哪一个作家似乎并不是最重要的；甚至在汉字这样一个相对较窄的领域里，也同样并不存在任何一本不可替代的完成了思之任务的著作。而有时候，一部流行电影中某个别人并没在意的镜头，却可能比任何一本书都更深刻地影响着你，因为它可能恰恰是在那个时刻里，撩拨起你一直暗潮涌动的情绪，让你明白自己的所思所需。譬如在周星驰的《功夫》中，有个上当受骗，用全部积蓄买了油印《如来神掌》拳谱的小男孩，他因为见义勇为受到羞辱而从此成长为一个无耻的流氓，但在命运最重要的选择中，他毕竟回到了正义，而当年修炼的如来神掌，又神奇地成真，最终战胜了所有敌人……这个只能是象征的故事，却给了我难以言说的共鸣：一切只在童年的一念之间，而善恶之间的轮回与流播，也只是一个承诺所需要你付出的牺牲。事实上，我认为它是真的，这不是因为我希望它是真的，而是我体认到它是真的。所以，最终，阅读不是关于存在的一切。存在的关键在于需要你做出选择的时刻，你做出何种选择。

为了这种选择，我们可能需要修炼很久，但事实上，刻意的修炼并不一定能够带来必然的选择，存在永远是未知的探险，在这场未明的探险中，阅读固然是我们选择的部分，但是最终，它只是朝向生命活生生的创造所开启的一段道路。我们的生命最终走到哪里？也许，是一个刻不容缓的回答，如在汶川大地震中，在地动山摇的那一刻，那些原本平淡的人毅然选择了舍生取义；也许，是一个长长的承诺，如那些用一生坚持在最偏僻贫寒的地方传播光明和温暖的人们。我仍在阅读着，一如我仍在呼吸，思想的清明只能凭借着这种叫阅读的呼吸，而某些名字、某些著作，永远如高冈的空气那样，寒冷、清冽，让生命警醒。但是，毕竟生命或者存在不是一个书单，关于存在的意义以及方式，也并不在任何一本书中已经写就。以上文字，聊作阅读史的赓续，不知许多年之后，我还会怎样来补写后面的某一段。从2004年到2008年，在手边能够找到的，已经在我的生命中有所刻写的书籍有：

埃德加·莫兰及复杂性理论。我大致翻阅过国内翻译出版的莫兰的全部作品，团队共读了《复杂性理论与教育问题》，这本书被列为研究中心成员的必研书。

浪漫哲学、现象学、存在主义、生命哲学系列。书已经难以尽列，有读完的，有未读完的，有反复研读的，包括海德格尔的《存在与时间》等，胡塞尔的《现象学的方法》等，伽达默尔的《真理与方法》等，萨特的《存在主义是一种人道主义》等，雅斯贝尔斯的《生存哲学》等，也包括刘小枫、张祥龙等国内学人的相关著作。

实用主义与杜威系列。这个名单还包括罗蒂和詹姆士的若干作品，如罗蒂的《偶然、反讽与团结》和《筑就我们的国家》，就给我以极大的启迪，而詹姆士的《实用主义》等著作，与罗蒂一样，在实用主义阵营中和最卓越的杜威相比，更多一些灵性与诗意。当然，读得最多的是杜威，那么多杜威作品中，《哲学的改造》读得最为酣畅淋漓。

实用主义和存在主义（生命哲学），是我引荐西方哲学的两极，我在它们身上看到了反简化论、反体系哲学（形而上学）的共通之处，但也同样看到它们不同的出发点、观照方式，简言之，实用主义仿佛是冷静的存在之思，存在主义与生命哲学仿佛是激越的存在之诗，二者都抵达了理解存在的一个足够的深度。这种互补，在我看来就像是春秋战国时期诸子百家的互补，乃至魏晋时期儒与道的互补。

儒学系列。当然也包括阐释道家的一些作品，这是一个窄窄的书单，而且这一阅读对我来说也才刚刚开始——因为我是先体认了儒家精神之后，才认为自己有必要再系统地阅读一些现代哲人关于儒家思想的阐释作品的，所以，这个阅读于我并不急迫，我只把它当成生活于某种传统中的一种象征性的操持。

心理学系列。这同样是一个庞大的书单，包括弗洛伊德、荣格、弗洛姆、罗洛·梅大部分的名著，以及阿德勒、弗兰克等人的著作，这里的名著难以尽数，这些人的代表作，就是我受益最大的那些作品。除这些作品外，《二百万岁的自性》《拒斥死亡》《论人的天性》《人类动物园》等并非大家写的小书，也同样给我以无尽的启发。

教育哲学系列。这个书单极为庞杂，读过之书实在难以尽列，怀特海《教育的目的》、博尔诺夫《教育人类学》、怀特的《再论教育目的》等书，是留在记忆里有所启发的好书。

华德福系列。2004 年偶然闯进华德福，在成都与一群华德福人早晚厮守，谈宗教、哲学、心理学，当然还有教育。观察观摩华德福教育实践之余，也读了一些华德福教育的著作，主要是创始人史代纳的著作。老实说，对人智学我并不认同，但是这种对人的完整理解（解释），却给了我前所未有的启发。和其他的教育支离破碎，如在沙漠上建房屋般的理念和实践不同，华德福有一个虽然狭小但相对完整的解释系统，我在这里学到的不是华德福教育，而是它启迪我如何完整、系统、有序地看待生命和教育。

科学系列。我对科学自幼偏爱，这只能属于与我当前职业关联并不太大的个人爱好，这些年尤其是对进化论、广义进化论、生物人类学、基因学、量子物理学这些领域有好奇之心，所以也不时读上几本这方面的大家小书。由于没有高等数学的支撑，所以遇到公式照例是闪将过去，但这并不妨碍我理解这些书所传达的对世界的另一种理解与解释。科学不是唯一的解答，但科学在许多时候代表了这个时代人类认知的最高成就，忽视它、无视它，甚至没有理解就排斥它、否定它，这只能是愚昧时代的重现。这方面的书多如牛毛，前些年流行的霍金的《时间简史》，就是一本不错的科普书。这几年的阅读还不止于此，尚待未来的某一刻重新发现并加以补充。

翠微苍苍路茫茫

——纪念干干在线二周年

我是2003年1月7日偶然登录“教育在线”的。干干是我的网名。

上网之前，我极少写作，似乎只发表过一篇文章。这两年以来，已经记不得发表了多少文章（因为不习惯收藏杂志上自己的样稿），只记得似乎有十来家杂志发过我的文章。先是《师道》，然后是《教师之友》和《教师博览》，后来是《人民教育》和《南风窗》，近来又为一些朋友的杂志写点文章，如《成长》，因为这样的写作有更多的自由，不至于过早地把自己的文字糟蹋得像长满老年斑的脸。这个秋天写得特别多，有一段时间，每天可以写上数千字，自己认为这些文字是没有人写过的，还不算很糟糕。先前我一直鄙薄以文章为事业的生存方式，现在不敢这样说了，也许只是怕伤了自己仅有的一点点尊严。

我原本在绍兴某地一个山村中学做教导主任，在学校里有自己漂亮的却卖不出去的房子。上网半年后开始流浪，先到宁波万里国际中学，在那里负责新教育实验；一年后因为不习惯私立学校的异化人的教育，便举家远徙到了成都，在《教师之友》做编辑；几个月后，《教师之友》被转刊，我就到四川省教科所的《教育科学论坛》杂志做编辑。流浪中是没有户口与公职的，唯一的安全感来自身后的朋友和内心的神恩与信念。

两年多来，面容与心灵都已经沧海化为桑田，如果当年的那一个干国祥能够站在我的面前，我一定会惊疑于他的陌生，而且这两个“我”若到咖啡馆里坐下来，一定没有多少共同语言。

原先的干国祥是一个最平常不过的师范生，他不知道有个写诗的叫海子，也不知道他的“面朝大海，春暖花开”。至于里尔克、卡夫卡，乃至于陀思妥耶夫斯基，后现代，解构或者建构，他都没有听说过，他只认识一个“司机（斯基）”，就是苏霍姆林斯基。他只读过席慕蓉和泰戈尔、叶赛宁等人的诗，从来不读小说，因为在他看来，生活倒比任何一部小说都还要丰富与精彩一些。这个与网络无关的干国祥一直追求着宁静、安逸、充实，他的大多数时间是在与花草树木的嬉戏中，与少年们一道经历喜怒哀乐中度过的。

两年之后的这个干国祥，说实在的，我也弄不清他到底在想些什么，他的脑子里究竟有些什么。上网的第一年里他基本没有读什么书，网上有太多丰富的信息是他必须吸收的，没有这些网文，也就无从知道后来该读哪些书。第一年他只做事：网事。仅在“教育在线”，他就做过争鸣论坛、语文沙龙和教师之友等论坛的版主，其间还在中国语文网论坛做过一段时间的总版主。那时候，他投入在网络上就像刚放假的小学生走进了肯德基，或者刚上大学的男生找到了女朋友，他是真诚的、热情的、有办法的、全力以赴的，他能够让任何一个冷寂的论坛活跃起来，并在这种创造中体会到一种孩子式的单纯的快乐。这种单纯在投入万里教育后便转移到新教育实验上，书香校园，万里教育沙龙，聆听窗外声音……很长时间里，他沉浸在一个教育的梦想里。万里梦断是他又一次质变的原因，这个梦其实在第二个学期刚开始就已经断了。

当时，身上没有“特级”等可以待价而沽的“首饰”，而且连本科文凭也没有，这也就等于丧失了最起码的护身符。没有后路，只能向前；向前的方法，便是出名；出名的方法，就是写点文章上点课；要写好文章、上出新课的方法，就是读人家没有读过的书。

于是刘小枫、齐格蒙·鲍曼、陀思妥耶夫斯基、海德格尔、伽达默尔、罗兰·巴特、杜威，当然还有海子、穆旦……这一串名字之长肯定是惊人的，这一年读的书大约与前十五年的总和相当吧。好在即便是在刚从师范毕业的时候，便因为喜欢思辨而不怵于诸如“斯基”“格尔”们的文章，所以无论是哲学、文学批评、美学乃至经济学、社会学的文章，读来多半只是爽快，而没有啃不动的痛苦状。

宁静消失，安全消失，快乐消失，祥和消失……

自由来了，怀疑来了，矛盾来了，丰富与复杂性来了……

2003年，文章发得不多，《师道》上发了几篇依然留有宁静的文字；2004年，文字突然变得张扬、艰涩，向深里走。先是在《教师之友》上连续发了好些文章，这得感谢范美忠，他读不下没有头脑的文章，我的文章算是还有点头脑，他就一篇篇地逼着我写，现在看来，无论是《丑小鸭》的课堂实录，还是以宁怀山为名的“思痛录”专题中的《突围》，还是《成为课程开发者》，都还是多少有些价值的。《南风窗》上那篇《源头可有活水来？》，感觉写得也不错，仍然与美忠有大关联。

有些事情就是这样偶然，我生性散漫，很多时候便需要朋友们的催促。当初正是窦桂梅向《人民教育》赖配根编辑推荐了我，我才迫不得已做出了《斑羚飞渡》的课堂实录，后来也没想到，这是我最好的一篇“文章”，也是我离开讲台前的天鹅的绝唱。同时因为这篇文章，我陆续写出几万字的我对语文教育的理解，这些文字已经超出了当前杂志上讨论的范畴，自有它存在的意义与价值。

李镇西总版主说，干干在“教育在线”是以吵架而出名的。这是很确切的评语。虽然与李老师斗作文命题、《干干歪批朱永新小语》并没有在李老师和朱老师的粉丝中掠起波澜，反倒是在这两位重量级的人物心中留下了一点印象。我一直很看重这一份感情，这也是我长期在线，后来全力做新教育实验的原因。士为知己者死，虽然我嘴上挂着的是后现代主义、解构主义、新批评这些西化的词语，皮肤下流着的却仍然是汉语的血。当初吵了哪些话题现在已经记不得了，到万里后再也没有时间上网争斗，做编辑后身份不允许做太露骨的争吵，于是便学会了一件件地换马甲。换了马甲后，有时便对朋友下刀，这些朋友有时被砸得眼冒金星也不知道是我扔的砖头，罪过。最牛的一个马甲是“血刀门下”，因为是拿自己敬重的同乡王崧舟开刀，同时也怕给杂志带来负面影响，所以一直不敢承认。几个月后“血刀”网上写的几篇文章有杂志要发表，毕竟纸包不住火，不如趁早在这里承认了。头上被砸出青包的兄弟们，也一并在这里说声抱歉，拿了稿费，有你们的一半。

北京的王晓春老师一度以为我是习惯于跟人唱反调，并从唱反调中成长起来的。这里只说对了一半，就是我确实是在坚持不同意见中有了一点点成长，所以写出来的文章，少一些千人一面的老脸，即使偶有点痞气，读来也还算清爽。只是他不知道，不是我想跟人唱反调，而是我本来就是一个“反人”，也就是说，我想的本来就跟大家不一样，故意唱反调是把自己的真实想法也反了，我生活中颇多反思，但文章中并没有反自己而作违心语。

上网最大的收获是收获了一箩筐“大虾”，且很有幸地成了这些“虾”们的朋友。这些人的文字千奇百怪，各有巧妙不同，我并没有向他们学习过，但正是因为他们的存在，我才找到了适合自己的道路。譬如梁卫星沉郁而勃发，王雷雄健而气盛，助理诙谐而深刻，美忠深厚而率性，阿啃率真且多情，铁皮鼓宏大而中正，袁卫星词巧而情深，姜广平善变而词丰……这些我学不来，我小心翼翼地避开这些道路，在阐释学和神话学中找到了自己的安身立命之地。至于随后所写的一些文章，其实因为走了与人不同的道路，所以也就从来没有争雄的意思，这些文章将是越来越习惯于寂寞的。至于文章以外的朋友也有不少，譬如与郭初阳切磋课堂，与正E上天入地地胡侃，与李不骑马一起找个网虫搓上一气……可以说，网上的生活，似乎倒比现实还要来得丰富与有趣。

这是精神的归宿之地，找来不易，但找到了就并不需要交房租。可怜的是在这块土地上，精神寓所一文不值，倒是砖瓦泥堆砌的寓所，有时真要了人的命。在绍兴的时候，在校园靠山的地方造了两间楼房，四面翠竹，里面有一个极大的书房，本来想就此养老的（虽然动此念时，我才到而立之年），谁料网络就此改变了一个人的余生，乃至一家三口从此走上了一条居无定所的道路。刚到成都时，工资才两千多，可房租要六七百，加上水电煤气和恐怕要不回来的押金，数目真是惊人。更要命的是房子嘈杂而破烂，小区和街道破烂而嘈杂，妻子说，习惯了在宁波逛天一广场，在E家咖啡喝咖啡吃西式中餐，现在似乎已经沦为贫民窟的贫民了。而这段时间恰恰是我精神最丰饶的时期，加上和李玉龙、范美忠在一块，情形颇有点杜甫住草堂的味道，虽然身心颠沛，但是灵魂却在不可抑止地成长——直至《教师之友》停刊，新杂志的忙碌与找不到感觉的痛苦，才再一次让云端的灵魂重重地跌落在冰凉的大地上，半晌不能复苏。

最痛苦的那段日子，我没有在妻子面前流露一丝惶恐。而实际上，我的内心也确实比任何时候都要沉静——遇大事而比平时更沉静，这是我小时候的性格，后来渐渐地因为无力感而变得焦躁。但这一次，也许正是因为内心有个声音在命令自己，所以特别宁静地度过了大迁徙之后随即来到的大动荡。那些日子，每天读书到深夜，荣格、弗洛姆、胡塞尔……只要每天听得清大师的声音，灵魂也就依然在光明中顽强地抵抗着寒冷。倒是在一切重新安定下来后，才觉察了全身彻骨的疲惫与无力，且久久未能恢复到那种猎豹一般的状态。

当然，这背后，有许多目光和声音一直在向我注入着力量。看云、玫瑰、李老师、朱老师、卢总、周仁爱和蔡少军、海子、白马湖、李晓翔社长，许多人甚至在很困难的处境中在为我寻找更好的出路。网络让我走上流浪，网络也让我无惧于命运的捉弄。

安定之后，我经常和铁皮鼓和四川也人在一起。喝茶，喝酒，谈语文，谈教育，谈网上的人物。但生活中我们极少批评，因为在内心深处里，我感激我招惹的论敌们，是他们的追杀，逼迫我一直不停地向前，并越来越深地走入教育的腹地。但是，有些更简单的问题，我倒反而无从回答。譬如铁皮鼓问：你还会回到一线吗？我说等候最佳的时机。然后他替我回答：干干从此不会再回到讲台。

希望回到讲台，倒不是因为像某些人那样偏执地认定只有在一线才是崇高的，而是因为我此生的幸福，多半来自那个小小的教室，来自陪伴一群未发育完全的孩子渐渐地长成健康的少年，来自这个漫长过程中的痛苦的期待、耐心的守候和无私的付出。但是，离开车山岙（我服务了十多年的那个学校，在一个叫车山岙的山岙里）后，我才知道我已经失去了唯

——块可以让我自由地实践教育理想的土地。我就是回到讲台，也找不到当年的幸福与宁静，而只是去重复刚刚经历的痛苦、无奈与对自己创造力的扼杀。我不会让自己轻易地走上这条道路。

我曾经在纪念上网半年的文章《不再遗憾——我与教育在线的故事》里这样写道:“有时候免不了傻乎乎地问自己:如果 2003 年 1 月 7 日那天我不是一时性起上了教育在线，那现在又会怎样?自己也知道这是个太荒唐的问题，就像一个女儿傻乎乎地问她爸爸:“如果当初你娶的不是妈妈，那今天我会怎么样? ”因为所有的“如果”都有一个共同的回答:并没有这个“如果”。只能相信有一种走过的道路叫作命运，只能更深地把自己所谓的将来交付于上苍，然后在密密麻麻的看不分明的掌纹中，彳亍彷徨踉跄前行，直的脚印叫作成功，而未被命名的曲折的足迹，也许就叫作诗意地栖居在这个落满雪花的大地。

大人物的往事可以并不如烟，小人物的往事毕竟如烟如尘，且注定要被岁月吹散去。回顾所来径，苍苍横翠微。只是细微的道路与曾经落泪或者欢笑的细节，已经在暮色中惘然不可辨。而前路，在暮色里看来也和来路一样苍茫，幸亏我手里还握着一张教育的船票，只是它的上面，并没有注明下一个停靠的地方。

破译教育密码

内心的神殿

——我的心灵观和教育观

约翰·洛克说人的头脑生来就是一张空白的可以让教育者任意刻写的白板，而良好的教育就是有计划有选择地在这张白板上刻写上有价值和有意义的内容。显然，洛克错了。正如弗洛伊德和荣格告诉我们的，每个人从出生的时候起，便是带着本能、欲望、情结，以及后来加德纳等人所揭示的差异性来到这个世界上的。心灵并非一张白纸，从它来到这个世界的那一刻，便已经写满了错综复杂且独一无二的密码。与这些心理学的发现相关，杜威和皮亚杰又从教育哲学的角度，揭示教育并非一个“刻写”的过程，而是一个心灵（头脑）原有的独特结构与学习内容之间进行不断的同化与顺应（即不断建构）的过程。

在中国古代，孔子和孟子大概会赞成西方的“后生”卢梭关于儿童拥有美德的说法，他们也相信人性本善，因此保全“赤子之心”也就成为教育的目的之一。同是儒家而接近法家思想的荀子则认为人性本恶，只是通过学习才使得自然人成为社会人。与孔孟道德层面的“赤子之心”不同，庄子的“心”的概念含有丰富与自由的本性的意思，因此他认为“教育”很可能就是培养“机心”（机械之心）的有害活动。但是他们（可能要排除庄子）都把人性（人心）看得简单了，无论是人性本善或者人性本恶，任何一个现代人都可以找出足够多的反例来推翻这种说法。

作为一个神话爱好者，我从神话的结构中找到了人性的元素，并将它们视为人类的本性种子；而且还从神话故事中找到了这些元素（种子）之间的关系与秩序，它们有机地共存于一个神殿上。人性观（心灵观）往往是教育观的哲学与伦理基础，因此在言说教育之前，我愿意来尝试表达一下这个多少带有神秘主义色彩的心灵观。

所有的神话与宗教都可以分为一神论与多神论两大类，以及父系神话与母系神话两大谱系。一神论宗教与父系神话显然是多神论宗教与母系神话的“演化”，它们各有不同的特点，而从这个演化中，似乎便暗示着人成长的意蕴。由于中国古代神话比较零碎（虽然它在结构上也与其他神话一样是独立与完备的），这里以比较发达的希腊罗马神话和基督教神话，以及它们的沿革来作为分析的现象学依据。

当我说内心的神殿，我说的其实是希腊神话中的奥林匹斯山上的众神之殿。和上帝的殿堂不同，这是一个多神论的殿堂，所有的神灵都在里面有一席之地——无论其是邪恶的还是善良的，高贵的还是显得卑贱的。似乎从来没有人统计过在这个神殿里有多少个神灵，但是其实每个人都可以通过分析自己的心理需要（个体欲望）来做一下统计——也就是说，一个人的内心有多少种“生命意志”，那么奥林匹斯的神殿里，便可能有多少尊神灵。嫉妒？她叫赫拉，竟然是天上的皇后、万神之母。智慧？她叫雅典娜，是从万神之父宙斯额头中蹦出的女神。性欲与情欲？她叫阿佛洛狄忒（在罗马神话中叫维纳斯）。雄性的力量与诗意？他叫阿波罗，是太阳神。音乐与诗歌？她叫缪斯……而天神之父宙斯，正像在他的故事中和他的神话地位中所显示的那样，他同时象征着欲望（包括性欲、占有、权力等欲望）和秩序——正像地上的王权一样，都是欲望与秩序二者混杂的象征，权力的象征。小到自恋、同性恋，大到权力与死亡，我们都能够在神话中找到原型。或者我们可以反过来说，远古的智人，把面对天地的恐惧与敬畏，和面对自己心灵的恐惧与敬畏混合在一起，创造了他们并不知“底细”的神话。

在神灵的生活中，似乎并没有善与恶的区分。哪怕是太阳神阿波罗，也有意地借帕里斯之手射死了最伟大的希腊英雄阿喀琉斯。而正是三个最有名的女神的纷争，导致了神话世界中最持久与宏大的战争“特洛伊之战”。正像柏拉图所说的那样，以人间的道德标准来看，这些神都是非道德的。

他们也没有恒久的信仰与信用，一切只看人类对他们的献祭是否丰厚，以及他们自己是否高兴。但是柏拉图并不知道，这才是神话揭示心灵的特殊功用：人的需要（欲望、生命意志）产生于道德之前，并为道德的产生与改善提供依据；但它并不为“人为”的道德服务，它只是告诉你，人的心灵的本来样子，就是这样丰富、芜杂、矛盾、多变而又暗含着某种不可知的必然。

神话中的神殿是整个人类心灵的神殿，并不是某个个体心灵的殿堂。在每个人的心灵中，一样有着人类神话中所有的神灵，但是他们在这颗具体的心灵中的位置是不尽相同的。这一半是先天的安排，譬如有些人得到了雅典娜的特别垂顾（数理逻辑智能），有些人得到了阿波罗的垂青（语言智能），有人是战神阿瑞斯的信徒（体育），有人是缪斯选中的候选人（音乐）……其实加德纳的区分比之希腊罗马神话所揭示的丰富性，还是非常粗糙的，且失之简单与机械。导致心灵神殿不尽相同的另一半，取决于人自身的献祭。正像特洛伊王子帕里斯将金苹果献给阿佛洛狄忒一样，每个人往往将最重要的祭品——自己的青春或者一生——献给某个具体的神灵，有人会在中途改变，有人则一生坚持不渝。

自然，神灵选中他作为候选人，与他选中某个神灵作为献祭对象二者如果能够恰好一致，也就意味着这个人将轻而易举地获取某一方面的杰出成功。但是，没有那样简单，因为他的内心毕竟是生活着所有的神灵而不止一个神灵，而每个神灵都会要求获得某种献祭或至少是一种尊重，否则，即使你的守护神，也不能让你避免遭遇其他神灵的惩罚。如我在《一场青春的宿命》一文中所剖析的那样，帕里斯固然获得了他献祭的爱神的奖品（海伦），却因为他得罪了赫拉与雅典娜而招致了灭顶之灾。因此，通过认识内心并做出选择，在重重矛盾中创造内心的某种和谐，看来是与取得人生成功同样重要也同样困难的事，或者说，它才是真正的人生成功。

内心和谐的奥秘在哪里？这个秘密仍然在作为万神之父的宙斯身上。在宙斯的身上，我们看到了马斯洛所揭示的复杂的心理需要层次：作为主神，他同时也是生命欲望的象征；欲望是无边的，是芜杂的，是违抗秩序的，但是宙斯同时也是秩序之神，象征了神殿的秩序与和谐。也就是说，宙斯本身将在满足自身的诸多欲望与维持神殿的秩序之间保持某种平衡，而在这微妙的矛盾中，有着人类语言所难以破译的无尽秘密。

宙斯一定也在敬畏着什么。在罗马神话中，宙斯敬畏命运女神的安排，既然他自己从更混沌与原始的神灵（天空与大地）中诞生出来并取而代之成为至高无上的神灵，那么会不会有更强有力的神灵在某个时刻诞生，取他而代之呢?

神话在这里产生了矛盾。本来矛盾正是心灵丰富性的反映，但是人类脆弱的心灵无法承受这种矛盾，这种没有终极意义的虚无感。所以人类又请来了新的神灵，永恒的、无始无终的、不可命名的、不可名状的、唯一的神，上帝。但是，同时也一样是人的灵魂需要，他需要一个可以接近的，就在他们身边的，甚至是他们通过努力也可以达到的神，这就是神子耶稣。为了将这矛盾融合，又创造了“三位一体”的说法。替人类心灵寻求到最终的皈依，这可能就是基督教能取希腊神话（宗教）而代之的原因。想当年，罗马人在他们的大神朱庇特（即宙斯）的保佑下攻取并统治耶路撒冷时，可能不会想到，作为奴隶的犹太人，将最终用他们的神灵战胜朱庇特，并在罗马圈下永久的居留地（罗马从中世纪至今一直是基督教的中心)。这一戏剧性变化的关键，正在于人寻求意义的需求，在于人不可抑制的对确定性的追求。

这些，想必是每个神话中都出现过的结构与变化。即使并不发达的中国神话里，我们一样能够找到这些结构的残片。因为神话的结构，也正是人心灵的结构。

讨论这些与教育有什么关系呢?既然教育可以被定义为“对内在有价值的活动的引导”，教育的目的被审慎地理解为“反省后的欲望满足”，或者发现并实现人生的最大价值（潜能之实现)，那么人生与教育也就是以生命混沌一片的可能性为起点，寻求或创造出事先尚未明确勾画的意义，并在此过程中实现人生的各种幸福。这里面的复杂性，迄今为止仍然是任何一部教育著作都没有彻底揭示的，但是，只要神话仍然存在，只要人类在继续创作童话（作为具体某一时代的人类愿望），我们就拥有破译人来处与去处之密码的可能性。譬如通过我们刚才的神话分析，至少可以“翻译”出以下几条心灵与教育的“信息”：

1. 人从混沌中来，这个混沌本身有着超越具体某个时代道德的丰富性，也就是说，它不是“善”与“恶”这些后天的词语所能描述的。然而与人的其他欲望（需要、动机、生命意志）一样，对意义的确定性追求（安全与秩序）也是与生俱来的；而正是在安全感与意义感的追求中，人产生了道德。只强调欲望或者道德中的其中一端，都是对人性的片面理解。

2. 人与生俱来的混沌与复杂意味着人的不确定性与可能性，但具体到一个人身上，它已经具有一定的倾向；这个倾向可以视为特长（智能），也可以视为局限性。认识自己，也就是认识自己的神殿中的秩序。教育，应该创造机会让孩子在多种可能性中逐渐地认识自己。

3. 生活与学习可以比喻为一个以自己为祭品（即以生命最重要的要素“时间”为祭品）献祭某个具体的神灵，并获得奖品，从而与此神灵建立更牢固关系的过程。在这个过程中，他人是你学习与生活的共同体。你不是在与人瓜分一个神灵的恩赐，你是在培植内心的神灵以使之更为强大。

4. 人带着无穷的欲望与意志而来，但是，意志本身已经暗含着某种秩序，人成长的过程就是从欲望走向秩序的过程。因此教育也就是引导生命走向秩序的活动，而绝非消极的迎合欲望的活动。

5. 人成长的过程也就是一个内心诸神灵不断对话的过程。教育最重要的目的就是让人自己面对种种欲望（以他内心神灵的名义）做出选择，并承担选择的后果。

6. 人的内心诸元素之间，人与人之间，存在一个反复博弈而形成秩序的过程。但是对既定的秩序，正如对已经证明的定理和已经形成的心智结构，在没有确凿的证据推翻它之前，理应当成财产接受下来。就像众神接受宙斯的秩序，或者人们用耶和华、耶稣的秩序取代宙斯的秩序。教育，要使孩子热爱秩序与既定的意义，但同时也要教育他们用自己的力量创造更好的秩序与更好的意义。

和神话一样，在童话、民间传说和寓言，以及小说和电影等人类创作的文本中，都蕴含着人的心灵的密码，以及千年未解的教育之谜。但面对这些复杂的文本，仅做本书这样的描述无疑失之简单，失之粗糙了。所以所谓“破译教育密码”，以及此名下的这组文章，其实也不过是一个正在进行时，一种我刚刚开始的尝试，一个有待以更长的时间去献祭、去修炼此种失传的“巫术”的初始阶段。同时，在本书第三部分“海拔五千”中的几堂课，也可以视为我在语文课堂上进行的几次对教育密码的破译。而在第一部分“一个人的教育史”中，我则是将自己走过的充满了矛盾与变数、偶然与奇异的数十年，视为一个有待用时间破译的“童话”，做了一次过早的解读。

“不听话”的意义
——从教育的角度解读亚当偷食禁果

“好说歹说，你就是不理，书包一扔，就打游戏！”

“为什么总要把作业拖到这么晚才肯写?！”

“难道你忘记了我刚刚跟你说过，不要跟某某混在一起，他这辈子是不会有出息的，你要跟着他一起堕落？”

这样的情景，在每个学校与家庭反复上演。孩子“不听话”，已经成为父母与教师的烦恼之源；反之，“听话”“乖”，也就成了孩子最重要的美德，更有甚者，像在四川话等方言中，“乖”已经由“善”衍化出“美”的意思，形容一个人或一样东西漂亮、好看，或者一件事做得出色，也一律用“乖”来形容。

希望孩子“听话”的迫切需求，使得我们从来没有对“不听话”的意义进行过思考。我们甚至没有回想起，自己也曾经是一个“不听话”的孩子（即使是在成人生活中，我们也不难发现自己身上的“不听话”行为，只不过在这里，我们可能已经冠以“理智的拒绝”这一新的名词）；我们也不曾想过，假设存在一个理想的孩子，他绝对地听话，那么他的成长最终将会是怎样的一种情况？也就是说，我们只看到“不听话”给我们带来的麻烦，却从来没有认真思考过“不听话”对孩子自身成长的合理意义——然而这种思考，或许正可以帮助我们进一步理解亲子关系与师生关系中“教养”的真谛。

为了解开“不听话”这个与人类教育永相依存的谜团，我们不妨通过解读亚当与夏娃因偷食禁果而被上帝逐出伊甸园的故事，来展示“不听话”

在孩子成长及教育中所起的积极作用：

> 上帝在东方的伊甸立了一个园子，把所造的亚当和夏娃安置在那里。上帝使各种的树生长在园里，树上的果子好作食物。园子里还有金子、珍珠和红玛瑙。亚当和夏娃就这样平静地生活在伊甸园里，不必工作，就可以取得食物。
>
> 上帝对亚当说："园中各样树上的果子，你都可以吃，只是那能使人分别善恶的智慧树及生命树上的果子却不可吃；你若吃了，一定死。"
>
> 但是田野中狡猾的蛇对夏娃说："吃了这果子你一定不会死，因为上帝知道你们吃的日子，你们的眼睛就开明，你们就像上帝一样，晓得分别善恶。"
>
> 夏娃见那棵树的果子看起来似乎很好吃，又悦人眼目，就摘来吃了，又给亚当也吃了。二人的眼睛就开明了……
>
> 上帝对亚当说："你违背我的命令，听妻子的话，吃那树上的果子，那么从此你将一生操劳，才能从土地获得食物……"
>
> 上帝对天使们说："看啊，那人现在就像我们中间的一个，晓得分别善恶……"于是上帝便把亚当和夏娃逐出伊甸园，让他们自己耕种土地谋生。同时，上帝又在伊甸园四面安设了转动发火焰的剑，把守住通往生命树的道路。

亚当与夏娃偷吃禁果的故事，数千年来一直被神学家解释成人类"原罪"的根源；而且因为人类始祖犯下了这一罪责，他们的子孙也将永远继承这个罪责，直到耶稣重临人间，用十字架上的血洗去人类始祖所犯下的这一罪孽，人类从此才获得赦免。但是，如果我们真正理解神话的话，就会明白这个故事应该还有比神学解释更原始的象征。我们将不难发现，这是一个典型的"家庭·父子"的神话原型，如果我们从教育这一维度来理解，也许我们从中能够获得更普遍的人类学意义，而不仅仅只是某一宗教的教义。除去神话与宗教的成分，这个故事也可以改写成：

父亲对儿子说："你要听我的话，你可以在我为你设定的范围内快乐地生活，但你不能做某些事，如果你做了，你将接受最严厉的惩罚。"儿子愉快地接受了父亲的安排，但终于有一天，他因为某种诱惑，尝试了父亲禁止他做的事，从此，他被逐出家门。（逐出家门的意思，在人的一生中可以不断地重复：从温暖的子宫里被分娩而出并割断脐带，断奶，离开母亲及其他亲人的怀抱独立行走，离开家庭去上学……）

现在我们都已经清楚，从儿子（亚当）这个角度看，因不听话而"偷吃禁果"这一行为是具有积极的含义的。

不难看出，"不听话"而偷吃禁果，正是儿子形成独立人格的第一个自主行为。在此之前，他的所有行为一直都是在父亲（上帝）的许可下，也可以说是父亲的授意下进行的，他本身没有自主性，他就像是一个未割断脐带的婴孩，他所有的食物乃至思想，都源于他的父亲。这里也许有人会说亚当并没有自觉地去犯这个过错，他是在夏娃受到了蛇的引诱后才被动犯下这个过失的。但是我们要理解神话的一些象征，神话中的夏娃其实只是亚当的一部分（夏娃独立于亚当，是人类史上一个更漫长的进化，这里暂不论及）；而蛇，在许多神话中都是内心欲望与力量的象征。所以，这一引诱，我们应该视为是他内心的某种欲望萌动了，他抵抗不了这种欲望的诱惑（另外，也许父亲的禁止本身也是一种对好奇的诱惑），所以他体内欲望的部分违抗了意志的部分的监控（就像是心理学上潜意识欲望对抗精神超我一样），终于犯下了过错。

对人类（儿子）的这一错误，我们不应该像神学家一样视之为幸福的沦丧和不可原谅的灾难。如果我们视幸福不仅仅只是食物丰足，而同时也视为一个人的自由，是一个人精神上的独立与能动，是个人和整个人类尽最大可能地发挥自己的创造力的话，那么我们就得重新评估亚当（儿子）

的这第一个“不听话”的行为。如果没有这个过错，人类至今仍停留在“原始状态”下，在那种状态下，固然有与自然融合一体的快乐和依偎于父母怀抱的心理安全，但人类所有的音乐、绘画、小说，所有的科学，所有的文明也将全然无存。人类像一个留恋着奶瓶的婴儿，他听话，但是没有自由与独立，也没有自由与独立所带来的一切痛苦与幸福、灾难与财富。

如果我们参照荣格对“原型”的定义，那么这一事件也可以视之为超越个体经验的人类集体无意识原型，因为它是人类的真正宿命，它已经并还将会在一切家庭与学校反复上演：一个听话的孩子，受某种欲望的引诱，违背父亲的意志而犯下过错，然后，他接受惩罚并获得成长。而“从人类的观点来看，这是人类自由的开始。反抗上帝的命令表示他使自己从高压强制中解脱出来，表示由无意识的人类史前生活，升华到人的程度。反抗权威的命令——犯了罪——就其积极的人性一面而言，是第一项自由行为，质言之，就是第一项‘人’的行为……作为一项自由的行为而言，这种反抗的行为则是理性的肇始”。[①]

但是我得提醒大家，如果仅仅这样来理解这个神话的话，至多还只是理解了其中的一半——儿子亚当的这一半，我们必须正确地理解故事的另外一半——作为父亲的上帝的那一半，这个故事才真正获得了完整的理解，而我们也真正地提炼出了这个故事的教育学意义。

我们从这些问题来开始理解这个神话里的“父亲”的意义：上帝知道亚当会犯这个错误吗？上帝不能阻止亚当犯这个错误吗？如果他能，为什么不预先设法加以阻止？亚当的这个错误，是不是上帝真正的意图？

如果我们熟悉上帝这一概念的话，我们将不难获知上帝确实明白亚当将犯下这个错误，因为上帝不仅是全知全能的，而且亚当正是按照他的模子而塑造的。（就像我们知道孩子必定逃不过某些诱惑，因为当年我们也并没有成功地抵抗住这些诱惑。）他知道亚当与夏娃不能抵抗来自自身的欲望（蛇），以及看上去非常漂亮而且可口的智慧果的诱惑——这里，我们同样

① 弗洛姆：《逃避自由》。

可以质问，他为什么要把智慧果造得“看起来似乎很好吃，又悦人眼目”呢？这里面是不是也隐含着上帝的某种意图？

所以，这个故事背后的事实是：上帝知道亚当终将会犯这个错误，他终将获得智慧果。而这也正是作为父亲的意愿！

那么他为什么不直接地让儿子获得这种果实呢？这正是上帝这位伟大的父亲深谙教育真谛的地方。他知道，安全与自由、自由与纪律，它们从来就不是非此即彼，也从来就不是超越二者的矛盾而完全兼得的：当自由成长的时候，安全必将消退；当固守安全的时候，一些自由必将丧失……在成长的过程中，必须遵循一些规律，开始是“安全”，渐渐地，孩子将走向“自由”（而“自由”的第一个象征，就是某个“不听话”的行为）。同样，今天明智的父母与教师也会明白这一点，譬如，他们知道即使孩子有了性的好奇甚至需求，但在一定的阶段也必须让他们学会克制、抵抗诱惑，直至时机完全成熟。

同样，上帝看似残酷的处罚中，也埋伏着某种隐秘的目的，因为他是想借此让儿子明白：自由同时还意味着责任，这也正与性的行为必将与爱的责任，甚至是婚姻的责任相关联一样。作为父亲和教师，确实必须让孩子明白这一点，所以，上帝给出了严厉的警告，而且让这个警告中的惩罚兑现了：亚当与夏娃被逐出家门。这既是他们完全独立的象征，同时也可以视为他们对“不听话”所带来的一切后果（所有好与坏的两面）的承担。

在这里我们必须向“上帝”这一伟大的父亲学习：孩子一定会犯某种具有成长意义的“错误”，但我们不能够听之任之，我们要明白孩子的这个错误行为的意义与时机，如果可能，我们还要“设计”这个错误，使它具有更积极的意义。我们要让孩子自己去获取某些美好的东西，同时要让他明白，获得这些东西是需要付出一定代价与承担相应责任的。我们应该定下一些规则，甚至是处罚的条例，但这些条例应该有助于孩子的发展，而且，作为父母和教师的我们应当切实地履行这些条例……

正像人类从此走出伊甸园（它其实是摇篮的象征）一样，我们的孩子从“不听话”的行为中走向独立的自我。在这一独立的过程中，有些将是在我们的设计中健康地发展；有些将是在我们的设计之外，充满危险但未必就是罪恶的发展。但无论哪一种成长都是一种超越我们意愿的必然，这就是我们的祖先，或者说超越我们祖先的人类集体无意识，借神的故事而给予我们的训谕。

只是我们可能还不明白，严厉而不失善意的父亲最后为什么“又在伊甸园四面安设了转动发火焰的剑，把守住通往生命树的道路”？

其实人类注定是“不听话”的儿子，为了寻找这棵生命树，人类从草药到针灸，从炼丹到巫术，从发现青霉素到人类基因研究，一直在创造回到伊甸园，品尝这尚未品尝过的果子的机会。

一场青春的宿命

——从“帕里斯的金苹果”看早恋

父母和教师们都已经遗忘，他们自己是怎样从一个依偎母亲怀抱的婴孩长大到现在这一脸严肃的模样的。《彼得·潘》的童话不无遗憾地指出了人的这一宿命：要么永远长不大，要么从此丢失童年，你别无选择也不能兼得。

不要说太遥远的在永无乡上与海盗们打仗的故事了，即使连与星期五在荒岛上重建家园，跟随赫拉克勒斯去完成十二件成长中的大事的这些记忆，也随着长大成人而渐渐消失。更要命的，我们已经忘记了当初第一个喜欢上的女孩的模样，我们忘记了自己曾在黑暗中幻想着，和她携手在布满金黄落叶的林间小径静静漫步的情景。我们老了，老得只记得职称、股票、房价、奖金和领导的青睐，而最最要命的是，我们因为遗忘自己的童年而不再明白，为什么孩子竟然不知道这一切对他们的一生有多么重要，他们似乎眼见着又要踏上那条注定要翻的小船——青春的白日梦，影响学业的早恋，甚至还有更可怕的，譬如我们羞于提及的“手淫”与“性行为”。

关于孩子的早恋问题，心理学家和教育学家们已经长篇累牍地重复讨论了不下千年。但是令我奇怪的是，他们竟然放过了对一个最具代表性的“初恋原型”的解读，因为作为人类思维结构的神话，正是人类集体无意识的理想的呈现方式，通过对神话原型的解读，我们可以获知人类意识背后的“神”（上帝、集体无意识）是如何给出这个问题，并规定它的答案的。

这就是《希腊神话·特洛伊的故事》中的有关帕里斯的金苹果的故事：

不和女神在珀琉斯与海洋女神忒提斯的婚礼上扔下一个金苹果，上面写着“送给最美的”，神后赫拉、智慧女神雅典娜和爱神同时也是美神的阿佛洛狄忒（即罗马神话中的维纳斯）为抢夺这个金苹果发生了争执。她们决定到人间寻找一个凡人来为她们作出判决，她们找到了被父母遗弃在山里牧羊的特洛伊王子帕里斯。

赫拉对帕里斯许诺说：“我是万神之父宙斯的妻子赫拉。你把这个金苹果判给我，那么你就可以统治地上最富有的国家。”

雅典娜的许诺是：“我是智慧女神雅典娜，假如你判定我最美丽，那么，你将以人类中最富有智慧而出名。”

最后，第三个女神（她一直以最美丽的眼睛在说话）这时才甜甜地微笑着开了口：“千万不要受甜言蜜语的诱惑。那些许诺是靠不住的。我愿意送给你一样礼物，它会带给你快乐，让你享受幸福的爱情。我愿把世界上最漂亮的女子送给你做妻子。我是阿佛洛狄忒，专司爱情的女神！”当阿佛洛狄忒站在牧人面前说这番话时，她正束着她的腰带，这使她显得更具魅力，更光彩照人，其他两个女神相形之下顿时黯然失色。帕里斯把那个从赫拉的手里得到的金苹果递给阿佛洛狄忒。

于是，赫拉和雅典娜恼怒地转过身去，发誓不忘今天的耻辱，一定要向帕里斯，向他的父亲和所有的特洛伊人报复，让他们毁灭。阿佛洛狄忒又庄严地重申了她许下的诺言，并深深地向他祝福，然后离开了他。后来，帕里斯果然获得了世界上最美的女人海伦的爱情，同时也因此而招来了自己和整个国家的灭顶之灾。

任何神话的神灵，从本质上讲其实都不是外物的象征，而是人内心力量的象征。在神话中，权力（权力欲）、智慧（求知欲）和爱情（性欲与情欲）同时在向人类招手，要求人类完全地独一无二地献祭，而这一选择，不正是人类所有个体都将面临的艰难抉择？

如果从故事的结尾看——神话故事的发展也就是一个人经历各种事件

之后获得的成长，我们也就是站在成人的角度看，我们将不难重新作出选择：选择权力或者智慧，放弃爱情。这也正是我们所有成人的理性选择。我们确实可能将因此而招致爱神甚至另一个神灵的惩罚，但智慧将帮助我们脱离最糟糕的困境，而权力本身将带给我们以强有力的保护，那样，即使我们的性生活不幸福，我们的爱情留有永久的缺憾（这就是爱神的惩罚），但相比于灭顶之灾，这未尝不是相对理性的选择。

可是，正如帕里斯未能瞧见特洛伊后来的命运一样，我们的孩子在青春期的热情中，一样会无视权力之神与智慧之神的诱惑，而把金苹果献给美貌的爱神。作为一名多年来一直关注着青少年心理问题的教育者，我的经验告诉我：不是我们的孩子找到了恋爱，而是恋爱找到了我们的孩子并暂时地统治了他！许多问题，人的意识只是无辜的受害者，不足以抵抗三位来自内心最深处的无意识女神（以及其他的神灵）。我们希望我们的孩子彻底地摆脱这种有害意识（其实是本能与无意识）的侵袭，然而从更深远的意义上，他们这样做完全是对的，他们只是听从性的安排而已。因为青春发育，性器官的成熟和性心理的成熟，都是“上帝”（自然）的法则，都是神圣之物的安排，那么“我”（作为青春期中的“我”）怎么可能战胜神圣与自然呢？“我”只能向自然敞开自己，让它接纳“我”进入新的天地。当然，自然与神圣的启示远比这样的描述要复杂得多，我们同时需要从另外的方面来看待这些问题，譬如我们同时也应该看到，任何提早开花结果的果子最终都不会成就甜美，而每一个果子都必将经历漫长的青涩的时期，才能拥有入口时的甘甜与芬芳。

我们无法想象一个青春期的孩子竟然没有想到过与异性缠绵，无法想象他没有一点性的期待，这种绝对的违背天则的做法，无异于他已经接受了爱神最严厉的惩罚，对，这就是性无能与性变态。甚至手淫——我希望我们能够像个成熟的教育者，甚至是心理治疗师一样来真正理性地看待这个词语，也未尝不可以视之为一种力比多能量的释放，或者说对爱神的一次小小的献祭，以免招致更大的打击。在这方面父母与教师自己人生的经历可以为所有心理学提供证据，这里无须再做深入的论证。从人的成长来看，如果没有走过憧憬异性这一步，就可以视之为一种生理与心理上的“倒退”，而内心一点都不敢尝试这种想法，也就是在内心培养了一种幼稚的怯懦。一个人不去拿自己的生命“冒险”，从而也就不可能获得他真正的生命。

但是，这样说难道是要我们作为父母和教师去认可并赞同孩子的这种行为吗？这样其实还未读懂这个神话的真正意义。因为，在这个现实的神话中，正是那个“梦中的女孩”才扮演了阿佛洛狄忒和海伦的角色，而父母与教师，扮演的恰恰是赫拉与雅典娜的角色，他们要发出的声音，正是爱情的另外两极：权力与智慧的声音！正是我们的声音，成了孩子意识中的道德，成为抵抗无意识本能任意侵袭的堤坝。

从这里，我们也就明白了自己究竟应该怎么做，并为这种做法找到了合法性。只是通过故事，我们同时不得不认识到：孩子或深或浅地陷入早恋，这是一场青春的宿命，它无法逃避也不可逃避，因为从更长远来看，这是有着积极的意义的，它是成长本身；命运也许会通过此，给我们的孩子以重重一击，让他在失败的污秽中挣扎呼告，从而从幼稚的状态走向成熟；“任何以为通过‘知道你之所为’就可以防范罪恶或把自己从罪恶中拯救出来的想法都是错误的”（荣格语）；我们确实也曾经历青春，在那些夜晚里，我们的想法也同样不是一尘不染、洁白无瑕的……

这就是我们明白这个故事的意义，在理解了所有这些意义之后，也许我们面对孩子的早恋将会像我这样来做出告诫。

爱的戒律

——为早恋的朋友而作

喜欢一个人，是无罪的；但如果你的爱妨碍了那个人的健康发展，你就是有罪的！

被一个人喜欢或者被一些人喜欢，是无罪的，但如果你利用这些喜欢玩弄人家就是罪不可赦；或者你陶醉于这个“被喜欢”，而忘了自己的前途，那就是对自己的犯罪！

两个人相爱了，也是无罪的；但是因为这个爱，彼此沦落为平庸者低贱者，这就是在对自己犯罪的同时又相互犯罪！

有些毒药蘸着蜜糖，几乎没有人能够分辨出来，等到毒发的时候，多半已经彻底无救，这也就是许多年轻美貌的女子一生一无所成的一种解释。这也是我的好几个容貌漂亮的女学生进高中后成绩直线下滑，最终进不了重点大学的原因。

爱，是无罪的；但打着“爱”的旗号的，往往只是一些无所事事者的生活调料。

爱，意味着必须给对方带来欢乐幸福，而不是灾难、痛苦、前途茫茫。

我知道我这样理解爱情会被另一个我谴责为功利心太强，但至少从我的内心出发，我是绝不愿我爱的人因为我的爱而受到伤害的。或者说，如果我的爱总是带给对方痛苦，那么即使她愿意，我也将从此远离。

让阿佛洛狄忒原谅我或者责罚我吧，我将把我手中的金苹果，献给从宙斯额上蹦出的雅典娜。

如果兔子并未中途睡觉
——重新演绎《龟兔赛跑》

有个关于《龟兔赛跑》的美国故事，它很形象地揭示了古老寓言在现代社会中的解读困境。同时，我们的父母和教师也像故事中的父亲一样，突然有一天发现：自己的孩子越来越难教了，他满脑子的鬼点子，你再也不能像以前那样哄得他相信故事了。

故事说上小学三年级的儿子保罗第二天要参加学校组织的60米赛跑，喜欢孩子的父亲每天晚上“津津乐道、不厌其烦地给他们讲些富有教益的寓言和别的故事”——这次正如大家所想，讲的是《龟兔赛跑》的故事。但是，儿子保罗却提出了疑问：“这么说，你是要我指望贝利、托尼、萨里在明天的60米赛跑中会像兔子那样躺下来睡觉？……乌龟一定事先知道兔子在比赛时会睡觉的，要不然傻乌龟就是不自量力，竟敢与兔子较量。谁都知道，兔子的速度起码要比乌龟快上100倍……乌龟的胜利完全是靠运气，要不是碰巧兔子中途睡觉，它无论如何也不可能跑赢兔子。即使乌龟比你说的踏实还要踏实100倍，它仍跑不过兔子！”

一个两千多年前的寓言，难道整个世界的人都一直没有发现，它只不过是一个无聊的谎言？如果兔子并没有中途睡着，《龟兔赛跑》岂不就成了过期的旧皇历，从此不可能对伊索的后裔们有所启迪？

我们且先回溯人类历史，来分析这个寓言产生与流行背后的集体无意识。伊索所在的时代，人类正告别石器时代，迈过青铜器时代，步入以农牧业为主要经济方式的铁器时代。在那个时代，“聪明”在社会生活与个体生存中的价值，是远远低于“勤劳”这一品质的；况且从教育孩子这个角度看，强调由遗传决定的“聪明”，当然不如强调可以后天培养的“勤劳”更有实际的意义。尽管人类从一开始起就是以其“智慧”而脱离了蒙昧的动物界与混沌的自然界，从而独立地成为一个新的“物种”，但是，我们从各民族古老的神话、寓言与传说中，都可以看到“勤劳者获胜，聪明者遇挫”这一主题反复地出现。譬如中国寓言《愚公移山》，其实也就是情商胜过智商的一场较量，或者说是一个中国版本的《龟兔赛跑》。

久而久之，这种“扬勤抑智”便成为一种文化积淀或者说集体人格，渗透到历史文化中，譬如在中国新式神话《射雕英雄传》中，郭靖与杨康这一“孪生同体”的胎儿，也一分为“勤勉”与“聪明”两个人，并最终是前者战胜了后者（当然，毕竟时过境迁，金庸还是能够从这种集体意识中挣脱出来，他后来安排了杨康之子杨过以其聪明成为一代大侠，可以说是对此一古老寓言的“祛魅”）。应该说，在以体力劳动为主的农业及游牧时代，为了确保人类的生存，这样的“选择”是有其正当的理由的。

然而，两千多年过去了，人类越过了蒸汽时代、电气时代，进入了以“智慧”为最主要生产力的信息时代，面对这一外在环境的急剧变化，而那些仍然抱残守缺的教师和父母，却一成不变地把老祖母膝前的故事原封不动地搬给孩子，难免遭到孩子的质疑甚至奚落——未受传统文化过多浸染的孩子自然会比成人更敏锐地捕捉到来自生活的信息，但是，古老的寓言真的失效了？我们今天需要做的，仅仅是不再中途睡觉的兔子而不是努力不止的乌龟？

一个故事被视为经典或者神话，它一定是揭示了人类深厚的集体无意识中的某一原型，它一定是人类灵魂或者集体智慧的一个高度浓缩的“原始意象”，当我们发现它的错谬与荒唐的时候，也许仅仅是因为我们的视线被当下的迷雾蒙蔽而看不到它真正的价值而已。

为了赋予这个古老的寓言以新意，已经有过不少人试图在这方面进行尝试。于东辉写了一本《一只乌龟的生活智慧》，从“生活在赢，不在快”的角度，来批评现代人一味追求速度，反而进入幸福与快乐丧失的处境。只是这样的诠释已经远远离开了寓言本身，它并不能够帮助我们解开寓言本身所蕴含的智慧。而在我们的小学课堂上，学生与老师们也在有意地安排龟兔重新进行赛跑，为了让主角乌龟再次获胜，他们想出了许多办法：乌龟自知这次比不过兔子，便运用计谋，找了两个或多个伙伴分别藏在中点、终点等位置，兔子跑到任何地方，都会发现乌龟的身影；乌龟在中途偷放了滑板、自行车、摩托车等现代交通工具，兔子凭自己的实力比赛，当然也没有取胜……然而我们不难发现，为了使我们偏爱的乌龟获胜，我们已经被迫牺牲了“游戏规则”，放弃了公正公平，这样的取胜还有什么意义呢？既然是赛跑，就不应该用滑板、自行车等工具来取胜，想用滑板、自行车等工具，就该堂堂正正地再进行一场滑板赛或自行车赛。至于用多只乌龟来欺骗兔子和裁判的做法，这显然是比服用兴奋剂和买通裁判更为恶劣的作弊行为，我们如何可以视之为思想的创新？

如果真要让古老的寓言“与时俱进”，或者说赋予人类的“意识原型”以时代的新义，我们不妨从真正的时代精神里来汲取它的象征意义，从而找到解开《龟兔赛跑》之谜的密码。

我们现在已经不能够获知，龟兔赛跑是在古希腊的环形跑道上进行，还是在动物们生活的旷野上进行。同时我们也不能获知，它们进行的是一场短跑，还是一场耐力跑，甚或，它们进行的可能根本就是一场“漫长的越野赛”。所以我们同时需要思考的问题是：

规则是谁制定的？这个规则有利于谁？在任何规则下，兔子都强于乌龟吗？在何种情况下，乌龟确实能够堂堂正正地战胜兔子？

如果我们超越“一定让乌龟取胜”的心理假定，站在公正公平的立场来看，我们又该如何来看待这场比赛？面对我们的孩子，他们在何种意义上，也是在进行着一场真正的龟兔赛跑？

我们将不难发现，如果进行的是一场安全的室内短跑道比赛，或者标准塑胶跑道上的中长距离的跑步比赛，兔子无论如何都是胜利者，乌龟应该承认，兔子确实比它跑得快多了。

但是，同时我们也应该看到，如果这是一场真正的越野跑，它要穿越干旱的沙漠，穿越湖泊与沼泽，穿越狼群与苍鹰出没的山林，它需要超过参加马拉松跑的耐力与韧性，它需要一种真正的生存智慧，那么乌龟为什么就不可能胜于兔子呢?

一道河流就足以让兔子输掉这场比赛，一只饥饿的野狼则将重新书写这个古老的故事。

真正的生活，更多的时候是一场由无数个马拉松跑连缀而成的无休止的越野跑。一开始跑在前头的，并不能够确保他永远保持领先。作为每一个生活越野跑的参赛者，对此我们都有着深刻的体会，那些我们曾经不屑一顾的落后者，如今已经远远地超越我们，直到我们只能望见其尘土中的背影，而一些曾经是生活宠儿的领先者，现在我们已经找不到他们的身影，他们不知在什么时候，已经悄悄地退出了这一场永无休止的长跑。一个企业也是如此，微软公司不是一开始就处于领跑的地位的，同时，戴尔或者亚马逊，正在用自己的智慧与耐力在奋力地追赶。长虹公司已经被证明是一只短跑兔子，而张小泉剪刀依然在慢慢地走着它的道路。而在人类的文明史上，中国、印度、埃及和希腊曾经领跑了很长的时间，当然，它们还有机会——只要生活着，就永远有赢得桂冠的机会，“谁笑到最后，谁笑得最好”。然而，生命与历史毕竟没有永恒的最后，它由胜利者一次次的微笑所连缀，并继续向后面无休止地延伸。

然而小心，如果我们和我们的孩子因为领悟到这一点而沾沾自喜的话，其实它仍然局限了自己的视野与真正的领悟力。正如自然生存赛中乌龟与兔子各用自己的生存智慧获得生存与发展的权利，这个故事的背后，一样也蕴含着心理学上的一个妙解:多元智能。

美国心理学家加德纳综合前人在心理学上的研究，完整地演绎了古老寓言背后的人类智慧——多元智能。多元智能告诉我们，每个人由若干不同类型的心理智能复合而成，其中的某一种或多种智能会成为这个人身上典型的特征（优势智能），这七种在特定的文化背景下或社会中解决问题的能力（智能）是音乐智能、身体运动智能、逻辑一数学智能、语言智能、空间智能、人际智能、自我认识智能。不同的智能有各自的优势——就像兔子跑得快，乌龟有坚硬的壳且耐力强；不同的智能能够解决某些特殊的问题，同时它也无法解决与之无关或者相反的难题——就像兔子能够在草原上逃脱狼的追赶，但无法渡过河流，乌龟的硬壳限制了它的速度，但帮它抵御了天敌的进攻。

既然每一个人有不同于他人的智能类型，而每一种智能都有自己的价值与缺陷，我们的教育也就应该根据人的智能类型来设计，而不应该将不同类型的人，只按某一种智能类型来进行教育（我们目前的教育，主要以语言智能与逻辑—数学智能来选拔与淘汰受教育者，深具音乐天赋的小音乐家扬科若坐在我们的教室，他仍然会成为另一意义上的牺牲品）——让乌龟与兔子在百米田径跑道上赛跑的人，一定是头脑出了问题！同样，若我们为了力推乌龟而将它们放在沙漠与河流中进行生存考验，这一样是对兔子的不公。

寓言与神话永远只是象征，它的所有意义有待阅读者积极能动地赋予。当一种意思被固定的时候，也就是象征走向死亡的时候，从这个意义上看，我并不是想提供有关“龟兔赛跑”的任何一种真理式的解读，而仅仅是提供一种超越“死亡了的象征”的可能性。

电影中的教育元素

电影和电视是近来颇受指责的一对同胞兄弟，对沉溺于影视以及它们带来的文化（譬如流行音乐）的学生越来越感到无能为力的父母与只恨鞭长莫及的教师们，更是将影视及其相关文化视为与教育对抗、抵蚀教育效果的恶魔。在尼尔·波兹曼《童年的消逝》一书中，将电视视为使童年消逝，并使成人以及整个文化幼稚化的罪魁祸首，视电视文化为文明倒退的原因与表征。

其实在任何一个新事物刚刚出现，人们尚不能完全认清它的全部能力（包括建设力与破坏力）的时候，几乎每一个新事物每一种新文化都经历过类似的指责与考验。我们应该不会忘记老子在中国文化即将出现第一个高峰的时候，曾经对文字以及相关文明所发出过的悲叹；而将电、蒸汽机、汽车、铁路视为撒旦的创造的西方人，也并不是少数。在这里我并不是要人们相信人类进步的神话，我只是想客观地表达：就像汽车与速度带来的便利与灾难，以及对人类思维的潜在影响一样，电影与电视（以及影视文化）同样是文明带来的一把双刃剑。我们在认识到它的优点的同时，确实应该警惕它可能导致的副作用（况且这些副作用已经显现）；而反之，我们在抑制这种消极面的时候，也不能绝口不提它确实存在的优点与优势，更不能索性闭上眼睛，拒绝对此做出进一步的理智判断。

作为上一世纪新兴的艺术形式，电影（以及电视）已经吸引了无数天才投身其中，并进而创造出这个艺术的规范与经典。进一步说，影视已经切入文化的肌肤深处，除非你想回避真实与历史，或者对理解上一世纪和当下并不感兴趣，否则你就绕不过去，就像理解文艺复兴我们不能绕过绘画与米开朗琪罗，理解德国我们就绕不过哲学与宗教，绕不过马丁·路德一样。电影与电视是这几十年来最重要的文化传播工具与创造工具，而且更重要的事实是，确实有一些电影和电视，将和书籍时代的《巴黎圣母院》《战争与和平》一样，就像希腊罗马时代的雕塑与神话，是人类用不同材料制造的不朽的文明精品，体现并承载了这一时代的人类最具魅力的创造精神。

父亲的课程

——解读俄罗斯电影《回归》

对许多人而言，俄罗斯导演安德烈·萨金塞夫执导的《回归》是一部晦涩难懂的影片。低沉喑哑的背景音乐，扑朔迷离的故事情节，深沉复杂的人物性格，矛盾重重的电影主题，以及笼罩全片始末的蓝灰色调……这一切构成了中国观众的“阅读障碍”，好些人在观看此片后感叹：看不懂，不明白。即使在网上，有关此片的评论也都不得要领。究其原因，是没有抓住阅读此片的一个关键要素：理解父亲的意义。

其实电影一开始，就已经暗示了后面所有情节将是对此组镜头进行必要的解释或者是由此而展开的种种可能性。在影片出现导演和演员名单之前，几个男孩在海边的一个高台上跳水。这是男孩间经常会出现的探险与验证队员身份的游戏：每个人都必须从近十米的高台上跳入大海，否则，他将被公众（所有男孩，包括一道参与游戏的兄弟）斥为笨虾、胆小鬼、孬种（这也是游戏规则之一）。小男孩伊凡希望哥哥安德烈和他一道退出这个游戏，从后面爬下跳台；但安德烈不想被视为笨虾与胆小鬼，跳了下去；于是最后剩下伊凡一个人，既不敢跳水，也不愿意爬下跳台。在大家完成考验一道离去之后，伊凡一个人待在高台上，在越来越冷的风中与越来越浓的暮色中颤抖。直到母亲找到他，许诺不将他爬下高台的事让第三者知道，才将他从困境中解救出去。

第二天傍晚，伊凡照常去找男孩们一道玩。其他的男孩说他是胆小鬼，不愿意与他一道打球，并且要求他哥哥安德烈也来指责伊凡是孬种。安德烈按要求（其实也是规则）做了，两兄弟因此打斗起来。伊凡追逐安德烈一直到家里。他们的母亲倚在门口神色阴郁而古怪地抽着烟，告诉他们：你们的父亲回来了。

电影从这里才开始完成导演与演员的名单播放，意味着电影正文的真正开始。“失踪”12 年的爸爸为何突然归来？他的归来意味着什么？其实这个问题在电影开始至此的时候，就应该获得解答。而如果在此时不能够得到好的理解，这也将对理解后面的情节产生障碍。

电影中没有任何介绍，但显然，这是一个离婚的妻子在意识到儿子由于长期缺乏父亲的在场，已经出现了一些轻微的“成长不良”，所以要求前夫能够回来，履行他父亲的职责。在电影中，只有一个镜头暗示了这一切：在“丈夫”回来的那个晚上，妻子依然独眠。

于是父亲从回来的那一刻起，就开始以一个男人的标准，来要求与培养自己的两个儿子。香港人将此片译为《爸不得爱你》，显然是理解了在此层面上的意义；但是这显然又与影片深层的含义“父亲的意义”或者说“父性的爱”有所冲突。在这个意义上，影片更好的名字也许是《爸只能这样爱你》。许多人之所以到影片结束仍然看不懂它想要表达什么，就是从开始的时候，没有理解这层教育学上的含义。

而后面的电影，也可以视为一个具体的“父亲的课程”或者“儿子的课程”（就像我们称为“教学”的过程，同时是教师的教与学生的学的过程一样）。在电影中，借助于一次“旅行”或者“探险”，父亲展开了若干他认为儿子们必须经历的课程。

第一课：酒

父子相聚的第一面，是在餐桌上。父亲打开一瓶干红，为自己倒上酒之后，对母亲说：“给他们点酒。”在儿子平生第一次品尝酒的滋味后，他问小儿子伊凡：“喜欢吗？”

“不完全。”伊凡说。

“我喜欢，爸爸。可以再来一点吗？”大儿子安德烈或者是在幼童时接受过父亲的熏陶，或者是因为已经长到了理解男性的年龄，所以他的回答与弟弟正好相反。但是父亲说：“够了，吃饭吧。”

“酒”曾经是男性世界的重要组成部分（尤其是对俄罗斯这个寒冷的国家而言），所以在这第一课上，父亲让儿子品尝酒。但这并不意味着，他认为男人应该酗酒或者善于喝酒。酒只是一个男性世界的象征，喝酒仅仅是参与男性世界的一种仪式。重要的是这种仪式，而不是酒精本身。

第二课：权威与服从

正像所有神话与历史所揭示的，男性世界是一个权威与秩序的世界。尊重并服从权威，或者成为权威，是在男性世界里生存的必要法则。第二天，外出旅行开始了。安德烈因为单调的车程睡着了，父亲开始了对小儿子伊凡的规训：

“伊凡。”

“什么？”

“什么，爸爸。”

“什么？”

“你应该说‘什么，爸爸’。”

“什么，爸爸。”伊凡极不习惯这样不够亲昵的对话。

电影中，“叫我爸爸”的规训一直在父子之间重复着。安德烈马上接受并习惯了这种称呼，而伊凡一直要到失去父亲后，才从心底里喊出了“爸爸”——他仍然不习惯权威与秩序，而以母爱的标准来理解这个世界。

与权威相伴的必定是服从，这是电影中重要的课程之一。因为对于伊凡而言，在母亲的无条件呵护下，他发展了更多的任性，而任性是孩子气的主要表现。父亲于是一而再，再而三地结合着“权威”的课程展开“服从”的课程：

“你还有两分钟解决你眼前的食物。”“你还有30秒钟解决你的汤和面包。”“坐下，然后吃你的面包和汤，明白吗?！”面对虽然饿了却赌气不愿意进食的伊凡，他拿出表来命令道。

“谁最后一个吃完谁就得洗盘子。”在海岛上进餐时，父亲用男人世界的规则，取代了母亲世界的规则：无论谁最后一个吃完，洗盘子的总是母亲。

第三课：暴力

从餐馆出来，父亲在打电话；安德烈刚刚在父亲的教导下学会了唤服务员过来付账的技术，手里还拿着父亲的钱包，于是两兄弟决定看看包里到底有多少钱。这时两个大男孩走过来，希望分享他们的钱包，在遭到拒绝后，大男孩打倒兄弟俩，抢了钱包就跑。父亲开车将拿走钱包的那个男孩追了回来，让他站在兄弟俩面前，然后父亲对安德烈和伊凡说：

“他是你的了——他打了你，做你想对他做的事。”

在两个儿子分别表示不愿意报复时，他失望地羞辱他们：“你们裤裆里面都没有东西。”

“我没有准备好。”安德烈为自己辩护道。

“你应该一直做好准备的。”父亲反驳说。

“和平”是从这个世界应该是什么样子（应然）这一理想与浪漫的态度来理解的，而“暴力”则是从这个世界的实际是什么样子（实然）这一现实的态度来理解的。对男性而言，宣扬暴力也许错了，但用暴力的形式保护自己以及家人，捍卫自己的尊严，却仍然是不得不保留的最后防线与不得不承担的特殊职责。

其实我们完全可以这样理解：这次事件无非是父亲一手策划的一堂课。这看似偶然的事件，其实是父亲认为一个男孩必须要经历的一个课程。所以当伊凡说“你看到的，为什么不来阻止他们”，父亲的回答是：“我在打电话。”

第四课：惩罚

父性的爱是有条件的爱，如果你不符合这个条件，你将得不到父爱，甚至还将接受某种惩罚。这个世界的规则，有部分是人与人交往中反复博弈而来的游戏规则（如前面男孩间的游戏），还有部分是权力者为确保权威与秩序而制定的规则。也许从“应然”的角度，后者是需要反思它的合法性的，但是世界与历史就是这个样子，你必须首先真实地认识到这一点。所以，在父亲的课程中，“惩罚”将是必不可少的一项。

电影中多次出现了惩罚。第一次小小的惩罚是在钱包事件之后，父亲告诉儿子，旅行结束了，他们可以提着自己的包和钓竿搭乘一辆公共汽车回家了。而在他们坐上公共汽车既懊恼又莫名其妙的时候，父亲又回来了，让他们回到小车——因为父亲的课程远没有结束呢。

第二次惩罚比较严厉，甚至有点不近人情。当他们在一个美丽的湖边经历了美妙的钓鱼、烧烤和野营之后，在第三天开始了新的旅程。但是伊凡却抱怨父亲的安排让他不得不中止了钓鱼，不得不放弃了钓到一条大梭子鱼的机会。父亲让伊凡“闭上你的鸟嘴”，并在伊凡继续絮叨时将伊凡和他的钓竿丢在一座桥上，自己则与服从的大儿子一道继续前进。这是一次漫长的放逐，在旷野，没有回家的办法，也没有继续前进的可能，伊凡孤零零地坐在路边。后来又下起了雨，他被彻底淋湿。内心充满了绝望、无助与懊悔，自然还有怨恨。直到这时，父亲的车笛才重新响起。

“告诉我你为什么回来？为什么？”伊凡坐回车上责问道，“你不需要我们，没有你我们生活得很好。你为什么要回来？”

“你妈妈要求我和你们相处一段时间——我也希望和你们相处一段时间。”只有在这里，在快速前进的画面中，电影才透露了一点点背后的信息。但是父亲显然没有将更清晰的意图告诉儿子，因为他想必知道，男性气概所需要的一切，是不能通过传授和背诵获得的，它们只能被经历、被体验而拥有。

“为什么，就为了奚落我们？”可惜伊凡在这个时候，还是不能够明白这一切的，也许当他明白的时候，一切都已经太晚。

第三次惩罚导致了最严重的后果，但就其本身而言，它确实有着清晰的教育目的。在海岛上，儿子们要求去钓鱼，父子约定了时间。结果，儿子们发现了一艘搁浅的沉船，并为了钓到一条船舱里的大鱼，推迟了回去的时间。

“看我们抓到了什么？”安德烈走向等待着他们的父亲，努力装出的喜悦并没有掩盖住他因为迟到而带来的忧虑。

“安德烈，现在几点了？”

“什么？”

“你的表几点了？”

“七点，爸爸。”

“你们应该几点回来？”

“三点半。”安德烈低声回答。

“你有看见这条鱼吗？”伊凡不满地插嘴，对他而言，重要的只是这条鱼。

“我并没有跟你说话！”父亲道，他站起来，走近安德烈，“你们为什么回来晚了？”

“嗯，你知道……”没有等儿子解释，父亲给了他两个耳光。

“你听到我叫你了吗？”

“没有。”他得到了第三个耳光，“不要打我，你听我解释。这条鱼……”

“我为什么给你表？”

“让我看时间。”

“那么？”

“可我们抓到了一条鱼。”但是他又得到了一个耳光。

“是我的原因所以晚了。”伊凡不忍心看到哥哥因为自己而遭受这样的惩罚，“我们找到了一条船。”但他被父亲推倒在沙滩上。

“别打我，是伊凡。”安德烈步步后退。

“但你有表。”父亲说着，又是一个耳光。父亲想说的其实是：当船长缺席的情况下，大副就是领袖，就是发号施令者；当船长与大副都不在的时候，责任与命令权都将交在水手长的身上。但是两个儿子在此时并不能够理解这些的，他们被激怒了——当然，即使愤怒本身，也是必要的一课。

第五课：担当

母亲为孩子准备好她能够准备的一切，让孩子分享她用自己的血肉化成的“乳汁”；但是父亲却告诉孩子，你必须自己来承担一切的职责与重任，除了你自己，没有任何人可以帮助你。这显然是父亲课程中至关重要的一项，就像狼的生存法则一样，公狼会把刚刚断奶的小公狼从母亲的怀抱驱逐到家庭的狩猎领地之外。

“你自己为什么不去把它追回来？！”当安德烈告诉父亲有人抢了钱包

后，父亲这样回答。

“建好你们自己的帐篷。”每到一个新的宿营地，父亲这样要求以前没有在野外生存过的儿子。

“脱掉你的鞋子，下来，像我一样做。”“用你的手！”在汽车陷在泥泞中时，父亲要求儿子冒雨砍来树枝，三个人一道努力将汽车从困境中拉了出来——在这时，安德烈可能是第一次尝试着发动了汽车，但就这样，他明白了汽车并不是一件可怕的事物，你可以很轻易地控制它。

“把柏油涂在小艇的每个缝间！”当他们来到海边，是谁已经安排了小艇与出海？

“用力划！”在他们的小艇驶向目的地——一个海岛的时候，突然半途熄了火，于是在父亲的强制式命令下，儿子学会了划船。

“我们需要钓鱼的虫子。”儿子伊凡向父亲请求道，因为他在沙滩上找不到虫子，而大海中的鱼儿是不吃面包的。但是他得到的回答是：自己去找。虽然如果我们仔细看片的话，会发现后来儿子正是在父亲挖过事先埋好柴油的土坑里，找到了许多虫子。

没有人能够帮助你，在许多时候，就像电影中那个下着雨的黑夜，汽车陷入荒野的泥地，以及小艇在无边无际的大海中突然熄火一样，当女性将目光转向男人的时候，作为男孩（男人）的你还能将责任推诿给谁？和前面钱包被抢的事件一样，这些仍然可能是父亲有意安排的课程——成为男人必需的课程。

父亲的课程其实远不止这些，电影中一些微妙的细节，在治疗缺乏男性气概这样特殊的前提下，也可以视为特殊课程的一部分。

“爸爸，你喝酒开车？”在旅程的开始，安德烈问父亲。

“是的。”父亲回答。

——这是一个“违规”的课程，既要服从权威，又要用违反某种纪律的办法显示自己不是一个顺从者，这是男性的悖论。

一个花枝招展的女子走过他们的车前，父亲的目光一直被这位女子的臀部吸引……

——这是一个“粗野”或者“好色”的课程，这是真实的没有完全过滤的男性课程，其中有若干微妙的难以言说的因素，父亲也并没有展开这个课程，而只是“真实地”展示了这个课程。

整部电影也可以简单地表述为这样一个故事：单亲母亲认识到父亲的缺席使得两个儿子（尤其是小儿子伊凡）的成长出现了问题，于是让他们的父亲来和儿子们相处一段时间。为了在极短的时间里培养儿子的男子汉气概，于是父亲就设计了一系列的“课程”来训练儿子，希望通过这些课程，儿子能够在极短的时间里转变为真正的男子汉。

但是故事的结局却并没有在父亲的计划之中。当父亲想要通过惩罚（耳光）让儿子们明白遵守纪律、信守诺言的重要，小儿子积蓄已久的愤怒终于爆发出来。他先是拿起刀子威胁父亲，然后又丢下刀子，跑到岛的另一侧，那里有一个他原先不敢攀登的高台，他这次在愤怒中义无反顾地爬了上去，并且盖上了到达平台上的木板，想让追赶而来的父亲无法靠近他。父亲想要绕着爬上去，向伊凡解释这一切。但是，外围的围栏并没有那么结实，父亲从几十米的高处摔下去，没有任何解释，死了。

从电影的角度来讲，这个意外是让生活故事成为电影所必需的元素；但就生活与故事本身的逻辑而言，它并不是必然的。如果从中也有值得可以反思的因素的话，那么就是我们在承认父性之爱的必要性，以及进行父亲课程训练的必要性的同时，也应该考察这种课程该以何种方式按何种顺序进行。正因为父性之爱的长期匮乏，却想在短时间内加以强化与弥补，所以才导致了儿童柔弱的本性与刚硬的训练之间的矛盾冲突，并因为一个偶然，而酿成了电影中不可挽回的悲剧。也许电影正是想通过这个深刻的教训，告诉我们最好的选择是从一开始就不要让孩子失去父亲的课程，从一开始就慢慢地进行父亲课程的训练，并随着年龄的增长而逐渐地增加这种课程的分量。理应成为日常“食物”的父亲课程的缺乏，导致了男孩成长中的“营养不良”，然后在特定条件下以“药物”的方式加以疗治，这显然不是自然的教育，而只是一个隐含失败的课程（关于此点，可参看我《爱的艺术》一文）。

在电影的结尾，还是给予了“父亲课程”以极高的评价：父亲死后，安德烈和伊凡所做的一切，表明父亲生前想要实现的目的，已经在儿子身上萌芽与发展。

“我们必须把他带回去。”在父亲的尸体前，安德烈对伊凡说。

“怎么办？”

“‘用你的手’。”这是在车陷入泥泞时父亲命令儿子将树枝塞到车轮底下时说的话，现在安德烈明白了其中的真正含义：用手，而不只是用美好的愿望；用自己的手，而不是任何其他的人。于是他们砍来树枝，历经千辛万苦，将父亲沉重的尸体拖到了小船边。

第二天，两个孩子将东西搬上船，开动马达，载着父亲的遗体返回陆地。但是，在靠近海岸时，小船触了礁。安德烈跳下水，将船拖近岸。兄弟俩一次次地将东西搬回岸上。当他们将东西装上车子之后，却发现触礁的小船正带着他们的父亲渐渐地沉入大海。

“爸爸！”伊凡第一次发自内心地喊道，并在这一刻突然地领悟父亲和他所做的一切对自己意味着什么。

然后，安德烈开动了车子——像父亲所希望的那样，他们经历了“儿子的课程”，回到了自己的生活中。

从题目《回归》这个词语的隐喻中，我们可以将此片和父亲之旅的神话——希腊神话中奥德修斯在特洛伊战争后回归故乡的故事——遥相呼应。奥德修斯的故事可以视为父亲（丈夫）通过外在流浪确认自己身份与意义的象征，而此片则通过父亲的缺席与回归对儿子成长的影响，向我们揭示了“父亲”这个古老词语不可或缺的价值。

等值的惩罚

——解读韩国电影《春去冬来》片段

在私立学校待过一年，深切地感受到了教育被非教育与反教育的力量所左右后的痛苦，许多问题已经再也看不清它本来的脉络了。譬如孩子的错误，一方面，我们制定了太多的“苛纪杂律”，在束缚了孩子手脚的同时也束缚了他们的大脑；另一方面，我们的规章制度一旦遭遇到特殊情况时则又全都形同虚设——譬如违纪的学生和他们的家长以退学相威胁；譬如一个优秀学生违纪了，可是马上就要期末考试（或者中考高考）……于是最后还是由各种潜规则出面，将原先制定的规则否决；于是遵守规则仅仅是为了逃避惩罚，而游戏规则则成为他们显示个性的手段。

我在离开那个学校前，向校长提了一些想法，其中有：

1. 学校当前的教育是无错教育，领导、教师与家长们齐心协力，尽可能不留下一个让学生犯错的机会。

2. 但一个孩子的成长就是不断试错、反省、改正的过程，避免错误也就是拒绝成长。

3. 在太过琐碎的约束下，压力过重成了学生犯错后最好的托词，师生们几乎已经有了这样的共识：孩子们的生活太无聊了，因此他们的错误是可以被原谅的。

4. 就这样，教育仅仅在水面上进行着恶性循环，最终，孩子们既不懂感恩也拒绝忏悔……

离开那个学校后，我才发现别处的情形也好不到哪里去，这些问题是普遍性的，只不过在私立学校这一特殊的条件下，它才集中地体现了出来。而实际上从幼儿教育开始，我们进行的就是“触事无心”的教育。

最近看韩国著名导演金基德的《春去冬来》一片，突然回想起这个被遗忘的话题，因为电影中有一个极具禅味的教育片段，正体现了那早已经被我们遗忘的古老的教育艺术：那里有体罚，有心罚；但更重要的是，它告诉我们如何让孩子从自己的错误中领悟生命、体验成长。

影片讲述了一个生命轮回的故事，它以一个和尚从少到老（春夏秋冬）的人生故事，诠释了人生如四季循环而生命则生生不息的道理。故事所含的丰富佛理远非简单的文字所能表达，作为教育者，我特别钟爱"春"（少年）这部分中的那个故事：

电影展现在我们眼前的，是一幅充满诗意的画卷。一老一小两个和尚住在深山大湖中央的一座木庙中，过着平静的生活。

一天，小和尚在清澈见底的溪流中抓到了一条小鱼，然后到岸上用细绳捆住了鱼儿，系上一块小石头后，再把小鱼放回溪中。小鱼挣扎着在水中游动。整个过程中，小和尚以天真的童音在咯咯地笑着，背景音乐则是慈悲的梵音。如果看得仔细些，就在小和尚背后不远处的一块岩石上，他的师父正背着手，平静地看着这发生的一切。

然后，小和尚又依次在岸边和山崖上捉到了一只青蛙和一条先前与他"相识"的蛇，如法炮制，拴上石头，看着它们笨拙地挣扎。小和尚依然快乐地笑着，做完这一切后，还自由自在地在溪水中游了一会儿泳。而他的师父，则在回家的途中捡了一块十来斤重的石头。

大山深处的夜晚，宁静得可以听到湖外面传来的虫吟。玩了一天的小和尚早早地睡着了，未脱的衣服上，还有着几处水渍。老和尚抱着石头进来，用一根粗绳将石头绑在小和尚的背上——孩子的睡眠是这样的深，小和尚甜甜地睡着，不知道发生的这一切。

黎明来临，师父在他们的住所——湖心的木屋外细细地拂拭着佛像。小和尚醒来了，挣扎着走到师父面前，哀求说：

"师父，我背上有个石头，请帮我拿下来吧。"

"难受吗？"师父自顾拂拭着佛像，平静地问。

"是，师父。"

"小鱼也像你一样吗？"

"是，师父。"

"青蛙也像你一样吗？"

"是，师父。"

师父加重了语气："蛇也跟你一样吗？"

"是，师父。"

"起来吧。走走看。"

小和尚艰难地走了几步，"咚"的一声坐在地上："太沉了，我走不动，师父。"

"那小鱼、青蛙和蛇现在会怎么样？"

"我错了，师父。"

"去帮它们全部解开吧，那我也帮你解开石头……如果青蛙、小鱼和蛇中有一个死了，你会一辈子在心头放着一块石头。"

小和尚笨拙地走上出庙的木船，独自划到了岸边，然后挣扎着爬上了山坡，找到了小溪边。在水深处，他发现了缠着石子的小鱼，但是，小鱼已经死了很久。舒缓的背景音乐响起来，小和尚的身子在微微地颤抖，他用手扒开岸边的沙石，把小鱼埋在地下。然后，他坐在溪边，第一次学会了深思。

师父不知何时已经站在了原来站立的岩石上，静静地窥视着这一切。

在另一个地方，小和尚找到了被缚的青蛙——青蛙还活着。解开石头之后，它游向了水深处。

背着石头到山崖上寻找蛇是最艰难甚至危险的，音乐却仍然出奇的平静，和老和尚平静关切的目光一起陪伴着小和尚爬上了山崖。但是，蛇已经死了。小和尚握着因为自己的顽劣而死去的蛇，终于再也忍耐不住，放声哭了起来。

哭声越来越大，终于和如瀑的溪声汇合在一起……

这个故事确实让我咀嚼了很长时间，并决定把它写下来，同时还画蛇添足地补充一点自己反复品味而来的心得。

首先，它告诉我们：深刻的教训来自一个完整的裂变，而要让这个裂变发生，则需要足够的时间。在电影中，孩子在戏弄小动物时的快乐是完整和纯粹的，孩子在寻找被缚的生灵时的担忧是漫长的，孩子在发现小鱼和蛇因自己而死时的忏悔、痛苦是深刻的，而这个心灵中的“深”，是他自己一刀刀地“刻”出来的。喧嚣、躁动、匆忙和烦琐只能造就肤浅的印象与同样肤浅的感受，而一个完整的教育，它像一粒种子长大并开花结果一样需要完整的过程与足够的时间。只是我们的教育，还有这一份古老的从容和耐心吗?

其次，我们得反思一下当前教育中的惩罚。我们总是在“极左”和“极右”两端倾斜：或者只高扬“教育需要爱心”，而放弃了对错误的必要的惩罚，以为仅仅是和风细雨，就足以使万物成长；或者把学校视为监狱，视自己为狱卒，用“棍棒底下出孝子”的胡说为幌子，仅仅因为孩子小小的错误甚至不是错误的过失（譬如他忘了完成作业，考试考得不令人满意），便施加数倍于错误的惩戒。但是，电影中老和尚的“体罚”却显得那样的公正，他似乎是在追求一种“等值的惩罚”：你让小鱼、青蛙和蛇背着石头行动，那么你自己也一样试试吧；等到你帮它们解开，我也帮你解开；如果它们死了，你就会一辈子在心头放着一块石头……这就是我们失去了太久的“公正的惩罚”。当然，惩罚不是教育的最终目的，认识到生命的脆弱、无常与珍贵，乃是电影的根本主题。所以，虽然小鱼们死了，但你却还应该活下去，而惩罚的目的，就是为了让你认识到自己的生命并无异于这条小鱼、这只青蛙或者这条蛇。

老和尚在教育过程中，没有犯我们教师最易犯的错误：空洞说教。他用必要的对话，以启发小和尚将自己的命运与小鱼等动物联系起来。但是，他更知道禅是需要“身体力行”的学问，所以他让小和尚背着石头去慢慢地认识并体会自己的错误，去感受小鱼、青蛙和蛇的痛苦。在小和尚触动最深的那个时刻，他甚至并没有出场，因为他不想扮演一个饶舌的智者，相信他一定知道：在禅中，在教育中，唯一重要的，是受教育者自己去亲身体会。

电影中有一点是最令我困惑的，因为我从正反都可以找到合适的理由，于是理由也就不成为理由：既然佛学中小鱼的生命是和另外的生命相等的，为什么师父眼睁睁地看着小鱼等动物受到虐待并因此死亡？救鱼一命，也该是胜造七级浮屠啊！我的解释是：其一，生命无常，佛法永恒，正如法力无边的佛陀并没有拯救世人于罪恶的世界，而让世人在残酷的尘世中顿悟无常、寻找永恒一样，师父的目的是让徒弟在这罪过与痛苦中获得领悟；其二，电影只是象征，正如在其他的象征中一样，鱼和蛇总是被象征为欲望，而追求佛法也就意味着肉体欲望的死亡，青蛙没有死，是不是因为从蝌蚪到青蛙的变化也可以视为一种禅悟的成长？

从教育学的角度来看，这一点更像上帝没有阻止亚当和夏娃偷吃禁果一样（在电影的“夏”之部分，类似亚当夏娃的故事将被重新演绎），师父没有阻止错误的发生，只是因为他在等待着这个或者类似错误的发生，他知道：人只有从深刻的错误中，才能获得深刻的体验。

写个童话给自己

在许多人的概念里，童话是和神话、民间传说甚至寓言混杂在一起的。连专门研究这些体裁并写出了《童话人格》一书的柯云路，也未能将它们区分开来，或者只是没有想到有必要做这样的区分。因为这几种文体在外在形式上都有着想象、虚幻的手法和特点，在内在结构上又都体现了人类的“原型”或“情结”，所以他便将它们混同在一起，统称为“童话”。而在施勒格尔和刘小枫等哲学、美学家眼中，这些体裁又被统称为“神话”，成为人类为自己的生存寻求意义的最重要手段。

其实，这四种体裁不仅在文体上有着很大的区别，而且虽然有着相似的结构方式，但它们呈现给人的“味道”却极不相同。寓言长着一张教师面，喋喋不休地说一个自以为是的道理（尽管这个道理往往禁不起推敲）。道理是寓言的核心和关键，故事是居于第二位的，是为了把道理说清楚而“编造”出来的。民间传说混杂了神话、童话和寓言的多重特点，但更多地带着民俗与特定时代的烙印，而缺少人类共有的内在结构。它和寓言在结构上有相似处，但是在这里故事成为首要的，而道德教训不仅只放在第二位，而且往往是因为故事本身有与道德相冲突的内容而临时添加进去的，从而显得比较生硬与无力（在元明清白话中，色情故事后面添加的道德教训便是典型的例子）。童话顾名思义是写给孩子的故事，但是其实成人都知道，像《安徒生童话》和《小王子》这样越是经典的童话，就越是带有成人的味道。

神话和童话的区别，在我看来是一个向后，一个向前；一个消极，一个积极；一个现实，一个浪漫；一个揭示存在的宿命，一个表达人类的梦想。

如果不考虑“原型”和“情结”这两个词在西方学术中的词源，而仅从汉语的字面来理解的话，那么这两个词倒挺能概括神话与童话的特点：神话蕴含着人类无意识的原型，童话孕育着人类有意识的情结。

神话告诉人们你从哪里来，将到哪里去，这将是一条怎样的道路，在路上将经历哪些考验，并最终将有什么结果。虽然它也告诉你该如何选择才能避免灭亡，走上较好的道路，但是更多原始的神话所反映的，却是完全的宿命（如希腊神话中俄狄浦斯弑父娶母的预言）。所有民族的神话都告诉我们人类是从泥土中诞生的，人类具有“恋母弑父”（或“恋父弑母”）的倾向，人类个体的智慧与拼搏在永恒的上帝那里只是一种可笑的游戏（如普罗米修斯、西西弗斯和夸父的下场）……

童话则是表达我们希望到哪里去，希望改变什么或者获得什么。童话是作者的梦想，蕴含着创作者的全部希望；而当一个童话成为经典，也就意味着这个希望成为全部阅读者的希望，成为人类所共享的“情结”。于是每个人都希望自己是“丑小鸭”，每个男孩子都希望自己是“彼得·潘”和“鲁滨孙”，每个女孩子都希望自己是“白雪公主”或者“灰姑娘”——从童话的角度讲，“灰姑娘”比“白雪公主”更具有吸引力，这当然仅仅是因为大多数人的出身与命运注定了她们不可能是白雪公主，而只能去梦想由“灰姑娘”变成“公主”的人生历程。在一些小说经典里，也依然沿袭着童话的梦想模式。譬如，每个大男孩都希望自己是“基度山伯爵”，每个大女孩都希望自己是“简”。

即使是在批判现实主义的童话里，也依然蕴含着我们的美好的祝愿，依然用人类美好的愿望，去淡化现实中的血与火：《卖火柴的小女孩》是在用美食与亲情的词语，诉说一个女孩的寒冷与孤独，并用天堂的传说，擦去了死亡阴暗的颜色；《皇帝的新装》是用一个孩子的天真，捅破了谎言的秩序，并用皇帝近乎“可爱”的言行，抹去了荒谬的权力之所以得以延续的血腥……

这就是为什么要有童话的原因，因为它不相信我们的命运已经事先注定（像神话所说的那样），因为它试图赋予这个世界和自身的存在以值得追寻的意义。

但是，在前人的故事里，真的能够容纳每个个体所特有的梦想？每个特殊的伤痛需要特殊的抚慰，每个特殊的困境需要特殊的礼物，在从丑小鸭成为白天鹅的历程中，“我”这只“鸭子”需要经历怎样的特殊困境（即实际遭遇了何种特殊的困境），并最终长成和其他人有所不同的独一无二的白天鹅？为此，我们最好是提起笔（更多的人是用他的灵魂，以及他的白日梦），为自己——独一无二的自己，写一个独一无二的童话。

下面我为自己而写的《天虫》这个故事，既可以看成一篇散文，也可以视为一个童话。而我则把它视为自己一生的童话。我已经不知道它到底是否真实，虽然我确实养过几只毛毛虫，只是已记不清，它们最后到底有没有破茧成蝶。更重要的是，我想用这个故事来询问岁月，让它不断地尝试做出回答：它们（我）最终将是成蝶还是成蛾，或者，终于困死于茧中。我用了百分之百的真情和虔诚来写这个故事，因为我知道人必须拥有一个自己的童话，它象征一生的希望，一个需要用全部生命来解答的“情结”。

天　虫

我始终不能忘却夕阳下那个长长的、孤独的身影，始终不能忘却12岁时的那个夏天。只是我不知道，那个故事将会是我一生的缩影，或者只不过是一场青春萌动时短短的辉煌。

那时候，我常常无端地陷入忧伤和冥想中，同学们总是远远地避开我，如害怕某种传染病似的。我不知道这二者何者是因何者是果，只知道那个春天似乎没有花朵，有的只是一片青色的忧郁。

那时候，没有电子宠物，没有《流星花园》，男生中流行养蚕。班上的一个男生从亲戚家讨得一张蚕种，撕成了几十块小片儿，送给班上的每一个男生——那天下午，除当时我们还视为“仇寇”的女生外，似乎只有我，没有得到那一张有着十来个黑点的小纸片。谁也不能从我习惯忧郁的脸上得到什么，只有我自己清楚那时的心情，那股酸涩直到今天还留在嘴边，如刚刚嚼过一枚青橄榄一般。

那天放学后，我跟着夕阳下长长的身影，心绪落寞地走着，突然，我看到路旁的一片树叶上，也有着与那小纸片上一模一样的十几个小黑点儿。

于是第二天，班上所有的男孩——包括我——都有了一个小纸盒，在一两片桑叶上，是十几粒小小的希望。

不久，所有的蚕宝宝都出来了，黑黑的小不点儿蠕动着，很慢很慢地咀嚼着桑叶。

大概一个星期后，我们的蚕宝宝蜕了一次皮，这时候，我才发现情况有些不对——在他们的蚕儿渐渐变白的时候，我的蚕儿，竟渐渐地变得鲜艳起来。

“那是毛毛虫，快把它扔了！”有个男孩告诉我，我感到周围的女孩们低低地惊呼了一声。其实我也已经知道这是怎么回事，只是我看着它们出生，喂了它们十来天，已再也不忍心把它们丢弃了。

于是，当其余男孩在一块商量着养他们的蚕宝宝的时候，我一个人默默地养着我的“天虫”——我将“蚕”字拆开，叫它们“天虫”，因为它们是上天赐予我的虫子。从此，与我说话的人就更少了，尤其是原先还对我抱有同情的女生们，现在更是远远地躲开我，似乎我的身上就长着可怕的毒刺一般。

那一个初夏里，我们班的第一批团员选举产生了，不久又评出了班级和学校的文明学生。几次选举我都得了零票，似乎我还不错的成绩已经因为那些毛毛虫而变得不再重要。记得有一次唱票后，我后排的那个女孩在走过我跟前时，满怀歉意地看了我一眼。我不知道，她想要表示什么。

几十天后，越来越白的蚕宝宝们一个个地吐出更为洁白的丝来，为它们的主人结出一个个圆润可爱的银果儿，而我的天虫们在过了好些天后，终于也吐出一根根褐色的丝来，为我结出几枚灰不溜秋的小果实。

那几天，我和我的虫儿们成了全班的笑料，他们围着我，只是为了看一看和他们的果实相比，我的果子们有多么寒碜和丑陋。然而我始终不肯丢弃我的虫儿和我的茧，因为在一贯的冷漠和歧视中，我已和它们产生了同仇敌忾般的感情。

沉默了一些日子以后，蚕儿们又一个个地出来了——那已是一只只白色的笨拙的蛾子，在小小的盒子里，寻找配偶，交尾，产卵，然后死去。

然后，才是我的虫儿们，悄悄地从茧中钻出，穿着一身不可思议的美妙的衣裳。在凝神留恋了好一阵后，才慢慢张开那对巨大的美丽的翅膀，一下子跃离纸盒，向着窗外湛蓝的天空翩翩飞去。

那一刻，在女孩们的惊呼和男孩们的沉默中，我无声地流着感动的泪水。

在华德福听童话

11月6日，到成都南郊琉璃场。那里的白杨树下掩藏着中国第一所华德福学校（德语 Waldorf Schule，英语 Waldorf Education），一批来自全国各地，以及德国、美国、澳大利亚的教育理想主义者，聚在朴素的农庄般的校园里，在病疴沉沉的主流教育之外，营造着一方绿色的天地，讲述着一个人与自然、人与社会，更重要的是人与内心和谐相处的教育童话。

打开竹篱的校门，仿佛进入了一个古老的童话。学校由一个度假村改建，树木与藤蔓都长得极盛了，房舍与装饰早已褪去了当初逼人眼睛的颜色，儿童娱乐的地方也看不到色彩鲜艳的大型塑料玩具，高大结实的木滑梯和秋千上留有明显的手工痕迹。这一切很切合我的口味，后来读黄晓星《迈向个性的教育》，才知道世界各地的华德福学校大多建设在郊外，并配有农场等设施，而这些手工痕迹的作品，也都体现着华德福学校的教育思想。树荫下有几个孩子在玩沙和水，几个像母亲又像教师的人或远或近地陪伴着孩子们，我6岁的女儿立刻奔去加入了这些游戏。在绍兴老家的时候，沙和水是她最喜欢的玩伴，后来跟着我们在各城市间奔波，她的快乐也就被局限在肯德基店里的那小小的滑梯里。

我们到得迟了，先到的朋友已经坐在竹椅上观看全球华德福教育的录像。读过太多的教育书籍，有过太多的教育梦想，录像中的这一切并不陌生，有些像帕夫雷什中学，只是提倡合作却并没有集体主义的口号与诉求，有些像杜威的芝加哥实验学校，或者有时就直接是古雅典社会场景的复活。录像之后，计划本来还要看卢安克（Eckart Loewe）的哥哥为他拍摄的在广西农村从事教育的录像，因为时间有点紧，有人便建议大家跳过此节目，接着去欣赏幼儿教室里的木偶剧。主持人张俐提了一个要求，请大家在木偶剧表演完之后不要鼓掌，听完之后，请静静地走出教室。这个奇特的要求引起了我的兴趣。

我们脱了鞋，依次走进幼儿教室。和外面的绿色、质朴不同的是，这是一个极为精致甚至艳丽的房间，洁净的木地板，教室的一角有着碗碟等厨房用品，大概是孩子们用来扮家家的吧，教室的每个窗户都笼着粉红的丝绸，使得整个房间的光线与色彩都带着几分童话的浪漫。

我进去时，孩子们已经跟着来自美国的Tammy老师和张俐老师一起在唱手指歌（一边用手指做着舞蹈，一边吟唱着），我发现我女儿也已经安静地加入幼儿园的孩子中间，一起在做着这个她事先不知有没有学过的游戏。刚刚还在校园里奔跑嬉戏的孩子们，此刻显得安静极了，他们总是这样容易地进入一个新的情境中。孩子的外围是我们这些大人，坐在高高低低的凳子上，或者像我一样直接盘腿坐在地板上。

歌声很轻但是很清晰。教室很静，静得可以在歌声中听到自己的呼吸。

然后，坐在孩子旁边的张俐老师用火柴点亮了蜡烛。她点得很慢很慢，仿佛是一个主持在进行着某个庄严的仪式。火柴大概是受了潮，划了好一会儿，但是她只是气定神闲地慢慢地划。当火柴“哧”的一声燃起的时候，大家的眼睛也便仿佛都亮了起来。而Tammy老师则已经站在孩子对面的那个蒙着丝绸的类似沙盘一样的台子前，等到张俐老师把火柴点燃，她便轻轻地揭开丝绸，原来，下面是一个极粗犷的童话场景，有些像田野，又有些像树林，上面有几个布娃娃，也一样是可以用粗糙来形容的，布娃娃的脸就像是丰子恺漫画中的人物，没有眼睛与鼻舌。一切需要你去想象：这个是母亲，那个是具有魔力的老婆婆，还有这个便是小女孩，这是街道，而旁边的则是黑森林……

然后，张俐老师一边护着她的蜡烛，一边用她宁静的声音，讲述《格林童话》中的《甜粥》，而Tammy老师则随着张俐老师的声音用手中的道具表演这个童话的木偶剧。故事很短，但是张俐老师讲得很慢，Tammy老师也表演得很慢很慢，所有的人，包括孩子与大人都静静地听，渐渐地沉入童话的意境中去。

从前有一个家境贫穷，但是心地善良的小姑娘，她和母亲过着孤苦伶仃的生活，她们总是吃不饱肚子。有一天，小姑娘走进森林，遇到了一位老婆婆，老婆婆送给她一口小锅。只要对着锅说“小锅，煮吧”时，锅里就会煮出香甜的粥。再对锅说“别煮啦，小锅”时，它就停止了。小姑娘把锅拿回家给母亲，从此，她们就不再有饥饿，经常能喝到香甜的粥。一天，小姑娘出门去，她母亲说：“煮吧，小锅，煮吧。”小锅煮出了粥，她吃呀吃，一直到吃饱了肚子。可是当她想让锅停止煮粥时，却忘记了该怎么让锅停下来。锅不停地煮呀煮，粥都溢出了锅沿，它还在煮，结果粥流满了厨房和整个房子，然后蔓延到隔壁的房子里，又流进了街道，仿佛要让全世界挨饿的人们都吃饱，可是这却造成了一场大灾难，因为没有人能够停住它。最后只剩下一栋房子没有被粥淹没时，小姑娘回到了家，她只说了一句“别煮啦，小锅”，小锅立刻停止了煮粥。从此，任何人想走进这个城镇，他必须吃开一条路，才能进去。

故事讲完了。没有掌声。张俐老师轻轻吹熄蜡烛。Tammy 老师静静地用丝绸把舞台盖上。就像是一次真正的落幕，或者一个仪式的终结。然后，我们这些成人一个个静静地退出教室。

没有掌声——“请不要鼓掌”，这个在开始时吸引我兴趣的问题，在落幕时我已经找到了自己的解答：对孩子来说，童话是最真实的生活，他们刚刚跟着格林叔叔到德国的森林中与小姑娘和老婆婆相会，经历了甜粥成灾的危险，这时候，突兀的掌声将意味着提醒大家：这个故事是假的，是个不真实的游戏，现在游戏结束了，大家应该回到这个真实的生活中来了。同时，对于参与表演的孩子而言，掌声也可能意味着大家是为表扬而演。当我们的教育失去最初的创造力后，表扬和惩罚作为外在的学习推动力，已经渐渐地异化为学习的唯一动力，为掌声而不是为艺术和生活而“演出”，这难道不值得我们反思吗？当然，正如后来在分析时黄晓星先生补充的那样，在其他的场合，掌声也有它独到的魅力，但是在童话之中，真实性、宗教感，这确实是比掌声更为重要的。

然后，我们在小小的操场上用竹椅围成一个圈，开始了一场愉快的对话。大家做了自我介绍，除了黄晓星和张俐，华德福还有李泽武、徐添、萧望野等人，因为被央视和《中国青年报》报道而成为“名人”的德国青年卢安克，虽然说得一口流利的中文，却仍然是所有人中最安静的一个。另外还有一些三教九流的朋友：写童话的傅蕾，做教育媒体的我和李玉龙，在私立学校教小学的我的妻子，书店的朋友，自由职业者……

傅蕾为我们讲她在阿坝州藏族聚居区度过的童年，讲她把妈妈缝制的藏鞋当成小船在溪中漂流，讲她追着漂流的鞋子，直到它被溪流的漩涡吞没；黄晓星讲前些天在华德福校园度过的万圣节，讲校园内巫师、仙女与小妖的一场聚会；李玉龙讲《教师之友》的神奇命运；我讲园中高高的树和花圃中的草，讲这些草如何才能被孩子驯服，就像小王子驯服他的玫瑰和狐狸……

当我们谈这些的时候，秋天的风吹动头顶的白杨树叶，奏出一曲久违的自然之音，还有鸟鸣与虫吟。而孩子们兴高采烈地在滑梯和秋千上嬉戏，一个小小的男孩从秋千上滑落下来，“咯咯咯”地发出不知是哭还是笑的声音，我们望着他，但没有人起身，直到确信他只是忘我的快乐，才回头继续我们的对话。这时候的孩子们，虽然不是狂野的那种样子，但却是用身体在自由地呼吸与运动——只是大人们很难知道，他们在滑梯上表演的，是妈妈讲过的哪一出童话，或者是刚刚即兴创作的短剧。他们不只是在运动，他们是在故事与童话中运动。

当竹篱在身后掩上的时候，一个教育童话暂时地结束了它的讲述；而更神奇的故事，才刚刚开始……

爱的艺术

一年前我曾在“教育在线”上和北京的王晓春老师深入地探讨过“师爱”。王老师认为当前教育界已经神化了师爱，把很多师爱并不能解决的问题归咎到师爱的匮乏，并企图用师爱的途径来解决。而我在赞成师爱不能解决许多教育问题的同时，认为这种“神化”仅仅是部分文章所致的假象，实际的情况是有相当数量的学生仍处于爱的匮乏中。在这种情况下谈师爱已经过时或者泛滥，认为它已经在教育中被神化，无疑是说穷人得了营养过剩病。

现在回想起来，这次讨论虽然很有意思，而且也切中时弊，但是我们在前提上都犯了一个错误，即认为：爱只有一种定义、一种方式，那就是润物无声地呵护，它与严格的要求正好相反。其实弗洛姆在《爱的艺术》一书中准确地区分了“母性之爱”和“父性之爱”：

“母爱是无条件的，并不要付任何代价，只要是她的孩子就行。母爱是极乐，是安宁，它无须去争取，也无须被恩赐。但是，母爱无条件的性质也有它的反面。它无须被恩赐，但它也不能被争取，被产生，被自由把握。”“父爱是有条件的爱。父爱的原则是：‘因为你满足了我的期望，因为你有责任感，因为你像我，所以我爱你。’……父爱只能去争取，如果违反了要求，就可能失去父爱。在父爱的本质中存在着这样一个事实：服从是主要的美德，不服从是主要的过失——对于这种过失的惩罚就是收回父爱。……父爱是可以争取的。”

“母亲爱儿女，仅仅因为他们是自己的儿女，并非由于他们是‘好孩子’。”而“父爱的本质是提出要求，确定原则和法律”。

乍一看，也许有人会得出母爱高过父爱的印象，因为母爱才是无私的、利他的、自我牺牲的爱。但是正如不要将抽象的“父性之爱”“母性之爱”简单等同于具体某个父亲或母亲的爱一样，我们也不能以某种道德标准来理解“父爱”或者“母爱”在教育学上的意义。四季轮回自有它的理由，父爱与母爱，在一个孩子的成长中自有它不可替换的独特价值。

母爱是我们所来之处。她是大地，是过去，是我们的根系深扎的地方。但只有母爱的人生或者耽于母爱的人生，将导致精神成长的停滞，而发展出一个过于依赖、软弱无力的人。

父爱引我们走向该去之处。他是天空和阳光，是未来，是我们的枝叶伸展的方向。但只在父性之爱笼罩下成长起来的人，他会刚硬而冷漠，忠于严格的秩序而无法面对丰富性。

只需稍稍反思我们就会明白，现在中国家庭中很多母亲拥有着父性之爱，而很多父亲则拾起了失去的母性之爱。“严父慈母”的古老家庭模型已经悄悄转变为“严母慈父”的新模型。究其原因极为复杂，而代表父性之爱的儒家伦理系统的崩溃，也是原因之一。

然而此文的兴趣并不在于继续深入地讨论心理学或文化的问题，作为一个教育工作者，我所关心的是：要拥有怎样的父性之爱与母性之爱——怎样的顺序与比例，二者之间如何调和与相互渗透，孩子才能以最佳的顺序成长？这既是为人父母的艺术，同时也是为师的艺术。而且因为父母亲两个人之间往往会自觉不自觉地在教育儿女的过程中相互调剂与补充，而作为单独的教师则往往意识不到这种爱的调剂的必要性，所以考察师爱的艺术，显得更为迫切与重要。

如果说成长就是一个从母性之爱过渡到父性之爱的历程，也就是说是一个母性之爱逐渐退隐（而非消失）而父性之爱逐渐显现的过程，那么我们的家庭相对于学校和社会而言，它本该更多地拥有母亲式的爱，理应多一些无条件的宽容而少一些冷酷的指标。徐力弑母的悲剧是畸形家庭教育这一金字塔墓的尖顶，它的下面，是无数家庭教育过早地父性化或者说失去母性之爱的事实。而幼儿园教育和小学教育，在现代家庭不得不过早地把孩子交付给社会的背景下，它们理应保留更多的母性之爱，以滋润孩子柔弱的心灵，避免过早地为严酷的律令和过高的期望值扼杀了个体的本性和童年的幸福。

但是，今天的教育事实显然已经如我在与王晓春老师的讨论中所指出的，它在高唱师爱、神化师爱的同时，却已经过早地丧失了母性之爱。从一开始起，它就像一个严厉的父亲。它唯一的兴趣在于，孩子有没有成长为它所期望的那个样子。这个成人（父亲）的世界是数学、物理和政论的世界，无论孩子的天赋是什么，无论孩子的兴趣是什么，父性的世界只以他自己的模样来做出评判。数以千万计的独一无二的孩子，用简简单单的几张试卷，就做出了鉴别。这种鉴别与其说是在判定哪个孩子更优秀，倒不如说，他在寻找哪些孩子更像他自己。在这里，强者的思维无疑起着近乎唯一重要的作用，而处于弱势的歌声、诗意、园艺等，则仅仅以一种点缀与小额的恩赐而存在。

在教育中，虽然我们在一遍遍地欺骗孩子说只要努力就能成功，而其实我们都早已清楚，以那种标准，没有拥有逻辑—数理思维和语言思维近乎就是脑力上的“先天残疾”。母性之爱会爱每一个孩子，而且给那些不幸的孩子以更多的照顾；但唯有父性之爱的教育在给出标准后，便只有一张冰冷的脸催促着你。

这不是说父性之爱不重要，而是说，它来得太早，而在父性之爱显现之后，我们仍然需要足够的母性之爱来调剂，来缓和。秋天的霜不能提早来临，而在霜冻来临之后，阳光应仍然给予大地和草木以温暖。

许多神话和童话都揭示了父性之爱与母性之爱的相互调剂在个体成长中的重要性。如中国神话《西游记》就可以视为“儿子”孙悟空的成长史，故事中如来和观音则分别象征了父性之爱与母性之爱。正像我们不告诉孩子他从哪里生出来一样，孙悟空也不知道他从何而来，他只是在某种恩宠中，度过了自由快乐的童年。他获得了自己性别的认同（金箍棒），他成为孩子世界中的领袖（猴王），但是，在挑战父亲的权威的过程中，他被父亲镇压在五指山下（五指山，手，权力与能力的象征）。而正是母亲的出面调解，才缓和了父子之间的矛盾，但是犯错的儿子现在需要通过一个特殊的仪式——西天取经，才能获得父亲的最终认可，成为父亲一样的人（佛）。当然，这仅仅是象征，象征并非与具体事物一一对应，它只是一种特殊的近似结构的曲折显现，譬如作为父权秩序象征的玉皇大帝与作为父权力量象征的如来佛在这里便显现为两个关联不大的神；而唐僧等人，同样也是受贬的儿子回归到父亲身边这一主题的另一种叙述（如唐僧原是如来座下二弟子金蝉子，因为听佛法不认真而贬生于东土大唐，直到通过取经后重新获得“父亲”的认同），他们的故事与孙悟空的故事构成了复调与同构。而我这里冒着过于草率地解读一部巨著的危险，也只是为了说明：父性之爱只是在孩子成长的特殊时刻显现并体现它的价值，而这时，孩子应该已经成长到足以面对父性之爱所给出的挑战。绝大多数人的平庸，究其原因也许很简单：孩子在襁褓时代，就被父权秩序所恫吓、胁迫，并因此一生失去自信、创造与快乐，会成为无所作为的人。或者物极必反，丧失父性之爱的最终指引，于是出现“小皇帝”，出现“中日夏日营”上男生的懦弱，出现男孩女性化，这些同样是父性之爱与母性之爱失调所导致的教育困境。

作弊的悖论

——对两个作弊事件截然不同的处理

学生考试作弊，是教育者——尤其是班主任肯定要面对的一个话题。即使不讨论学生为何要作弊，或者在不合理的考试制度下，作弊的行为是不是具有一定的“合理性”，仅仅是处理已经成为事实的作弊事件，也同样让老师们左右为难：放宽要求，将导致学风不正；过于苛刻，学生脆弱的心灵就将遭受重击，并可能因此产生自暴自弃的念头。两难之间，也许确实能够运用教育机智巧妙地化解，但是，只要想到作弊的背后是整个社会规则（法律与道德准则）涣散与童心被机械的教育现状所压迫的两难现实，那么无论做何种处理，恐怕都将留下一些隐隐的遗憾。以下是笔者教育生涯中做出的一次刚性处理和一次柔性处理，我并不想通过这两次事件来标榜任何教育机智或者教育智慧，因为在这两个事件的后面，确实只有我至今未解开的深深的疑惑。

作弊案例一：坚持精神的底色

想不到担任教导主任后第一次处理学生的违纪事件，是拿我的语文课代表杨英祭刀。在全校期中考试中，她刚一作弊，就被监考老师人赃俱获。从她身边捡来的字条上写着：“请问第十题选什么？谢谢！”不幸的是，这张纸条不是别人扔过来的，而是她想扔给某个同学的，大概一紧张，失了准头，落到了监考老师的眼里。

于是中午就在全校广播上宣布了处分通知：根据规定将她该学科的成绩做零分处理，并相应地扣除所在班级的德育考核分若干——“株连九族”与“连坐”的方法可能没有任何的合理性，但它确实极为有效。许多时候，学校与教师在选择教育方法的时候，依据的不是目的的合理性而是方法本身带来的效用。处理过程中我所做的唯一的变通是将她的姓名隐去了，只说三（1）班有位同学作弊。

下午，杨英请人递来纸条一张，上面这样写着：

> 干老师：我还天真地以为你们会替我保守这件“丑闻”。我错了，你们将我剩余的最后一点自尊都剥夺了。我情愿你当面处分我，我连自己都觉得自己可悲，我以后在全校“扬名”了。这全都拜我自己所赐，你们用我“试刀”，杀鸡儆猴，你们真聪明啊！我佩服！

我知道她心理不平衡，作为一名为班级出了许多力的班干部，又是我得力的课代表，仅仅因为没有成功的作弊就被全校批评，虽然不点名，可纸岂能包住火，加上“连坐”的处罚，势必会让她受到同学们的指指戳戳。这对一个女孩而言确实是很难接受的。当时我刚到这个班级任语文教师不久，班级学风不正，班风更乱，作弊现象在平时的单元测试中非常普遍。同时他们也还不了解我为人处世的风格，所以可能会很不理解为什么平时和蔼之至的干老师会突然翻脸不认人。对于复杂的、可能会持续很长时间对话的话题，我一般喜欢用书信的形式与学生交流。所以我就写了一封信。

> 杨英：
>
> 你好！
>
> 一个人如果总是侥幸地认为别人会替自己隐瞒过错，那么他

就大错特错了！这种侥幸之心万一在离开学校后还不根除，那么他的一生将会落个怎样的结果呢？

我们总是有嘴说别人，但一旦面对自己，就心慈手软了，像那个卖柑者一样，以为自己不过是小欺，所以就可以对大欺批判得不遗余力，然而如果连我们自己都做不到这一点，还凭什么去指责别人呢？

你不是“鸡”，他们也不是“猴”，“王子犯法，与庶民同罪”，何况你不是王子——我们这里没有什么王子，我们（老师）都是庶民，有功赏功，有罪罚罪。什么叫公平？什么叫公正？如果有人可以置纪律与法规于不顾，那么纪律与法律还可能确保我们想要的基本秩序吗？

人人都想要自尊，但自尊从何而来？请你自问，这次事件究竟是谁在伤害谁的自尊？

我最恨虚伪！平生没有特长，只有这身傲骨。你该佩服的是什么？我以为，一个人如果正气不足，是不足以论诗论文的。人人都会犯错误，你也一样，这我完全可以理解，但让我想不到的是你竟这样对待自己的错误。

你是不是想让我知道了这件事却一笑了之？你是不是希望干老师会袒护你们（因为我是你们班的语文老师，你是我的课代表）？事发后我曾问过你：你想怎么处理这件事？你说任凭我处理就是了。现在我知道了，你是想抹抹香水，把事情掩盖过去。

这个翻脸不认人的就是我，记住，这就是我，就这样对待每一个人——不管他是我爱的，还是我不喜欢的。在上帝面前人人平等，在法律面前人人平等。同时还请记住，我不是“母亲”，不会像你们班主任那样只以无条件的慈爱对待你们。也许她是对的，但我是“父亲”，一个对孩子的错误“零宽容”的人。

尽管如此，我仍然相信你是我的好学生——因为人人都会犯错，改正后也仍然会犯错。我对事是严肃的，但对人是宽容的，因为事情过去了，已不可更改，包括你这次的考分、这次的作弊，但人是可改变的，你可以在错误中完善自己。

老实说，刚收到你这张纸条时我很生气，但想到正是它让我知道了你的真实想法，我就又感激它——这很重要。你表达不理解与愤怒，而不是虚伪地承认错误，这很真诚，但在行为上却丝毫没有改进。

请记住我在教育问题上的一贯做法吧，记住：我会在任何人面前维护你应得的尊严，也会在任何时候指明你不该犯的错误。作为老师，我不是你们原先想象的“糖”老师。记住，干老师只是一杯很苦的咖啡，今天你尝了一口。我还得告诉你，无论什么时候，只要你真正理解我，都会品到这种苦涩的滋味。

理解了这一点，你还会像佩服语文课上的干老师一样佩服我吗？只有行动才能证明一切，只有笑到最后才会笑得最好。我们还有明天，还有后天，还有一堂又一堂的课，一场又一场的有人监考或无人监考的考试，还有一天又一天、一年又一年的可以很精彩，也可以很平庸的岁月。

——不愿为学生而变成白糖与奶油的干国祥

2001年11月8日

傍晚她来取作业的时候，我将信交给她。随这封信，附上了2001年11月5日的《钱江晚报》，上面有两篇文章：《诚信，从孩子抓起——苍南一中学推出无人监考的“诚信考场”》和《公德，从小事入手》。

这以后剩下的大半年初中生涯里，杨英一直与我保持着书信往来，我们借此探讨一些人生的问题。她毕业后，仍然会用书信来和我探讨一些关于人生与青春的问题，直到我离开家乡。

作弊案例二：放弃一次公正

在我的面前摊着几张纸。其中一张打草稿用的毛边纸上，是女孩特有的清秀笔迹，却有着多次的涂画与修改；另一张女孩喜欢用的漂亮的彩色信笺上，是我又黑又粗的钢笔字迹；还有两张是一封信，刚才清秀的笔迹现在移到了彩色的信笺上。这就是今天的故事，也是今天的难题，与作弊有关。

那张毛边纸上，写着这样的内容：

监考老师您好：

我知道我刚才的行为很无耻，作为一名女生，真不该这样，我现在感到无地自容。我也不是不会做，而是（涂改）……请您给我留个面子好吗？我现在连题都做不下去了，只要您在那张纸上记下我的名字，我这一学科的成绩就成了零分。我无法想象这会给我带来什么。我的心无法平静，我会永远记住这次作弊的经历，对不起，给我一次机会好吗？谢谢！

看到这字迹，我就想起那个和字迹一样清秀的女孩，但是她却是因为“作弊”，走入我的视野的。

当时我在那个班监考，除了偶尔有男生转笔掉地的声音，一切平静。但当我走过一个女孩的身边时，她陡然吃了一惊，同时我也发现了她试卷下的一张小纸片，圆珠笔写着题序，钢笔写着答案……

后来，当我再度走过她身边的时候，就接到了这张纸——其实，就算没有这张纸，我也已经在感到为难。她竟然不知道，这次考试作弊一经查实，就不仅仅是该学科作零分处理了，而且还将在公告处贴出“警告”处分，上午我班的一名学生，就已经因为作弊被高高地记在那儿示众了。我决定在她的字后面加几句话：

我一直在观察你，试图了解一名看上去挺出色的同学这样做的原因。

我知道我的“公正”或者“隐瞒”都注定是一种“错误”，我也不知道哪一种选择才是正确的，也许我可以试着犯一个小小的错误，只要这错误能够换来你一生的教训、诚信与成功。

我把草稿纸还给她，她在交试卷的时候，又把它递给我，上面写着：

我会时刻记住您的话，现在我的心一直平静不下来。我很惭愧，我真的再也不敢了。

我终究没有将这件事传扬出去，只是我仍然担心会不会因为自己好心的错误而犯下一个更大的错误。所以傍晚坐在教室里陪学生一道看书、休息的时候，我向旁边的同学要了一张信笺，想写个便条给那个学生：

我不想知道这究竟是你的第几次作弊，但我真心希望这是你的最后一次作弊——也许不可能，但请你记住，有一个陌生的人曾经这样为你希望过。

作弊，也许会带来一些眼前的好处，但它只不过是饮鸩止渴，或者像卖掉祖传老宅中的财宝去换取眼前的一点小钱一样愚不可及。如果你还是一个有诚心的、想要上进的人，它就不可能为你带来真正的快乐，因为即使是获得了高分和成功，也只会带给你羞愧和自我谴责，而且，它不可能帮你通过中考和高考，进入你理想的大学，找到你理想的朋友和爱人……

多说这些有何益呢？其实我想说的很简单：这次，我班的一个同学已经因为同样的原因，将自己的名字耻辱地留在了公告栏上，并且将带一张零分的试卷，去面对父母的目光。

不要责怪这个世界的残酷，地雷手一生只能犯一次错误。有许多时候，我们也是。

事情发生后，我一直观察着你，你的侧影很清秀，你的笔迹端正清楚。尤其是你写在白纸上勉励自己的那几行字，更给我留下了很深的印象。它告诉我：这应该是一个优秀的女孩，你值得为此犯一次错误，你暂时地放弃公正，也许换来的，是她一生的诚实与成功。

我错了吗？——不要回答我，因为它需要长长的一生来作答。

但是就在我还未送出便笺的时候，她的班主任找到我，说是想了解一下这件事的经过，同时他给我浏览了一下这个女生刚刚给他的一封信。信中说，她是接到同学的标着题序的纸条，就写下了答案，她不想供出她的同学，但她更不想为此招致全班同学——尤其是男生的唾骂。

是吗？真的如此吗？我的心突然光明起来，因为我已经知道，我的一个小小错误，确实已经换来了更为贵重的东西。因为她已经在友谊和作弊之间，进行了慎重的选择，她既没有用友谊掩盖客观的公正，也没有为公正牺牲自己的友谊，她能够用自己的忏悔来试图挽回友人和自己的过错，能够自己一人来承担自己也犯错于其间的罪过，这至少是一个很好的起点，因为这里依然有着善、有着真，也有着感情。

但是，这仍然是远远不够的啊。如果这个故事中，仍然有着某种虚构，只为了减轻身上的罪过和自我的谴责。如果因为逃脱了公告栏上的羞辱，然后就为此而暗自庆幸起来。如果在某一个下次，这样的故事重新上演……我知道，我仍然只是在赌一把，赌人性中的阳光，会不会随着岁月而渐渐淡去。

晚上，我又收到了一封信，信上这样写道：

敬爱的干老师：

您好！

亲手交给你这封信的是我——在考场上作弊的女孩。当你把纸条从我试卷底下拿走的时候，我很心急，生怕这科成绩会被“零分处理”，毕竟这张纸条是从我这里拿走的，我有错，我不能把责任推给她。因为我们班主任曾经说过，自己有错，就不要指责别人的错。这是多数人的弱点，只要做坏事被发现，就要先说别人怎么怎么样，却没想想自己有更大的缺点。所以，我那时候就把责任揽到了自己的身上，因为我也不该给她传答案，这是在害她。在给你写纸条的时候，我也想了很多很多，然而，你回的信，给了我很大的启发，告诉了我一种做人的尊严，我记住了你的话，我记住了在考场上的一刻。考完试，我告诉她之后，她也很惭愧。班上的男生都以为我在作弊，责骂、说闲话的一大堆，我心里很难受……但是，我并没有理他们，因为我有错，我要承担这个错。

今晚，我给班主任写信讲述了事情的经过，我很惭愧。所以我决定给你回这封信，对不起，请原谅我在考场上的过错和带给您的麻烦。老师，对不起了！

我把这个故事放在校园德育论坛（对学生保密的论坛）上，桂维诚老师这样写道：“这是一个很值得思考的德育案例。放弃一次公正的教育效果，也许远远大于坚持一次公正。为什么严格的惩戒并没能遏制愈演愈烈的作弊风？我们不能只寄希望于严格执行规章制度，而把塑造心灵的德育工作表面化、简单化、功利化。”

梁玉萍老师的跟帖则是：“实际上你的选择已向犯错的女生传递出了影响其一生的东西，那就是宽容与信任。它比严厉的批评更具力量，至于以后她会怎样，身为老师也只能满怀一颗希望的心、坦然的心拭目以待！”

我想这就是我当时的愿望，但是正如另外一个老师王平杰所讲的一样，教育，许多时候是“进退两难，宽严皆误”，最终能不能达到我们的目的，也许需要更多的诗意、耐心、契机，以及打动了他的教育细节，因为毕竟我还是有意无意地游戏了一把规则。

对作弊与处理作弊的一点思考

在当前的德育教育中，存在着两种极端倾向：一种基于传统和民族国家主义的教育观点认为，教师必须有绝对的权威，对学生的错误绝不能有一丝迁就与马虎，必须严抓细管，奖惩分明；另一种基于人本心理学和自由主义伦理的观点则认为，中小学生的心理极为脆弱，应该悉心保护，“批评”与“惩罚”应该从教育中剔除，以确保学生心理的健康。应该说这两种观点都表达了教育某一维度的诉求，有一定的道理。因为学生的心理确实应该悉心保护，而对错误的姑息迁就也只会废了一个人的前途。那么在对待学生所犯的错误时，应该采取一种怎样的方式，基于一种怎样的认识来处理呢？

在无法解决根本矛盾的前提下，我所采取的其实只是一些应变的策略。这些背后隐含着我的一点对学生所犯的错误的想法：对“人”宽容，对“错”零宽容；坚持培育学生健康向上的精神底色，在最低准则上绝不含糊，并以教师自身可以实现的标准去教育、批评、处罚学生的错误；本着平等对话的原则，自始至终地允许学生提出自己的意见和见解，允许为自己申辩，允许对规章制度质疑，允许对处罚结果不服，也允许随时认识并改正错误。

假如规则可以被一再游戏，那么人类几千年辛辛苦苦建立的人的伦理将一朝崩溃，将重新被弱肉强食的动物伦理所取代。但同时，人的一切规则的终极目的是为了生命的保全与发展，如果规则总是在侵凌人的尊严、剥夺人的快乐，那么这样的规则的合理性又在哪里呢？

清歌一曲，绿满庭宇

——读春晖中学早期毕业歌

非常偶然的，从一本杂志的一张旧照片上，读到春晖中学早期的毕业歌歌词。那照片很小，字又是用毛笔以繁体书写的，读起来很吃力，然而当我将每一个字串联起来，读清这短短的歌词的时候，心中就说不清是感动还是感叹，或者遗憾了。那歌词是："碧梧何荫郁，绿满庭宇。羽毛犹未丰，飞向何处？乘车戴笠，求无愧于生。清歌一曲，行色匆匆。"

于是旋律渐渐地从我心中升起来，画面渐渐地在我心中清晰起来。我仿佛看到，在梧桐树的清荫里，布履长衫、温文儒雅的经亨颐、夏丏尊、朱自清、丰子恺们，行色匆匆而神色从容地把大都市里带来的知识和讯息，以或优美、或质朴的语言，传达给同样的布履长衫、温文儒雅的学生们。我仿佛看到湖水澄澈盈溢的白马湖，从这边青色的山脚，向着那山的外边远远地伸展开去。我仿佛听到那质朴甚至有些感伤的合唱声，穿过层层的浓荫，向着湛蓝的天空弥散开去……

这些年来，我听到过许多好歌，其中也有一些是校歌，那都是些激昂的催人振奋的歌曲，然而没有任何一支歌，能像这首歌词这样清晰地在我心中回荡、弥漫……为什么会为这几句短短的歌词而折服而感动？我问自己，又不禁猜测着这该是谁的作品。

"碧梧何荫郁，绿满庭宇。"这仿佛是经亨颐的手笔，以一人之力，聚精英于一园，荫后人以千秋，除了这样的校长，谁还能有这样的气度？

"羽毛犹未丰，飞向何处？"这仿佛是夏丏尊、叶圣陶的语句，殷殷切切、谆谆叮咛，除了纯粹的伟大的教师，谁能有这样的心肠？

“乘车戴笠，求无愧于生。”这应该是弘一法师或他的弟子丰子恺的境界吧？大师们对教育的理解，原不是能够不必“戴笠”而升入“乘车”的阶层，而是无论“乘车”或者“戴笠”，都能无愧于自己到世一遭，为人一生。如果你“乘车”成了富人，做了高官，你就必须为事业，为地方尽心尽力；如果你只是一介平民，你就必须为生计、为老小，为心中的那一点点梦想，而“戴笠”奔走四方。然而无论是“乘车”或是“戴笠”，只有无愧于生了，你才是一个完整的人，而只要你能无愧于自己的良心了，你也就是一个无愧于天地的人了。

“清歌一曲，行色匆匆。”这是谁的诗句？这样熟悉，仿佛几千年就是在这样的歌声和从容中静静走来，静静走去，仿佛一生在为着人生、为着梦想而奔波劳碌，却又从来没有带着太多的功利。这该是朱自清、郑振铎他们的诗意吧？然而有人会很遗憾地说，这歌里没有爱国的意思啊？或者是，美是很美，可惜不够振奋人心，缺了一点感染力。有的甚至还会说，如果只能“戴笠”，我们到春晖来做什么？

是啊，我们到春晖来做什么？一年年地，我把我最得意的弟子送入春晖，为的只是在绿满庭宇的荫郁的碧梧下，操练他们尚未丰满的羽翼，能和同龄的俊杰们清歌一曲，能每走一步，都浸泽着大师们留下的余香，熏染着山水的清气和书籍文字的清芬，为的只是他们今后无论乘车或者戴笠，无论是匆匆或是从容，都能无愧于生，无愧于大师们的谆嘱。

歌声渐渐地从耳边退去，那遥远年代的春晖渐渐地从脑海中隐去，布履长衫、面容清癯的大师们渐渐地从我跟前消失。其实我什么也不想说，我只是想跟着写出了“长亭外，古道边，芳草碧连天”的弘一法师，跟着那一个个书生，一起轻轻地吟哦：

> 碧梧何荫郁，绿满庭宇。羽毛犹未丰，飞向何处？乘车戴笠，求无愧于生。清歌一曲，行色匆匆。

海拔五千

探索面向未来的课堂

我的语文教育观——“主题·可读·互文·对话·存在”

在教育中，语文是一个最为特别的课种。其他的学科都是先有一个具体的人类实践与思考的领域，再形成此领域的相关学术，然后再拥有此种领域与学术的学科教育和学科课程。譬如先存在人们观察到的物理现象以及生活中应用的物理实践，再形成了物理学，再有了物理教育与物理课程；先有唱歌，再有音乐，再有音乐教育与音乐课程……似乎唯有语文，并非先有具体的语文领域，再有一门专门的语文学，然后有语文教育与语文课程。仅“语文”二字，就招惹了数十年口舌之争。有人将语文理解为语言或者言语。如果这一切皆为语言，那么无疑是将语文泛化了，物理、化学甚至音乐也理应包括于语文之内；而如果是将语文视为研究语言规则及应用的学科，也就是理想的语法，则又无疑是将语文做了非常狭隘的理解，存在意义的探索，将不是语文课程所要面对的问题。可以这样说，语文这个词语从诞生之日起，就意味着“语文教育”和“语文课程”；甚至在这个词语诞生之前，作为课程的语文已经存在于“儒家课程”中数千年了。它从前是，今后仍将是一个复合的，课程事实在前、学科理解在后的概念。任何试图从事后创造一个语文原点的行为，无论是言语或者言语应用，或者“语文知识”与“语文素养”，都是对“语文”一词原先所包含的意义进行不同程度的增删。共和国成立前后，“语文”一词减去了原先拥有的“史”和“哲”的课程，增加了语言学的内容，合并了语言学及文章学的框架；倡导“人文性”以来，“语文”在理论上减去了自身的科学体系框架，恢复了对史、哲以及当下社会与学生存在意义的关注，而在教育实践上，则依然听命于高考、中考命题，由背后的市场主义左右着它的内容与价值。

我无法定义语文，只能是从人们对语文教育的众多期望中，来理解语文课程的边界模糊的意义。对我而言，语文的意义，只能从它的历史性沿革中，从它与邻近课程的关系中，从隶属于整个教育的目的中来理解，而不能杜撰“语”与“文”的各种内涵与外延，强行赋予语文课程一个概念化定义。

人们通过语文课程想要达到什么目的？我曾把人们对语文教育目的的理解，用“启盲”“启蒙”和“存在”三个词语来概括。所谓“启盲”，相当于美国旧课程“读、写、算”中的“读、写”，也就是认字与简单书写的能力。可以说，我们原先的庞大的知识体系，其实就是建立在对语文的“启盲”式的理解上的，它假定一个人要学会阅读（摆脱文盲状态），必须按部就班地掌握若干相关知识与能力，而语文教学也就成为对这一假定的系统知识的教学。

“启盲”是从教育的经济目的来考虑的，对国家而言，借助这种启盲教育和一定的技术教育，培养学生成为具备某种能力的特定工人；对家长而言，这是顺应国家框架，让孩子能够在未来获得工作的必经之路。所谓“启蒙”，则侧重于语文教育在社会学和政治学方面的意义，它期望借助语文教育发展学生的理性，能够批判性地应对现实，并进而为建设更好的现实做贡献。20 世纪 90 年代以来的“人文性”呼声，在一定程度上便是强调了被知识体系所排挤的语文教育的“启蒙”功能。“启盲”与“启蒙”不是知识多寡的差别，可以说许多大学生在大学毕业之后，仍然处于高级“启盲”状态。另外，“启盲”和“启蒙”二者并非不可以并存于语文教育，而且它们还可以是相互补充的，只是当将二者强行处于敌对的状态时，语文教育就会走向片面，走向极端。所谓“存在”，正如字面所显示的，它含有存在主义哲学的倾向，含有“语言是存在之家”的哲学源头之义，更侧重于对语文教育与受教育者个体二者的关系进行伦理性理解。在“存在”性理解中，“启盲”和“启蒙”不仅是语文教育的两个阶段性目的，更是实现本体意义与目的的不可或缺的手段与途径。如果教育是为了受教育者（作为群体的人类和作为个体的每一个学生）更好地在这个世界上生存（存在），那么语文教育相对于其他学科，理应在帮助受教育者学会生存技能的同时，更侧重于对这种存在的理解与表达，也就是对存在意义的追寻。因为语言是存在之家，人的存在是一种语言态的存在，如果语文教育不肩负起这个终极意义上的任务，那么把这任务交给谁呢？

正是在此基础上，有了我“主题·可读·互文·对话·存在”的语文教育理解。对于这五个关键词的理解，需要有若干数量的相关文章才能做初步的阐发，但是在具体的一堂或者几堂课里，反而可能拥有着更真切与具体的对这五个词语的多方位呈现与理解。所以，在此部分我先选择了较能够体现我“主题·可读·互文·对话·存在”这一语文教育思想的两堂语文课实录（《丑小鸭》和《斑羚飞渡》），然后选择了部分已经写成的有关“主题·可读·互文·对话·存在”的理论性文章。这些课堂与文章也无非是尝试着对语文教育做一点个人的理解，而之所以冠之以“海拔五千”如此宏大的名词，是借用了我与朋友共同成立的一个松散的语文教育研究中心的名称，同时也是基于我对近几十年语文课堂肤浅化走向的一种批判，是一种欲矫枉且先过正的态度。后面《公开课之七种武器》等文章，可以说是我在探索的同时保持着对现实与传统的尊重与“妥协”，毕竟，当我们眼望蓝天的时候，也不要忘记自己的脚趾可能仍然踩在泥泞的地面上。

《斑羚飞渡》课堂实录①

授课班级：浙江省慈溪市实验中学初一（3）班

授课时间：2004 年 5 月 24 日上午第四节

【教材分析】

《斑羚飞渡》在课堂教学中一直被误读。作为一篇人类寓言的动物小说，我们或是把它上成了真实的散文，引导学生学习被人们所附加的老年斑羚的牺牲精神，更有甚者，引导学生狠斗私字一闪念，通过与斑羚对比，进而批判人类面临灾难时的胆怯与保存自己的私念。或是把课堂的精力放在对文本不真实的批评上，最后得出此文虚假的结论——就像看了一台戏后恍然大悟地评论：这戏是假的！所以我在教学中绕开了这两个死结，一开始就说明作者是动物小说作家，且不准备把更多的精力用在发现课文种种"虚构"的地方，而旨在还原它的寓意：面临灾难时人类做何种选择？以及提升此文未能很好把握的一个要点：灾难中的个体生命的尊严与意义。

【教学目的】

感受"敬畏生命"的这一人类学主题所带来的震撼与魅力；尝试解读寓言（故事）背后的人类的意图——这是我在内容与形式这两个维度上预设的教学方向。在实际实践上这二者是一物两面，即只有一个实践，从教学

① 本文发表于《人民教育》2004 年第 13、14 合期。

内容上看，我们是在感受“敬畏生命”的这一人类学主题所带来的震撼与魅力，从教学的语言形式上看，我们是在尝试解读寓言（故事）背后的寓意。至于达到何种高度与深度，则取决于现场的种种变量，不准备做预设。

【学情分析】

作为市新课程的研讨展示课，教研室安排我在一所重点中学的重点班进行教学（上课之前师生未能见面）。学生素质较高，通过电话联系，学生已经充分预习课文（要求能够较流利地复述课文），即学生已经独立地完成了个性化解读（在他们的心中已经拥有了他们自己的尚未形成文字的读后感受），所以课堂可以直接进入“文本解读”的对话层面——这个对话将是在多个文本之间、师生之间、历史之间几个维度中展开的。因为我力主进行一种生成性的，通过对话展开教学，形成对主题的“临时性共识”，所以上此课前没有进行过试教，课堂的对话带有相当的偶然性。

【课堂实录】

师：上课之前先讲个故事。假日到了，有个男人带着一家人——他的母亲、温柔的妻子和可爱的儿子去划船游玩。不料船翻了，全家落入水中。这家人中只有这个男人会游泳，而他的能力只能救一个人。请问：他该救谁？为什么？

生：我认为应该先救儿子，因为儿子是未来，是希望。

生：我认为应该先救母亲，因为母亲养育了他。

生：我也认为应该先救母亲。因为妻子没有了可以再娶，儿子没有了可以再生，但是母亲没有了就再也不会有了……

师：呵呵，女同学注意听，以后要小心这个人了。

生：先救儿子。因为儿子小，容易救。然后再来救另外的人。

师：怎么没有人想到救妻子呢？（笑）

（学生在下面众说纷纭，莫衷一是。上课铃响。）

教学过程A：从紧贴文本的地面起飞

师：其实这个我们当作笑话来听的故事，里面还真包含了一个人类的难题呢。这个问题究竟该如何解决？也许我们学了课文《斑羚飞渡》，能够帮助我们找到想要的答案。

（播放幻灯片一）

> 《斑羚飞渡》：作者沈石溪，上海人，生于1952年10月，原籍浙江慈溪，动物小说作家。

师：前些天老师要我到这里来上一堂课，我说到慈溪来，就上一篇慈溪人写的文章吧。相信我们上这篇课文，也会格外地亲切一些。

听你们江老师说，大家已经做了充分的预习。大家读了几遍？（大多数学生说读了5遍）能够讲这个故事吗？（学生说能）

好，这样，也就是说我不用再为熟悉课文而费更多的时间了，我们可以直接进入对课文的深入的探究中去了。

不过我还是得检验一下。现在，我们来一个故事接力，我们请五位同学来为我们讲一讲这个精彩的故事。讲故事的同学不能看课本，按幻灯片的提纲讲故事，一人讲一部分；其余的同学可以再对照课文看一看。

（播放幻灯片二）五个学生举手进行讲故事接力。对其中斑羚如何跳过悬崖的细节，教师点拨学生进行了补充复述。

> 课文故事提纲：
>
> ◇身陷绝境——
>
> ◇准备飞渡——
>
> ◇试跳成功——
>
> ◇成功飞渡——
>
> ◇走向彩虹——

师：五位同学顺利地完成了高难度的“空中接力”，很精彩。现在请大家来说说读了这个故事后的感受。随便说，说真话。

生：我觉得这是一个悲惨的故事。

师：为什么说它是个悲惨的故事？

生：因为斑羚们被逼到悬崖上，老斑羚不得不牺牲自己去救小斑羚。

生：我的感觉是“悲壮”，因为老斑羚的牺牲很感人、很壮烈。

师：好啊。刚才一个同学用了“悲惨”这个词已经很不错了，这个同学改一个字，用了“悲壮”，更贴切了。语文就是咬文嚼字，不错。

生：给我最深的感受是斑羚们的自我牺牲精神。

师：它们为什么自我牺牲？

生：为了斑羚集体的生存。

师：对。这是一种团队精神，值得我们学习。

教学过程 B：从课文走向互文，从中心走向话题

生：我的感觉是这群斑羚很有智慧，你看它们至少能够懂得奇数与偶数，而且飞渡的时候也组织得井井有条。

师：你估计一下，这群斑羚数学能够考几分？（众笑）大家有没有不同的感觉？

生：我觉得这个故事不真实。这些动物的智慧也太厉害了，我觉得虚假。

生：我觉得这篇文章是在真实的基础上，运用了想象与夸张的手法，这是艺术加工。主要不在于它的真实性，而是在于给人的启示，给人以震撼。（听众掌声）

师：哦。是虚构的，这是一篇动物小说，故事是虚构的。我这里给“艺术上的合理虚构”做一个描述吧：它是一个本应该发生也可能发生的虚构故事。但是“斑羚飞渡”这个故事应该发生，可能发生吗？

生：不可能。

师：对啊。斑羚本身并没有牺牲老斑羚拯救小斑羚的生活习性，它也不可能具备武侠小说中描写的那种空中借力的本事。那么，既然故事中的斑羚不是现实生活中的斑羚，文章讲的又是谁的故事呢？

生：斑羚的故事。

生：镰刀头羊的故事。

生：通过斑羚来写人，是人的故事。

（随上述问题播放幻灯片三）

这个故事是真实的吗？ 作者虚构这个故事是为了告诉我们什么？他想说什么？ 文章写的是“谁”的故事？ 文章写的是什么故事？

师：对呀，既然不是斑羚，那可能真是反映“人”的故事了。什么故事呢？

（播放幻灯片四）

人类面临灾难时的选择： 遗弃谁？ { 弱者？强者？ / 老者？幼者？ / 他人？自己？ }

师：这个问题我们也可以视之为一个面临灾难时放弃谁的难题。面临灾难，人类中的哪一部分首先应该被遗弃？为什么这样做？谁规定必须这样做？（学生小声地议论纷纷，各有不同的选择，大多数的声音倾向于选择保护弱者、幼者和他人。）

师：这是一个亘古的难题，我这里提供一些材料，我们来看看人们是怎样选择的。

（播放幻灯片五）

材料一：人类的“弃老”传统

日本有抛弃老人的传统。以前日本一些贫瘠的山村中，为了节约有限的口粮，60岁以上的老人，要被儿子背到深山里，放在那里让他自生自灭饿死，这就是日本所谓的“姥捨て”。

最近，在我国武当山周边发现了大量掩藏于灌木草丛之中的可容一人大小的窑洞。它们是古时用来寄放失去劳动能力的老人的，称为“寄死窑”，一些关于寄死窑的传说，这里家喻户晓。据说，进窑的老人，家里只送三天饭就不管了。

教师读材料，明确：人类在物质匮乏时代的选择之一是“弃老保幼”。（播放幻灯片六、七、八）

材料二：一个海难场景

震荡可怕极了。一刹那间，男人、女人、小孩，所有的人都奔到甲板上，人们半裸着身子，奔跑着，尖叫着，哭泣着，惊恐万状，一片混乱。海水哗哗往里灌，汹涌湍急，势不可当。轮机火炉被海浪呛得嘶嘶地直喘粗气。船上没有封舱用的防漏隔墙，救生圈也不够。

哈尔威船长站在指挥台上，大声吼喝：“全体安静，注意听命令！把救生艇放下去。妇女先走，其他乘客跟上，船员断后。必须把六十人救出去。”

实际上一共有六十一人，但是他把自己给忘了。

……

船长喊了一声：“奥克勒福大副？”

大副回答：“到！”

船长问道：“我们还有多少分钟？”

“二十分钟。”

“够了，”船长说，“让每个人都下到小艇上去。奥克勒福大副，你的手枪在吗？”

“在，船长。”

“哪个男人胆敢抢在女人前面，你就开枪打死他。”

大家立时不出声了。没有一个人违抗他的意志，人们感到有一个伟大的灵魂出现在他们的上空。

……

二十分钟到了，轮船沉没了。

船头先下去，须臾，海水把船尾也浸没了。

哈尔威船长，他屹立在舰桥上，一个手势也没有做，一句话也没有说，犹如铁铸，纹丝不动，随着轮船一起沉入了深渊。人们透过阴惨惨的薄雾，凝视着这尊黑色的雕像徐徐沉进大海。

——《“诺曼底号”遇难记》(节选)

一女生朗读这个故事。

师：这是法国大文豪雨果写的《“诺曼底号”遇难记》中的片段。大家刚才在读到结尾部分的时候，有同学在小声地说，这与课文的结尾是一样的。对，这两段文字简直就是同一个模子里印出来的。从这些文字我们可以知道：人类在文明发展过程中，开始确立“护弱”的文明原则。可是，是不是一切就那么简单呢？

（播放幻灯片九）

材料三：克拉玛依大火

1994 年 12 月 8 日，新疆克拉玛依友谊馆的舞台大火，有关部门的领导和孩子们及他们的老师在一个大礼堂里开会，不幸发生火灾，结果烧死的是孩子和深爱孩子的老师。各级领导捷足先登全部脱险。……在紧要关头，有人大叫一声“让领导同志先走”，而这些领导同志衮衮诸公还真的先走了，不知这些苟活到今天的人如果看了《泰坦尼克号》会作何想法。……

这场震惊中外的克拉玛依大火，带走了288名中小学生和37名老师。

师：（朗读此则材料，补充）有一篇文章叫《克拉玛依将铭记》，真实地再现了那个生死关头无私的老师们为孩子牺牲的故事，她们就站在门口，却终于放弃了生命——因为她们一直在组织着孩子们逃命啊。大家可以课外去读一读，但是，为什么会出现“让领导同志先走”的声音和身强力壮的“领导同志”先走的事情呢？

师：现在我们大致可以知道，人类的不同的选择的缘由是什么。

（播放幻灯片十，做简单讨论）

思考一：规则·文明与野蛮

兽的规则——弃弱＝“野蛮”

人的规则——护弱＝“文明”

早期的规则——弃老＝“野蛮”

后期的规则——敬老＝“文明”

文明中仍然残余的“野蛮”

师：那么请问，现在你知道了，你该如何选择吗？请你来说说。

一女生：我想我是文明社会的人，我会选择保护弱者和他人的。

师：你是不是把自己当成要被保护的弱者才这么说的呢？

生：（赧然）没想过。

教学过程C：话题推进，从集体生命到个体生命

一男生：我想我还是会做出和大家一样选择吧——保护比我弱小的人。

一男生：我想我还是会选择自己逃命的。（众笑）

师：这个同学敢于说不中听的真话，这是一种勇气。但他说自己还是要逃命的，这是卑鄙的吗？

生：他也没错，因为求生是人的一种本能。（观众掌声）

师：这就引发了我们的第二个思考。刚才我们在思考面临灾难时作为群体的人类的选择，但是在灾难中每一个个体的生命他该如何抉择呢？

（播放幻灯片十一、十二，学生读这两段文字）

> 思考二：个体生命的尊严
>
> 材料一：
>
> 《斑羚飞渡》：我十分注意盯着那群注定要送死的老斑羚，心想，或许有个别滑头的老斑羚会从注定死亡的那拨偷偷溜到新生的那拨去，但让我震惊的是，从头至尾没有一只老斑羚调换位置。它们心甘情愿用生命为下一代开辟一条生存的道路。
>
> 材料二：
>
> 《"诺曼底号"遇难记》："够了，"船长说，"让每个人都下到小艇上去。奥克勒福大副，你的手枪在吗？"
>
> "在，船长。"
>
> "哪个男人胆敢抢在女人前面，你就开枪打死他。"
>
> 大家立时不出声了。

师：请问，这两个材料中对作为个体的"人"的描写有什么不同？

生：前面一个是毫不犹豫的，后面一个中的人们本来是想逃命的——因为他们要用枪威胁才能安静下来。（观众掌声）

师：这难道是说，人性本来是卑鄙的吗？我们再来看一段电影，大家一

定会说，这不就是《“诺曼底号”遇难记》的片段吗？

播放《泰坦尼克号》电影片段，描述场景如下：

> 泰坦尼克号渐渐下沉，船员们忙着组织妇孺登上小艇逃命，甲板上上演着一出出丈夫与妻子、儿女与父亲永别的惨剧。恋爱中的杰克和露丝也在甲板上，露丝不愿抛下杰克一个人逃命，她的未婚夫卡尔找到他们，劝说露丝逃命，他撒谎说已经定好了逃命的小船，杰克也可以上船。露丝信以为真，登上小艇徐徐下降。
>
> 而在小艇下降前的片刻，泰坦尼克号的主人艾斯梅偷偷地溜上了船逃命。组织逃命的船员迈达特看到了这一幕，十分震惊，但仍然不动声色地指挥小艇下降……
>
> 悲怆的《泰坦尼克号》的主题音乐响起，人声消失，徐徐下降的露丝和其他获得生命的人们望着镇静地指挥着这一切的迈达特和混乱的人群……

（全场肃然，被电影中的镜头深深感动）

师：为什么指挥登船的迈达特没有揪出那个下船逃命的男人？

生：我想是因为当时很乱，如果揪出他只会增添混乱。

生：因为他也是一个生命嘛，多救出一个生命不是更好的事吗？

师：为什么杰克要向他的情敌卡尔说“你说的安排是假的吧”？

生：（略沉默）他也想逃命，他不想死。

师：同样身为健壮男人的贵族青年卡尔为什么能够逃命？

（全场沉默，肃静）

师：我知道，现在我们每个人都面临着一个真实的选择：我会自顾逃命吗？我这样做是不是卑鄙？对这个问题，也许我们可以这样思考：（点击幻灯片十三，读）

我会“逃跑”吗？

按理谁“该死”？

面对死亡时任何犹豫、慈悲、怜悯、胆怯都是生命无比珍贵的体现，也是舍己救人者之所以伟大的体现。你可以迫于情势和规则反对一个人自顾抢先逃命，但是你不可以认为他的死是应该的，而且没有犹豫的权利。

师：只有万分珍惜、不舍的东西，我们才能说它是珍贵的；轻易可以抛弃的东西，怎么可以说是珍贵的呢？而生命，恰恰就是我们最珍贵的、最不想抛弃的东西。也唯有这样，那些献出自己生命的人，才显得如此高尚、高贵，值得我们敬仰。

教学过程 D：归结，“敬畏生命”

师：回到最初，船翻了，我们落水了，该救谁？《斑羚飞渡》给了我们一个怎样的答案？

生：该救幼小的人——儿子。

师：可是，我们的学习却又推翻了这个答案。我并没有带给大家任何答案，而给了大家更多的问题与思考。但至少我们知道了，《斑羚飞渡》讲的是关于人的寓言。其实作者沈石溪自己是很清楚地意识到这一点的。

（播放幻灯片十四，生读）

沈石溪：“动物小说折射的是人类社会。动物所拥有的独特的生存方式和生存哲学，应该引起同样具有生物属性的人类思考和借鉴。可以这样说，我是为生命而写作。”

师：从人的生命到一切生物的生命，“敬畏一切生命”这一人类的“生命命题”是由法国的音乐家、哲学家、神学家、诺贝尔和平奖获得者史怀泽先生所提出来的。我们来读一段他的文字，也许能够帮我们解决一些疑虑。

（播放幻灯片十五，生读）

> 善的本质是：保持生命，促进生命，使生命达到其最高度的发展。恶的本质是：毁灭生命，损害生命，阻碍生命的发展。——史怀泽

师：一堂课下来，我没有任何的答案可以给大家，因为我也同样困惑、犹豫——在生命与崇高之间，在生存与文明之间。这里我仅仅提供一点我对这个问题的个人的看法。请记住，这不是答案，这只是一个生命个体面临艰难选择时的一些想法。

（播放幻灯片十六，师读）

> 我个人的观点：面临灾难时的任何一种选择都应该被理解，至少应该被谅解。如果说自我牺牲是"伟大"、不负"责任"的逃避是"无耻"的话，那么出于个体生命的恐惧而犹豫、而躲藏、而逃亡应该被人类理解。因为每一个个体都有保全他自身生命的权利。
>
> 罪恶的是制造"毁灭生命，损害生命，阻碍生命"事件的人与事。如文中的猎手，劣质住房的建造者，有毒大米的种植者，有毒奶粉的生产者，战争的发起者——无论他们是有意还是无意的，无论他们有没有打着真理或者爱国的旗号……
>
> 从这个意义上讲，文章的作者与课堂开头那个故事的编造者，都有意无意地参与"制造"了罪恶。

师：但是，我们至少知道了，正因为生命如此可贵，让人不舍。所以那些义无反顾地献出生命的人，如泰坦尼克号上的小提琴手、哈尔威船长、"镰刀头羊"……他们才能够如此深地打动我们，成为人类不朽的记忆。

让我们怀着这一份感激，来朗读课文的最后一段。

学生朗读：最后伤心崖上只剩下那只成功地指挥了这群斑羚集体飞渡的镰刀头羊。这群斑羚不是偶数，恰恰是奇数。镰刀头羊孤零零地站在山峰上，既没有年轻的斑羚需要它做空中垫脚石飞到对岸去，也没有谁来帮它飞渡。只见它迈着坚定的步伐，走向那道绚丽的彩虹。弯弯的彩虹一头连着伤心崖，一头连着对岸的山峰，像一座美丽的桥。它走了上去，消失在一片灿烂中。

（在朗读声中下课铃声响起。全场掌声）

【课后反思】

应该说《斑羚飞渡》一课的教学效果比我预料的要好。课后老师们的反映，让我感觉到大家对新课程及其带来的一些新思想、新实践也多了理解与宽容，多了跃跃欲试的期待。

近年来我从“对话生成”和“文本解读”这两个维度对课堂教学进行探索。前者的含义包括“有方向但不预设‘目的地’的对话”“临时性共识”“理解对方，理解生活”等方面，主要是从后现代思潮下的诸领域，尤其是社会学方面汲取了一些资源。如此课，作为课堂的组织者，我设定“利用《斑羚飞渡》一文和相关文本探究‘敬畏生命’这一人类哲学命题”作为此课的对话内容与方向，在教学中也有明确的价值引导，但在大多数具体问题上却没有给出答案，而且还引导学生尊重各种不同的声音——包括历史的错误声音，和在今天的道德标准看来是非道德的声音。但是，作为课堂和对话的意义，恰恰在于通过一定的价值引导来帮助学生生成、建构他个体的言语—精神（他个人的阅读意义），所以我又提出了一个“临时性共识”的概念，使得不同的观点有一个对话的基础，有一个基本的共识。如在此课上，这个“临时性共识”可以理解为：对“延续群体生命是一种社会性必须”的理解，对“生命个体”的珍惜与对“牺牲精神”的感激（而非传统意义上的赞美）。

“文本解读”这一维度的含义包括“从只读性文本到可写性文本”“互

文性文本”“通过文本解构实现个体言语的建构”等方面，主要是从文学批评等领域汲取的资源。所谓“只读性”或者“可写性”文本，其实并非指教材是否具备多重意义，而是指两种不同的阅读观——我们在阅读过程中能不能生成、建构自己的意义。前者的阅读观认为文章就如电脑上的“只读文件”，阅读教学就是读出它既定的意义；后者的阅读观则认为文章如电脑上的“可写（存档）文件”，阅读教学的意义正是通过文本解读生成当下的、自己的意义。而要生成当下的、自己的意义，它往往需要探究文本后面的一些心理、社会的因素，这时候，引进相关的“同题”“异质”的文本材料，往往能够使得课文中模糊的意义显得清晰起来。如在此文的教学中，我引入了“人类历史上的弃老传统”“海难事件”“克拉玛依火灾”等文本，与寓言性质的文章进行“互文性”解读，从而使得“敬畏生命”这一主题有了一个深广的背景，结合学生之间的对话，来完成课堂上“临时性共识”的形成和学生“个体言语—精神的建构”。

在设计与推进中，我力图避免陷入一种“旁观者”的人文教育误区。文章中所蕴含的人文精神，只有在同阅读者的精神意识产生碰撞、对话时才是真实的。文章向读者提问，读者向文章提问，并共同寻求解答，文章的意义只在阅读者向文本提问的过程中呈现。阅读者如果把自己排除在场景之外，穿着一副客观性的盔甲，通过分析语句、段落、中心进行人文精神的学习，这显然只是在自欺欺人地操练一些人文精神的术语，离真正的人文精神是十分遥远的。因此在课堂上，一方面，我小心翼翼地避免进行道德绑架（让学生无条件献身，为一切杂念——如保存自己的生命——而羞愧等）；另一方面，我又拒绝客观化地“冷读”课文，避免进行冷冰冰的将道德与意义标签贴在相关的文本上的伪人文教育。在左右为难间，难免有失当之处，这从实录中也不难看出。

“对话生成”与“文本解读”二者是相互渗透和相互支撑的，但是落实到具体的课堂上，这二者有时不免发生抵牾。这就是：强调了文本解读所能达到的深度，就往往影响了课堂的对话生成性，容易导致课堂上的霸权；强调了对话生成，就往往容易流于肤浅，未能达到这个文本或者话题可能达到的理想深度。这堂课虽然在这两方面调和得还可以，但还是感觉“引导”过甚，“对话”略欠。而在我执教的《丑小鸭》(见《教师之友》2005年第4期)中，则表现为“对话”较成功，文本解读的深度却成为缺憾。因此，也可以视课堂的魅力来自这两个方面相互排拒所形成的张力，且总是印证“课堂是遗憾的艺术”这一断语。

【点评·评论】

道智交融，妙手天成

《斑羚飞渡》这篇课文中体现的“道”——人类面临困境时所做的选择——对初一的学生而言具有相当大的难度。如何使学生掌握这个“道”，无非有两种选择：一是教师“布道”，二是教师引导学生“求道”“悟道”。其间反映了教师不同的教学理念。

干国祥老师无疑是教学新理念的积极实践者。而且，他基于对学生心理发展特点的准确把握，深知要使学生真正“悟道”，教师在其中的引导作用不可或缺。综观整个课堂教学，干老师创设了一个“智慧之炉”，一步步引导学生炼“道”之丹。一开始，干老师提了一个与课文同质的，但是学生又非常熟悉的“救人难题”，不仅初步点燃了学生的思维之火，也指明了学生思维的方向。另外，可以看出，干老师认识到了要烧旺学生的思维之火，把学生的思维引向纵深，必须要在“智慧之炉”中逐渐增添干柴，而且要不断扇风。干老师的匠心独运之处在于，他精心选择了一组引导学生得以“悟道”的材料，这些“干柴”有序列地“燃烧”，使学生的思维逐渐凝结出“道”之丹。此外，为了使学生能经历“思维的风暴”，使学生所悟之“道”成为“智慧之丹”，干老师还不断地在“扇风”，即干老师在教学过程中巧妙地运用“对话式教学”，使学生的思维始终保持在兴奋状态。在当代心理学家看来，师生、生生之间围绕着开放性的“问题”展开对话、辩诘，具有培养学生高级思维能力的功效。

应该说，干老师的课堂教学艺术可圈可点。“救人难题”的引入、对学生课文文本解读的检查、引导学生课文的朗读与讨论、材料的精心选择、排序与引导学生讨论、自己观点的呈现等等，所有这一切，经过干老师的组织和“导演”，给人以一种妙手天成的感觉。

总之，我以为，这堂课的特色在于“道智交融，妙手天成”。

与干老师另一堂课《丑小鸭》相比，似乎学生的生成性少了些，可能与本课的“道”之难度有关吧！

浙江师范大学　张振新

这是一节有哲学高度的语文课

干国祥老师这堂《斑羚飞渡》上得很有气势和魄力，也带给我们很多的思考。在新课程标准下的课堂教学走向何方，这一直是老师们深感困惑和苦恼之处。干老师在这个方面做了自己的努力，并走出了自己的一条新路——从“对话生成”和“文本解读”这两个维度对课堂教学进行探索。前者已有他的《丑小鸭》为例，后者可以这篇《斑羚飞渡》为范。

干老师从一小故事切入，并不提供现成的答案，而是把它作为引子，造成悬念，启人思考。由于学生对文本已有了整体认知，所以老师可以很快将教学思路从文本中心引向话题——对生命的认识。由于学生阅历的局限性，老师精心设置了三个材料，由兽至人，由古及今，由野蛮到文明，得出当代文明社会，还可能存有残剩的漠视社会弱势群体的野蛮的结论。这是思考面临灾难时作为群体的人类的选择，而在灾难中每一个个体的生命的抉择对话则由电影《泰坦尼克号》片段展开。

围绕艾斯梅偷偷下船，指挥登船的迈达特没有揪出他的细节，对个体生命的解读导向深度——每个个体都有珍惜生命的权利，任何在危难困境之中的犹豫和恐惧都是人正常的情感流露，从而使文本解读上升到了敬畏生命的哲学高度，也在一个侧面解构了以前的有自我牺牲的“崇高”“伟大”的宏大叙事，还原了个体生命的本质。这一步是结合学生的理解，同时靠着教师的知识素养走出来的，所以弥足珍贵。干老师最终也没有就开头的故事，提供给学生一个明确具体的答案，他只是运用敬畏生命的哲学思想给他们以启示，引导学生自己去思考，所以他的课堂教学的结尾是开放性的，在这里形成了众声喧哗的多声部，这恐怕是这次教学最新的一点。也正是在这个意义上，我们说干老师为我们课堂提供了新的思想资源和文本解读方式。

环顾整个课堂教学环节，教师始终是教学的组织者和引导者，学生是教学的主体，对学生思维的培养和素养的提升，都是在有条不紊的教学环节中完成的。当然，如果这节课能组织学生有更多的合作探究，也许效果会更好。不过，这是近乎苛求了。

杭州学军中学　周仁爱

语文课可以这么教，但是不能总这么教

——干国祥老师《斑羚飞渡》教学引发的思考

《人民教育》杂志在2004年第13、14期合刊的“新课程优秀课例研究与解读专辑”中，刊登了干国祥老师的课例《斑羚飞渡》。读到这篇课例时，我正在山西运城做“人教版”课标实验教材的培训工作。读完课例，我耳目一新，为课例中的处处精彩而叫好，同时也佩服干老师积极实践新课程理念的勇气。但当我掩卷而思的时候，却别有一番滋味在心头……

语文课可以这么教

《语文课程标准》指出：“语文课程丰富的人文内涵对学生精神领域的影响是深广的，学生对语文材料的反应又往往是多元的。因此，应该重视语文的熏陶感染作用，注意教学内容的价值取向，同时也应尊重学生在学习过程中的独特体验。”

把“人文性”明确写进《语文课程标准》，并且提出具体的要求，这是语文课程理念的一个重大改革。这一变革得益于始于20世纪80年代中期将近20年的“关于语文学科性质”的重要讨论，得益于近半个世纪以来

的语文教育实践的历史经验与教训。长期以来，语文教育追求一种极端功利性的工具性价值取向，语文深厚的人文内涵在功利性极强的“语言肢解”中被抹杀掉了，使本应陶冶性情、洗涤心灵、升华情感的语文教育变成了人格健全发展的桎梏。语文新课程改革十分珍视语文教育中的人文精神价值取向，呼唤语文教学中人文精神的回归，这无疑具有十分重要的意义。

来看干老师的教学。首先，干老师对文本人文精神内涵的挖掘具有一定的深度。他绕开了人们在课堂教学中一直“误读”的两个“死结”，把课文的精神内涵定位在“灾难中的个体生命的尊严与意义”上，让学生充分“感受‘敬畏生命’这一人类学主题所带来的震撼与魅力”，使课文的人文精神价值取向更加厚重而富有意义。干老师的这种挖掘是一种睿智的挖掘，这种挖掘使课文对“学生精神领域的影响”具备了前提和基础。其次，干老师特别注意了“不确定因素”和“生成性”，尤为“尊重学生在学习过程中的独特体验”。他以“对话”作为教学的主要形式，在“对话”中注意允许学生有“各种不同的声音”。一堂课下来，老师虽然没有任何的答案给学生，但是我们可以肯定的是，学生对“‘敬畏生命’这一人类哲学命题”已经有了切己的感受和深刻的认识，他们带着自己的体验走出课堂，走向生活。

总之，干老师的这节课，让学生的情感得到了激荡，让学生的道德认识得到了拓展，让学生的人格得到了升华；同时，让我们看到了语文课程人文内涵的丰富性，感受了学生对人文内涵的独特体验和多元性，是语文教育人文精神的一次可贵的回归。

从这个意义上讲，语文课可以这么教！

语文课不能总这么教

看了干老师的课例以后，我一直有一种重重的失落感。我总觉得干老师在找回语文教育失落的人文精神的同时，又不知不觉“失落”了什么。那么，这堂课究竟“失落”了什么呢？我认为：

其一，在“文本解读”中丢掉了“文本”。我们不妨来简单回顾一下干老师的“文本解读”过程：由伦理故事引入——“空中接力”讲述课文故事——出示“互文”材料感受“敬畏生命”主题。干老师将“文本解读”的重点对象放在了帮助学生“悟道”的“互文”材料上，这使我想到：课文《斑羚飞渡》在教学中究竟应该处于什么地位？语文教学要“解读文本”，但是要解读什么“文本”呢？《斑羚飞渡》是一篇写得很美的小说，其自身的文本价值不仅仅体现在所揭示的精神内涵上，还体现在其语言特色和艺术表现手法上，是一篇“文”“道”兼美的小说。也许正因为作品的这些价值，编者才将其选编为教材的“精读课文”，从文本意义上讲它具有“典型性”。首先语文教学中的“文本解读”要体现课文文本价值，就不能忽视课文文本的主体地位，“解读文本”时必须基于“课文文本”。干老师在反思中从“只读性文本”“可写性文本”和“互文性文本”三个方面阐释了“文本解读”的含义，但在教学中却过分依赖“互文性文本”，以至于使课文文本失去了它的典型性——主体地位没有得到突出，语文课堂俨然成了道德教育资料的“展示厅”。

其二，在“对话生成”中淡化了“语文味”。什么是“语文味”？“语文味”就是努力体现“语文课程本位”，重视“语文实践”，“在大量的语文实践中掌握运用语文的规律”，“丰富语言的积累”，“培养语感”，“发展思维”，“培养语文能力”。一句话，语文课就是引导学生学习语文的课堂。坦而言之，在《斑羚飞渡》的教学中，这种“语文味”被淡化了。自对话理论走入语文教育，“对话”便成了语文实践中又一种重要的活动形式。语文课堂上的“对话”应该在老师、学生和文本之间展开。但是《斑羚飞渡》教学的“对话”却是在师生、生生和问题之间展开的，具有典型意义的课文文本被弃之一边，因此，也就没有了对课文咬文嚼字的感悟，很少有抑扬顿挫的诵读（课堂上只在课将要结束时朗读了一次），生动活泼的语文实践活动实在太少太少。从“生成”的角度来看，教学本来是为了“通过一定的价值引导来帮助学生生成、建构个体的言语—精神（个人的阅读意义）”（见干老师的“课后反思”），但事实是，学生在精神层面上的建构是丰富的，而语言层面上的建构则显得十分苍白。

为单一追求精神与道德的建构，忽视语文“本体”，忽视“文本”的地位和作用，等于丢掉了语文的“根”。因此，我们的语文课不能总这么教!

一个值得关注的重大问题

从寻求人文精神的回归方面看，语文课可以这么教；从学语文的角度想，语文课又不能总这么教。干老师《斑羚飞渡》的教学引发的，实际上是关于如何把握语文课程性质的思考：语文课怎样追求工具性和人文性的“统一”。

干老师在“课后反思”中说：“在课堂上，一方面，我小心翼翼地避免进行道德绑架（让学生无条件献身，为一切杂念——保存自己的生命——而羞愧等）；另一方面，我又拒绝客观化地‘冷读’课文，避免进行冷冰冰的将道德与意义标签贴在相关文本上的伪人文教育。在左右为难间，难免有失当之处……”干老师的这段话，道出了目前广大语文教师的心声。

《语文课程标准》指出：“工具性与人文性的统一，是语文课程的基本特点。”经历了长时间的论争和语文教学实践的滚打之后，我们的语文教师对语文课程这一基本特点的认识，目前已经比较明确。问题难就难在“统一”二字上。“统一”的难度，不仅仅是认识上的问题，更是操作层面上的问题。像干老师一样，许多老师虽然“小心翼翼”地寻求着“统一”，但是总会在不知不觉中顾此失彼，将工具性与人文性机械分割。

语文课必须这么教——追求工具性和人文性的“统一”，但是在教学中怎样实现“统一”？这确实是值得我们关注的重大问题，需要我们从科学方法论的角度进行认真研究和探索。

湖北省仙桃市教育科学研究院　向爱平

建构学生自己的语言和思想

——《丑小鸭》课堂实录

教学地点：宁波万里国际学校初一（1）班

授课时间：2004 年 2 月 11 日上午第四节

【背景】

在小学二年级的时候，学生已经学过浙江省教材中大量缩改的《丑小鸭》，这次学的是只有少量删节的人教版七年级下册教材中的《丑小鸭》。而丑小鸭的故事作为一个非常重要的人生隐喻，渗透在各种文本及其他信息中，在尚未接触安徒生的原著前，“丑小鸭情结”早已经深入每一个学生的心里。那么这次我们还能做什么？学生重读的目的是什么？带着这些问题，我们开始对《丑小鸭》这一作品做再度解读。

从“个体解读”到“相互印证”

一进教室，首先请寿馨蕊同学上台来讲《丑小鸭》的故事——因为今天是她的生日，生日对每一个人都是一个标记，就像是丑小鸭的“天鹅蛋”。对其他同学的要求则是：仔细听寿馨蕊所讲述的故事，想一想她的讲述中遗漏了哪些你觉得不应该遗漏的细节，为什么你觉得这个细节不该遗漏？作为预习的一种检查形式，我要求讲故事的和听故事的人都不能打开课本。

8 分钟后，寿馨蕊讲完了。在讲的过程中，学生间有一些小小的交流，几个同学想提示寿馨蕊，她拒绝了；几个同学想纠正寿馨蕊，我阻止了。我提示：允许创造性讲述——即删节和增添，而且这正是我们要研究的地方，因为增删恰恰是个人解读的结果的呈现。然后，我抛出讨论话题：“请大家说说她的故事中你觉得不该遗漏，或者与原文不同的信息——大家仍不要打开书本，我们要借此了解大脑为自己筛选了哪些信息。”

许多同学举起了手，岑刚强同学第一个说：“在老太婆家里的时候，丑小鸭不是因为受到欺侮而逃走的，他是自己想要去游泳。”大家纷纷发言，或表示同意，或进行补充，有的同学甚至还复述了课文中的原话：“在水里游泳是多么痛快呀！”“让水淹没你的头，往水里一钻，那是多么痛快呀！”

我反馈道：“好，我也觉得这一处很重要，我们待会儿再结合原文详加分析。现在先请其他同学也来说说。”

坐在最后面的大个儿沈腾骏同学站起来说：“丑小鸭在农夫家里跳到黄油和面粉中去的一段话不能省略，因为这表现了丑小鸭很讨厌人类……”他显然是严重地误读了，马上有许多同学举手表示反对，有几个同学在位置上就喊：“那不一定的！”我赶紧打住：“让他说完，好吗？现在大家对这个故事读出了完全不同的意思，谁是谁非暂且搁置，我们待会儿还是结合课文再来展开进一步讨论。请继续——”

坐在窗边的胡纪平同学站了起来说：“丑小鸭在沼泽地里没被猎狗咬死，这是很幸运的事。”果然怪才，思维总是那么独特，我知道他的言下之意是什么，但现在还不是追问的时候。

胡纪平接着说：“还有，我认为不能把丑小鸭进老太婆家的原因略掉，他进去是因为狂风，刚才的故事中丢了这一点。”

我追问：“你为什么认为不能去掉这一点呢？”

“因为这说明丑小鸭是在没有办法、迫不得已的情况下才进去的……还有，不能把丑小鸭在野外第一次遇见天鹅的情节去掉。”

胡纪平接二连三的“指责”已经让好胜的寿馨蕊坐不住了，她甚至举起了两只手。我只好让她发言，她说：“我觉得不能认为猎狗不吃丑小鸭是因为幸运，如果这样的话丑小鸭就不必说‘我丑得连猎狗也不咬我了’！”

我很满意这种“斗争”的形成，但不能让他们现在就斗起来：“好，这个地方的矛盾看来不小，我们在这里画个圈，待会儿再仔细看看。”我一边说，一边在白板上事先画好的一条由右下角延伸到左上角的“丑小鸭成长线”的相应位置上画了一个圈。

接下来是机灵的林琰同学发言：“沼泽地里野鸭和大雁对丑小鸭的语气是不同的，应该区分出来——野鸭对丑小鸭说的是‘你丑得厉害’，大雁对丑小鸭说的是‘你丑得可爱’……”天哪，有这回事？此刻我不好翻书本，只能相信这是林琰仔细阅读的成果，一个非常重要的成果。为强调这点，我对林琰的话进行了重复。

新同学郑朔一直跃跃欲试，到现在终于站了起来说：“我觉得文章结尾处丑小鸭变成白天鹅时的感受不能不讲，‘当我还是一只丑小鸭的时候，我做梦也没有想到有这么幸福’，我认为这句话很重要。”

“为什么？”

“因为我觉得这句话是从丑小鸭的内心发出的，这是他对所有磨难的一种感受。”

“噢，郑朔说这句话是丑小鸭在经历了所有的磨难后内心的一种感受、一个回顾，所以不能不讲。好啊，讲得太好了。还有谁指出有哪个你认为重要的信息在寿馨蕊讲述的过程中失落了？”

跳级生岑佳梅站了起来：“我觉得要把丑小鸭变成白天鹅的过程中的感受尽可能仔细地讲出来。”

“你觉得哪些信息——也就是哪些感受需要表述，怎样表述呢？你能不能试一试？”

“苦难之后的幸福。”

“你能不能用具体的语言表述一下？”

“……”

“看来要把内心的感受说出来还是有困难的。请坐。”我知道岑佳梅想说的是“他感到太幸福了，但他一点也不骄傲，因为一颗好的心是永远不会骄傲的”这一句，但在不能够通过记忆复述的情况下，创造性地表述对这个11岁的女孩还是有困难的。平时学习最有困难的钮贤成同学站了起来说:“应该重点说说冬天变到了春天。”

那一段确实很美，我第一次读的时候便感动得不能自已，可惜现在还不能让大家打开书。我便顺势做了延伸:“也就是你认为课文中的几次环境描写也很重要，与课文的情节有很大的关系，是吧? 钮贤成所讲是有一定的道理的，刚才胡纪平也讲到了丑小鸭进老太婆的家是因为外面的风太大了。看来以后讲故事还是不能忽略故事发生的环境。”

“以文解问”，局部性阅读与交流

好了，差不多了。我就让大家打开书本，再来看看刚才这些问题能不能从课文的描写中找到答案，我问大家:“先解决哪个问题? ”

“大雁和野鸭! ”

“好。请大家朗读‘天亮的时候……碰碰你的运气’这部分课文。”

大家齐读课文后，我复述刚才的问题:“为什么大雁说丑小鸭‘丑得可爱’，而野鸭却说丑小鸭‘丑得厉害’? ”

调皮的朱奇同学在座位上说:“因为大雁和野鸭审美观不同，野鸭把丑小鸭当成同类的，而大雁呢，不是说美丽的鲜花要绿叶衬托嘛，这个……”

朱奇的思维总是这样，放得开，却收不回来。后边胡纪平接上了话茬:“是大雁把丑小鸭当成同类，而野鸭却嘲笑丑小鸭。”

“那也不一定的! ”“野鸭并没有嘲笑丑小鸭啊! ”“这其实也是说它丑得可爱。”同学们纷纷反对。

为避免在非重要处扯得太远，我就点一点题:“野鸭的嘲笑我们可以称之为‘善意的嘲笑’，虽然是嘲笑，但似乎并无恶意。看来不同的动物对丑小鸭的态度是不相同的，我们阅读课文时要把握这些细微的差别，而且我们还应该想想，为什么会有这些不同的态度? 譬如，为什么两只大雁对丑小鸭就显得比较友善呢? ”

“因为他们是同类。”快嘴的郑芸说，我知道她的回答不是通过研究而仅仅是通过直觉敏感地把握。

“因为两只大雁刚刚从母亲的蛋壳里爬出来不久，也很顽皮……”这是一直沉思着的胡纪平的回答。

“你是不是觉得两只大雁刚刚从母亲的蛋壳里出来，还比较纯洁，对别的动物比较友善？”我追问。

“也许他们是小孩子，所以很好奇吧。”胡纪平回答。

“可是鸡鸭也是小的呀，他的兄弟姐妹们也是刚出生呀！”刚才被胡纪平“指责”得过多的寿馨蕊也注意着胡纪平的发言，这倒真是抓住了要害。

“也许是大雁没有见过丑小鸭这种类型吧，所以他觉得很新鲜。”胡纪平为自己的观点辩护着。

“可小鸭们也没有见过丑小鸭的样子啊，他们还说他是妖怪呢。”郑荟站在了同桌寿馨蕊的一边，同时她又发表自己的观点，“我觉得这跟去年学的《山中访友》中的‘云雀’为什么被叫作‘弟弟’一样，只是为了不重复嘛，重复就没有感觉了。”

“是吗？我看可能没有那么简单。这样吧，我给大家一个思考的线索——”我正想把话题转入探究性的思考与讨论过程，但下面有几个同学急于发言，寿馨蕊更是几乎站了起来，于是我只好打住，让她发言：

“他们后来还对丑小鸭说：‘那里有好几只甜蜜可爱的雁儿。她们都是小姐，都会说：嘎！（寿馨蕊的模仿引得学生齐笑）你是那么丑，可以在她们那儿碰碰你的运气！’这里明明还是在嘲讽他丑嘛。”

几乎是在同时，我这边说：“这话是有嘲讽，但是否是恶意的？”而那边胡纪平说：“没有啊……”

为不再重复论争同一个小问题，我继续点拨：“他们不是恶意的，但是不是完全认同他了？”学生说“没有”。“所以这些细微的差别我们要细细品味……”还没说完，那边胡纪平不由我，继续发表他的高见，我只好让他说：“对丑小鸭说‘你丑得可爱’，这显示他自己好像很高贵的样子；而对他说‘你丑得厉害’，这就有点谩骂的味道了。”他的发言引得大家一阵哄笑。我又继续点拨：“我们刚才分析了其他的动物对丑小鸭态度的不同，现在我们来进一步探究为什么会导致这些不同的态度，好不好？”

“因为他们不是同类啊。”郑荟果然聪明，但此刻可不能停留于此。

我说：“是的，不是同类，可是他们都不是丑小鸭的同类啊。”

“野鸭们和他是同类，所以他们看他丑得这么有个性，就笑他……”我原以为一直静听的金铮同学会认真地回答这个问题，谁知他竟然是搞笑，调侃的语气让大家都笑了起来。“谁和他是同类？”我追问。

“雁儿和他是同类。”下面不知是谁在说。

“雁儿和他更像同类——这个同学说得有些道理，在这个问题上我们不能因为他叫丑小鸭就搞错了。我们可能要做更全面的考察，要把这个问题和另一个问题结合起来考虑，也许更能够解开我们的困惑。我们应该把农场上的鸡鸭、猫狗、大雁、天鹅、野鸭对丑小鸭的不同态度都综合起来考虑。那么在这些动物中，和丑小鸭交流得最多，但最不理解丑小鸭的是谁呢？对，是母鸡。下面我们就来把这段文字集体诵读一遍，注意母鸡和丑小鸭不同的语气。”于是大家集体朗读“第二天早晨……‘好吧，你去吧！’母鸡说”这段课文。

这是一段极富人物个性的对白，自以为是的母鸡教训着向往自由和飞翔的丑小鸭，里面的许多语句简直可以视为成年人教育孩子的翻版，但学生们显然还没有明显地感受到这一点。课文实在很长，就读这一小部分，也用了好几分钟，我提问：

“刚才我们在分析野鸭与大雁对丑小鸭的态度时，发现他们对丑小鸭的态度是不一样的，但共同点都是不理解丑小鸭。现在我们读了母鸡与丑小鸭的对话，发现母鸡的态度更不一样（学生在下面说：也更离谱了。郑荟补充：因为她还不会游泳），至少野鸭和大雁能够理解丑小鸭在外面、在水里很快乐很自由，但她就一点不懂了，对吧？这是为什么呢？”

学生们议论纷纷，但谁也没有把握。我指了指趁学生在朗读课文时我画在白板上的几种动物，自上而下依次写着：猫、母鸡、家鸭、野鸭、大雁、天鹅，问：“大家看，我这里是按什么顺序写的？”

“不会游泳→会游泳。”“不会飞翔→会飞翔。”

我不再等着大家从纷乱中争出一个生物学的答案来，说：“这个顺序依据的是跟丑小鸭的血缘关系，或者说物种的远近关系。你们看，猫是哺乳动物；鸡是禽类，但不会游水；家鸭是野鸭驯化后的物种；大雁又叫作鸿雁，与天鹅很像，长脖子，但毛色是青灰的，它是家鹅没有被驯化前的先祖；而丑小鸭就是一只天鹅……你们看，动物在文章中似乎就是按照这种亲疏关系来写的，关系越远的，就越不理解丑小鸭在想着的东西，不理解就会导致误解，甚至是不屑。我们这样从动物物种来解释他们对丑小鸭的态度为什么不同，也许并不正确，但至少是一种解读。为什么后面丑小鸭看到天鹅就感到激动与亲切，天鹅看到丑小鸭也立即表示了亲热？因为他们完全是同类，完全理解对方的‘语言’与梦想（同学跟答“因为天鹅也是由丑小鸭变来的”）。好吧，这个问题不管这样理解对不对，我们就先理解到这里。我们现在再回头来看看，是不是还有讲故事时遗留下来的问题？没有了。那么我们就来分享大家在课前所做的批注，谁先来？——朱奇先来。”

聚焦：解读“天鹅蛋”

朱奇同学分享道：“我觉得这篇课文丑小鸭并没有经过‘不屈的奋斗’，他并没有努力拼搏，很多时候他自暴自弃，吃了很多的苦，后来他太苦了，感动了上天，所以把他变成了天鹅。”

哇，他竟然这样说。我实在很满意这样的思考。但是同学们纷纷议论起来，看来是意见不一。我问道：“谁来说说？对这个问题你怎么看？”

一个同学坐在位置上说：“课文后面说了，他原本就是一只天鹅蛋，这说明不是上天可怜他才把他变成天鹅的嘛。”

“对，他无论在什么地方都能够变为天鹅！”

“天鹅就永远是天鹅，鸭子就只能是鸭子。”

岑佳梅补充说：“再说，自暴自弃也不可能感动上帝的嘛。”

“说得好，自暴自弃不能感动上帝。——但这似乎离课文远了，我们回到课文上来。”

“老师，我感觉丑小鸭本来就是一只天鹅，只不过他的演变过程曲折一点，困难一点。”郑荟试图做一总结，“因为他生在养鸭场里，所以历经了更多的波折。”

“可是，许多人都这么认为，我们以前看过的丑小鸭好像就是在告诉我们他都在努力，是靠着自己成为白天鹅的。”在生活中只信奉天赋不相信努力的朱奇继续着他的质疑。同学们又议论纷纷起来。

“确实如此，在我小时候，老师也是这样告诉我们的，丑小鸭通过自己的努力，变成了一只白天鹅。但是现在朱奇竟然解读出丑小鸭并不是经过自己的努力变成天鹅的。”我补充并强调这一点，我知道，这里面可“大有嚼头”呢。

“他注定要变成天鹅的！不管他努力不努力。”坐在最前面的跳级生茅泽鑫同学竟然也开了口，这个小书虫平时是在语文课上也会捧着一本课外书笑出声来的。“对，因为他本来就是一只天鹅嘛。”朱奇得到支援，口气轻松起来。学生们纷纷议论，有几个同学甚至就坐在下面喊着：“丑小鸭很努力的，超级努力的……”我提示一个个发言。

寿馨蕊首先说：“他是努力的，课文中不是说是冬天吗？如果他不努力，早就饿死在冬天了。死掉了他还怎么变成天鹅？”

“寿馨蕊说得有些道理，如果他不努力，他可能就饿死在寒冬中了。”

“老师，我也觉得他是努力的，他努力地熬过了所有困境。如果他不努力，他在没有变成天鹅之前就死了，天鹅小时候的样子与鸭子也没有多大差别。”不知道郑荟的这个补充是对同桌的支援，还是她上学期在考试中屡屡失败的自我写照。

“丑小鸭生在鸭群中，他以为自己是小鸭嘛。后来，他没有想到自己长大后是一只天鹅。”最老实不过的钮贤成同学竟然也发了言，有几个女生似乎想批驳他，被我示意阻止了。

朱奇突然来了灵感说：“丑小鸭不是已经死过一次了吗？他不是在冬天的时候冻死在野外吗？”

“是啊，丑小鸭还冻死过一次。这说明他即使努力了，但仍然可能会失败，也说明可能外人的帮助很重要。”

“外人的帮助？所以，这纯粹是个运气罢了，跟努力无关。”朱奇抓住了我的话头。

“得到外人的帮助可能是幸运的，你的奋斗也可能遭遇失败。这一点值得探讨，但却并不是问题的关键所在。我们也许该把问题的焦点先集中一下来讨论：是不是不管他怎么做，丑小鸭注定就会变成白天鹅？”我的话音刚落，“一定会”“不会”“他本来就是天鹅蛋嘛”的议论就在下面吵开了。

“好，能不能换个思路……”我正想提示大家做进一步的思考，下面的学生却已经顾不上理我了。岑佳梅大声地说：“如果丑小鸭不努力，就待在那里，他就变成一只家鹅，不可能再变成白天鹅了嘛。”

“对！对！”女生一片赞成声。

“老师，如果他不努力，就一辈子待在鸭群里，那么他就根本不会飞翔，而且可能他连天鹅奇异的叫声都会失去，只会跟着鸭子叫‘嘎’，他其实也就成了一只形状大一点的鸭子。”郑荟的“嘎”声引来了一片笑声。

“你想这可能吗？天鹅的习性是基因决定的，他只会和天鹅一样，怎么可能像鸭子一样叫呢？”朱奇说。

“大家知道狼孩的故事吧？动物在习性上的改变是可能的。”我提醒道，大家都说知道。看来得抓紧时间推一把了，我接着说：“这里我再提示一个有关联的信息，大家知道安徒生的生平吗？谁已经读过《安徒生：阿拉丁的神灯》这篇文章？（五个学生举了手）大家觉得这篇文章与课文有关系吗？如果有，有什么关系？”

“因为安徒生是把自己比喻成了一只丑小鸭，他小的时候也是一只丑小鸭，受到别人的嘲讽。”有学生回答。

“他其实是把自己的亲身经历演变成一个动物的故事，写成了《丑小鸭》这篇课文。”有人再补充。

“哦，这种方法在我们学诗歌的时候学过，叫什么？象征。也就是说，我们刚才争来争去的那句话——哪句话？”

“当我还是一只丑小鸭的时候……”

“不对，是‘只要你是一只天鹅蛋，就算是生在养鸭场里也没有什么关系’这一句。”

“对啊，争来争去的这句话，我们却没有用象征的方法来看它。我们现在来想想，什么是‘天鹅蛋’？”我感到学生们几乎已经抓住要害了。

“天鹅生出来的蛋。”一个快嘴的同学喊，不知是捣乱还是真的这样想，他的回答招来了一片嘘声，大家笑他。但是朱奇却帮着他的同伴强调：“就是‘天鹅’生的蛋。”

“我们再来看另外一句很重要的话：‘他感到太幸福了，但他一点也不骄傲，因为一颗好的心，是永远不会骄傲的。’‘因为一颗好的心，是永远不会骄傲的’，现在我让大家来综合思考一下：刚才我们说丑小鸭无非是一个象征，那么猫鸡狗大雁也都是象征，因此，我们不能把这些动物分成各种不同的种类，这是禽类，这是兽类，这是候鸟……你们看，这些动物说的都是同一种语言，我们因此可以把他们看成是人的象征，他们象征了人中不同的（卢夏禹补充：角色和性格），性格和品质。我们其实可以反过来这样看：我们人类之中有哪些是天鹅，哪些是鸭子，哪些是为老太婆下蛋的母鸡。我们再来看，天鹅与他们的不同之处用一个词来形容就是什么？卢夏禹说‘高贵’，郑晏楠说‘优雅’，还有人说‘美丽’，我看‘高贵’可以代表天鹅的气质。现在我来问大家：哪一种心灵可以称之为‘高贵的心灵’？（有学生答‘好的心’）具有哪些品质的心，可以称之为‘高贵的心灵’或者‘好的心’？”说到这里，我在白板的核心部分用红笔画了一个大大的天鹅蛋，在中间写上“高贵的心灵”。

“现在我们来重新解读课文，根据课文来分析，怎样才能算是拥有一颗‘高贵的心’。请岑佳梅先说。”

岑佳梅说：“不嫉妒。”

马上有人补充说：“不骄傲。”

“对别人的成绩不嫉妒，对自己的成功不骄傲。课文中这两点写得明白。”我补充。

“受到挫折不灰心，继续努力。”仍然站着的岑佳梅说。

“你从哪里得出这个结论？现在反对派众多，你得用课文中的语句来说明，否则朱奇又要有意见，他已经一再说丑小鸭并没有经过自己的努力。”我提示。于是岑佳梅读课文：“冬天就很冷，非常的冷！小鸭不得不在水上游来游去，好使水面不至于完全冻结成冰……最后，他终于昏倒了。”

“对啊，如果丑小鸭不拼命地游动，那么等到农夫发现他的时候，他就已经冻死了，变成一只死鸭子了。”郑荟抢着发言。

“对啊，因此，你可能会遭遇挫折甚至失败，但是，你绝对不能够放弃！也就是说，你只能自己拯救自己，才可能得到别人的帮助——这是丑小鸭告诉我们的。对吗？这样解读课文就对了。”我“向上”提一提。

不料朱奇不买账，说：“这不过是幸运罢了，万一他一直不动，水面刚要结冰时农夫就过来了呢？或者说他已经冻死很久了农夫才过来呢？”

“老师说这不过是象征罢了。”有女生反驳。

“对，我们讲到了运气，在生活中有没有运气的存在？（学生：当然有！）但是运气会不会落到不去争取的人身上？对运气我们可以这样表述：你可能努力了，但是却没有得到运气的照顾，但运气不可能照顾一个没有努力的人。对一只不努力的鸭子而言，死亡对他来说意味着即使逃过了今天，也逃不过明天的。”

“对！”我的发言赢得了大多数学生的肯定。

“从课文中还可以看出，丑小鸭很勇敢。”近来上课常常走神的大个儿林力同学把我们的思绪从“运气”的争论中拉了出来。

“勇敢？怎么说？”

“他在老太婆的小屋里感到不自由，敢于独自到外面的世界去，敢于独立去面对生活。”这段话，林力结结巴巴地说了好久，一些同学还帮他补充了几个词。

这时候，下课铃声响了，一些同学很是意犹未尽，有种很想把课继续上下去的样子，我也很遗憾，这铃声响得似乎并不是时候。但是不管还有什么问题，都只能放到下一堂课了。

课后余音

下课后，走在走廊上，前面郑朔和卢夏禹两个人还在讨论着课堂上的事，我追上他们，对郑朔说："郑朔，你讲得真不错。"

他说："你听到了？"

我说："我说的是你刚才课堂上的发言。刚才你说了什么？"

他告诉我："我在说我们在奔向天鹅的环境。"

我说："可是天鹅开始的环境并不好啊，丑小鸭的可贵之处，就是始终拥有一颗高贵的心灵。所以……"

他接上话头："我们也要拥有一颗高贵的心灵。"

【后记】

在接下来的课堂中，我们的解读除了继续向"高贵的心灵""成长中的寂寞"和课文几处精彩片段延伸外，还把单元主题——"成长"做了整合。

但是，在别班的授课过程中，又发现在课堂中错过了一些东西（虽然在此课堂中的某些精彩与激烈，并没有完整地呈现在这儿）。正是在追求生成性课堂的过程中，我更深刻地明白了"课堂是遗憾的艺术"这句话的含义——缺失是一种必然！但学习的过程已经生成，它不可能以另外的一种面目重现，它也不可能再有另外的目的（收获）。所以我只好安慰自己：对一堂课而言，重要的也许并不是缺了什么（或者还可以怎么上），而是它已经拥有了什么。

我目前在追求的课堂，可以用"目的在过程中"来形容。从五六年前最严谨的"问题→图示"课堂模式，到两年前"问题→问题"课堂模式的探索，再到现在这种不能用模式来指称的模糊程序，正反映出我这些年来语文教育观念的演变方向。

把课堂视为一个学生建构自己思想与语言的动态的场（当表述思想时，他其实就是在理解和运用语言，这是我的一个观念——大概意思是"在遗忘语文中学习语文”），把学习视为一个学生内部的通过外在关系消解他原有思维—语言模式进而建构新的语言—思维范式的过程（这一过程始终在不平衡与不稳定中）。同时，不把教学目标视为先于学习与学生存在的知识点或者成形的思想，而视为一种有方向的力量的施加，以促使学生的学习朝某一个含有我们意愿的方向发展（就此文而言，让丑小鸭成为我们生活的一个重要隐喻，每个人在这个框架中建构自己的人生，这也许可以称为我此课的唯一的教学指向）。这些想法都成了我新的追求。然而要把这种尚在朦胧中的想法变成行动，则要困难得多。而且作为一名改良主义者，我势必不可能把课堂当成革命的工具，而始终只能是在现实的行动中，融合一些新的但又难免是粗糙的理念。

【点评·评论】

宣讲·对话·独语

许寿裳《亡友鲁迅印象记》中讲述了章太炎先生的课堂“谈天时以玄同说话为最多，而且在席上爬来爬去。所以鲁迅给玄同的绰号曰‘爬来爬去’”。这样的课堂实在令人神往——师生亲密无间，寥寥数人，对话问答，平等尊重。

而今天的中学课堂，一般在四十人以上，座席如方阵般罗列，教室格局的设定，使师生一一对话的机会甚少。课堂的教学，也往往成为宣讲，语文课堂纵然精彩，总难逃布道与说书。教师的角色，或如牧师，或似演员，这也正是许多老师觉得疲惫的症结所在，一如张爱玲对教育的十二字评价：“教书很难——又要做戏，又要做人。”

干国祥老师的可贵之处，正在“宣讲”与“对话”间求得平衡。整堂课，除了开头寿馨蕊讲述故事的8分钟和课文片段的朗读，其余的时间，都充满学生的声音。有意思的是，从“许多同学举起了手”，到“女生们纷纷提出议论”，到将近结束时的“下面的学生却已经顾不上理我了……”——成功的课堂有两个表征：一是课堂因激烈思辨而忘记纪律、忘记老师甚至忘我，只想参与进去，发表意见；二是课堂之后，或者是纠缠住老师不放，或者同学之间继续探讨不休，或者进行相关的阅读……课堂结束了，而问题的思考也许才刚刚开始。实录中“一些同学很是意犹未尽，有种很想把课继续上下去的样子”，与课后郑朔和卢夏禹的讨论，也说明了这堂课的成功。

事实上也只有在课后，才能从被动地听“宣讲”、师与生以一敌众的不平衡“对话”，转向自由思考、独立探索的“独语”阶段。思考与表达都是最具个体性的，几十年不变的集体化课堂模式，终有一天，也当会以小班或选修的形式，来尽可能地满足个体发展的要求。

从“问题→图示”课堂，到“问题→问题”课堂，到不把教学目标前置设定，仅含有授课者基本意图（不确定指向）的课堂，在模式演变上，也大略呈现出“宣讲→对话→独语”的轨迹。

但开放的课堂不等于教师的缺席，对学生个体的深切了解，课堂及时准确而到位的反馈都不必说了。在操作层面上，不打开书本的禁令、“今天过生日”的寿馨蕊上台讲述、主要段落的朗读、主干问题的设置（为什么大雁说“丑得可爱”，而野鸭说“丑得厉害”？是不是注定丑小鸭就会变成白天鹅，不管他怎么做？安徒生与丑小鸭是什么关系？哪一种心灵可以称之为“高贵的心灵”？）都体现出干老师课堂的艺术。

从《丑小鸭》中，也许我们还可以读出诸如以下主题:广大的世界（“这个世界真够大！”），出走与找寻（在流浪中才能证实世界的博大，外界充实了丑小鸭，让他完成成为白天鹅的转变），个人和群体（种种不同动物对他的评价），沉默和言说(“白天鹅没有说话，把头深深藏在翅膀底下”)……

课堂以“我们要拥有一颗高贵的心灵”作为收束，也许还是不够的。

杭州外国语学校　郭初阳

关于《鹬蚌相争》一课的两个问题

第一个问题："鹬的嘴正被蚌夹着呢，怎么可能说话呀？"

江苏小学语文名师周益民老师在教《鹬蚌相争》一课时，遭遇了这样一个"意外"：

《鹬蚌相争》的故事学起来可真带劲，孩子们诵读着、表演着，乐不可支。

奇怪的是，每逢这种时候就分外活跃的小常今儿个怎么似乎游离在外？

我正待悄悄过去准备看个究竟，他已经高高地举起了小手。

"老师，我觉得课文有问题！"他的语气是那样的兴奋，"你看，书上写鹬威胁蚌说：'你不松开壳儿，就等着瞧吧。今天不下雨，明天不下雨，没有了水，你就会干死在这河滩上！'你想呀，鹬的嘴正被蚌夹着呢，怎么可能说话呀？"

"是呀是呀，这样想来后面也有问题。后面课文还写蚌得意扬扬地对鹬说：'我就夹住你的嘴不放，今天拔不出来，明天拔不出来，吃不到东西，你也会饿死在这河滩上！'蚌正夹着鹬的嘴呢，怎么说话呀，一开口不就让鹬拔出嘴了吗？"其他同学受到启发，也有了新的发现……

周老师毕竟是名师，面对意外，他巧用三招，不仅妙解了此问，而且上出了一堂没有预约的“生成性课堂”。第一招，把问题推还给学生，“大家就这个问题小组讨论讨论”；第二招，把问题推给作者与编者，“同学们一起动动脑来改改教材，再动动手给编辑们写封信，如何”；第三招，当学生问蚌如何能说话，两个壳是不是它的嘴的时候，他仍然是“太极推手”：“这个问题怎么解决？”——“上网或去图书馆查资料”“请教自然老师去”“不，设法弄只蚌来自己观察”……

此事周老师写成《无法预约的精彩》一文，发表在《人民教育》2004年第1期上，据说从此“无法预约的精彩”便成了“小语界”的一个“熟语”，此课也成了“生成性课堂”的一个范例。然而在一片赞扬声中，我发现，我们并没有把一些基本的问题（包括教材的问题与教学的问题）理清，这样“生成”仅仅成为“预设”的反义词或者朝课堂设计相反的走向走，“精彩”也仅仅停留在“热闹”的表面，仅仅是把掌声、喝彩而不是“意义”当成了精彩。同样，周老师充满灵气的一课，也因为读者生硬的解读而迅速地成为“死去的象征”（荣格语），没有带给大家更多的思考。

我这里先把课堂教学的问题抛在一边，从文本阅读理解开始，最后走向关于课堂教学的思考。

关于童话、寓言、神话中的“不合生活常理”的错误

“鹬的嘴正被蚌夹着呢，怎么可能说话呀？”当这个孩子这样问的时候，他其实是走出了“游戏”，站在“游戏”之外在分析“游戏”的规则与意义了。就像是坐在足球场四周的看台上观看AC米兰球队与尤文图斯球队的比赛，你固然获得了观看的愉悦，领会了足球的魅力，但从本质意义上，你仍是在足球之外，你并没有进入足球之中去，只有那些在场上奔跑踢球的球员，他们才是在真正地“参与游戏”，创造并获得了足球游戏所能带来的价值与意义。“游戏的存在方式不允许游戏者像对待一个对象那样去对待

游戏。”（伽达默尔）游戏的主宰者是游戏本身，它的魅力就在于它能使我们忘我地投入其中。而正如足球场上必然会发生无数个传接球错误、越位与手球的犯规甚至进乌龙球一样，我们只能在认同整个游戏的前提下，来理解这些错误的意义。同样，童话、寓言、神话中的“不合生活常理”的错误，也需要从童话、寓言、神话内部结构本身来思考——这并不是说，这些错误是合理与不可避免的，而是说，我们需要超越错误本身，从整个游戏的意义上来对待错误。

其实用生活中的常识去比照童话这类文章的时候，我们便会发现许多全然不合理的地方，姑且不讲动物、植物乃至石头、河流都开口说话（这个已经被我们认同是前提），就是在“物性”的层面上，我们一样能够发现它漏洞百出。电影《小飞侠》中，小飞侠彼得·潘的影子会遗失在温蒂的家中，而小狗咬破了影子，影子会与小飞侠争斗，温蒂能够巧妙地把影子缝回小飞侠的身上……这一切怎么可能？但这一切恰恰是我们观看这部童话电影的快乐所在。《小王子》中，每个人居住在一个房间那么大的星球上，且不说有没有空气可供呼吸，单是从对星球陈设的描述来看，它连最起码的厕所都没有准备，这让人怎么活？《灰姑娘》中，当所有的衣服都变回原样，可是就偏偏剩下那只水晶鞋仍然没有变回去——假如我们同意让它变回原来的模样，或者改写整个故事的话，那么也许《灰姑娘》就再也不是与《丑小鸭》《小王子》一样不朽的经典童话了。

错误也可以是精彩的来源或者精彩本身。足球比赛中任何一方的进球，其实也就意味着另一方的某个错误。就如这堂课，学生没有意识到自己“跑了题”这个游戏错误，但教师从课堂组织的角度意识到了这是一个生成性的资源，并借此上出了“无法预约的精彩”。只可惜对于寓言本身，我们却没有真正地做进一步的认识，后面的改写与写信，在收获教学活动精彩的同时，也牺牲了寓言本身的精彩——也就是说，师生们从寓言中抽身而出，转而去追寻寓言以外的东西了。孰得孰失，尚需三思。

虚构与真实，抵达文本与存在的意义

有必要再稍微深入一点，谈谈真实与虚构、真理与存在，因为这些正是我们的语文课一直缺失却不该缺失的东西。亚里士多德曾说：“诗比历史更真实。”对受实证主义认识论“毒害”的人来说，是永远不可能领会这句话意义的。而正是这种认识，带来了西方数千年来包括历史学本身在内的诸多学科的繁荣。在伽达默尔看来，艺术的正当性，正是它揭示了存在（这里所说的存在或者真理，指的都是生存的可能性）。如果觉得这样说太玄乎，我们不妨拿《鹬蚌相争》这个文本最初的形式来进行讨论。

> 赵且伐燕。苏代为燕谓惠王曰：“今者臣来，过易水，蚌方出曝，而鹬啄其肉，蚌合而箝其喙。鹬曰：‘今日不雨，明日不雨，即有死蚌。’蚌亦谓鹬曰：‘今日不出，明日不出，即有死鹬。’两者不肯相舍，渔者得而并禽之。今赵且伐燕，燕、赵久相支，以弊大众，臣恐强秦之为渔父也！故愿王之熟计之也。”惠王曰：“善。”乃止。（《战国策》）

用我们刚才用过的术语来说，“赵将伐燕而终于未伐”是一个“历史事实”（然而我们也可以认为，与所有的历史文本一样，它同样也是历史学家或者文学家的“人造物”），而“鹬蚌相争”是一个“虚构的寓言”。但是，我们看到，这个寓言文本并不是对生活的简单模仿，它的产生与第一次被阅读都是对生活的创造，它通过创造一种更有意义的历史可能——避免“鹬蚌相争，渔翁得利”——而实现了它的意义。说简单一点，也就是苏代与赵惠王通过对寓言故事的创作与理解，影响了他们自身的存在，而这也可以视为亚里士多德所说的“诗比历史更真实”的浅层次上的意义。

在这里，我们其实已经揭示了这样一个道理：阅读，是生存的一种方式，而不仅仅只是分段、分析结构、归纳寓意这样一些技术。我们理解寓言和其他文本也许需要通过这些技术来抵达意义，但是这些技术本身并不是我们的目的；而且在许多时候，这些僵化的技术反而妨碍了我们去创造性地理解意义。当然，在许多专门学习某一类技术动作的课上（比如音乐课上的听力练习），这时候，技术本身也是我们学习的临时性目的（这样的语文文本相当于王荣生博士所说的“样本”），这又另作别论。从这个意义上来观照，周老师课堂实录上所用的几招都没有完成“抵达意义”的目的。

语文课上的“提问”与“问题”

理解了这些，有助于我们回头来看教学上的一些问题。为了便于分析，我这里临时性地把学生在课上的询问与质疑都称为“提问”，而把能够帮助我们抵达意义的问题称为“问题”或“真问题”。

为了使阅读行为成为生存的方式，我们必须让自己（和学生）从个人最原始的经验去理解寓言的意义。也就是说，我们阅读寓言与神话，就意味着寓言与神话中的问题并不仅仅是伊索、荷马、韩非、庄子的“问题”，更准确地说，它们也同时是我们当下的人生难题。在我摘录的寓言原文中，我们可以看到，赵惠王正是站在自己的原初经验（将伐燕）上，理解（也就是赋予）了“鹬蚌相争”这则寓言独特的意义。我们的阅读也同样，我们必须从自己个人的体验开始阅读，从我们的历史，也就是我们阅读时的“前有”“前见”“前把握”（海德格尔语）开始进行阅读，用我们已经储备的生活经验与理解能力，帮助我们再次创造性地领会这个寓言的寓意（这种创造性的领会，可以参读我的另一篇文章《如果兔子并未中途睡觉——重新演绎〈龟兔赛跑〉》，在此文第二部分，我也将根据另外一个学生在课堂上的“问题”，对《鹬蚌相争》这个寓言做当下意义上的领会）。

这样，我们可以看到，那个学生说“鹬的嘴正被蚌夹着呢，怎么可能说话呀”，其实并未涉及对寓意的真正理解，而且单凭这个问题，也不能达成师生对寓言的真正理解。这是一个在理解之外、游戏之外的“提问”，当然，如果我们借此“提问”来搞明白寓言、童话的一些特点，来搞明白虚构中的错误，并不妨碍意义的创造性理解，那么它也是有着积极的意义的。但这些意义并不是寓言最终能够带来的“领会”，如果教学到此为止，那么我们不仅要说它并没有带我们跨越理解寓言的门槛，而且也可以说它是带着我们走上了另一条远离“理解文本意义”的道路。当然，我个人认为，周老师这样做，从大课程的角度来讲，也未尝不可，因为从更长远的教育目的来讲，写信、交流观点、表达都是语文学习的一部分，周老师带学生所做的一切，都有着积极的意义，把另外的任务放在这里完成，这没有什么可非议的。只是肯定这一点，我们并不能够因此而认为，这就是理解寓言的教学，这个精彩就是理解与领会的精彩，就是创造性阐释并赋予生存以新义的精彩。

那么怎样才能抵达我们所期待的“领会寓言意义”的境界呢？显然，它不能借助外围的“提问”，而必须寻找到真正的“问题”。

第二个问题：“我们不想两败俱伤，该怎么办？”

行文至此，江苏范崚瑱老师通过“教育在线”论坛寄来她上的《鹬蚌相争》一课。可以毫不夸张地说，范老师的案例为我的上半部分文章提供了不止一打的证据！而且，我也将因此而修改我的思路，范老师此课结束的地方，将是我对此文此课做进一步阐释的起点。

在范老师的这堂课上，有孩子也提了一个有趣的问题。

> 我在教学《鹬蚌相争》这篇课文时，预设的目标是引导学生理解寓意——双方争利、互不相让，结果两败俱伤，反而使第三者得利。但是在请学生发表对鹬蚌的看法时，有学生提出，鹬蚌都没有错。理由是：鹬去啄食蚌是因为它饿，为了生存，它不得不这样做；蚌夹住鹬，也没有错，它只是为了保命，所以它不得不紧

紧夹住。它们这样做，不是为了争利，只是为了能生存。

这个孩子的发言引起了极大的反响，有同学赞同，有同学迟疑，有同学仍然试图维护寓言的本意。一石激起千层浪，学生的关注点都聚集在这个问题上。

我紧张地思考之后发现，这个学生之所以提出这样的问题，是由于他关注的不是作为寓言的文本，以及寓言所想表述的思想，而是将寓言借以传达寓意的载体——故事，放置在客观自然界去观照，从自然界的生存法则的角度来看待鹬和蚌。他这种观照本身并无不可，但是，若按照他的这种思路，显然无法理解寓言所要表达的意思，无法认可“不为了一己小利（眼前的利益）争执不下，以免两败俱伤”这种处世之道。如果停留在这个话题，课前预设的目标就无法达成。

我索性顺着这位同学的观点，请他寻找鹬蚌相争的原因。

孩子毫不犹豫地说：“为了生存。”——是啊，生存可不是什么小利，是关系到生死的根本利益，维护自己的根本利益，这确实无可厚非。

我表示赞同：“确实，生命是可贵的，鹬和蚌为了生存努力抗争没有错。……可是，请告诉我，它们苦苦抗争的结果是什么？”

孩子犹豫了一下说：“都没有能生存下来。”

“都被渔夫当成美味佳肴了。”

“红烧鹬肉，咸肉河蚌汤，啊，美味！”一个小调皮夸张地说，全班哄堂大笑。

说鹬蚌没错的孩子显得很不自在。既然为了生存抗争是正确的，结果为什么却这样的可笑呢？这个孩子有不理解，也有被同伴取笑的不服气，但一时又找不到使自己摆脱困境的办法。

我走过去，摸了摸他的脑袋说：“孩子，你想得没有错，你能更进一步地想一想，它们之所以没有能成功地生存下来的原因吗？”

我的安抚显然起了作用，孩子得到了我肯定之后，斗志一下子高涨起来，顾不上坐下就捧起书寻找起答案来：“它们不该纠缠个没完没了，只要有一个退一步，先放开就好了。”

“是啊，一味地为了自己的眼前利益，争执个没完，对问题的解决毫无作用。有时退一步对自己和别人都有好处。孩子，你想得真深刻，老师备课的时候都没有考虑到这一点呢。谢谢！”

孩子兴高采烈地坐了下去。我进一步地总结：“在同学的建议下，老师对这篇寓言有了更深刻的理解，原来，坚持维护自己的利益这种行为并没错，只是要注意采取正确的方式。只看到眼前利益，不考虑长远利益，一味地僵持是不可取的，应该采取正确的方式。否则，只会是事与愿违，不但无法维护自己的利益，反而会大大损害自己的利益。我的理解正确吗？有同学为这个新的理解做补充和说明的吗？让我们用掌声感谢提醒我们讨论这个问题的同学。”

教室里响起热烈的掌声，说鹬蚌没错的孩子激动得小脸红扑扑的，站起身来彬彬有礼地向同学们敬了一个队礼，我感觉到，他在面向我的方向停留的时间要长一些，这是一份多么珍贵的感情啊。

可是，这次“旁逸斜出”的讨论并没有结束，关于鹬蚌该采取怎样的办法解决矛盾的问题又被孩子们提了出来——谁该先让一步呢？

“蚌该先让步，它该先松开夹着鹬嘴的壳，要不然，鹬没有办法松口。”

“不行，蚌不能先松口，万一它松了口，鹬趁机把蚌肉吃掉了，蚌不就死了吗？蚌不能先松口。”

“鹬要先保证不吃蚌，蚌才能松口。”

“两个这样僵持着总不是办法，就是没有渔夫出现，这样斗下去也是死路一条，反正都是死，蚌不如赌一把，就相信鹬一次，先松开吧。”

“生命怎么能用来赌呢？生命是宝贵的，只有一次，蚌凭什么来信任鹬呢，万一鹬不可信怎么办？”

……看着争执不下的学生们，我灵机一动，打趣道：“喂，争吵不休的小伙子、小姑娘们，你们在学鹬蚌相争吗？”

谁想到，他们竟异口同声地说：“错！”

“真理不辩不明，我们可不是为了自己的利益在争吵哟。”一个伶牙俐齿的孩子说。

我心头一热，是啊，他们这可大大不同于鹬蚌相争呀，他们对这个寓言的理解已经超出了我的想象了。

孩子们争执不下，我也无法作出一个正确的判断，但有一点是肯定的，孩子们都认同了课上师生共同讨论出来的“共识”——不能为了眼前利益一味地争执，免得两败俱伤，反而损害了自己的利益，要采取妥善的解决方法。至于怎么解决，也许不同情况下有不同的办法。就像鹬蚌面临的局面，解决这个难题涉及诚信的问题，这样重大的人生问题，绝不是一堂课、一个文本能够探究清楚的，况且，《鹬蚌相争》这则寓言本身并没有将解决之道寓于其间，这是本课无法完成的命题，我不能在这堂课上大包大揽，奢望解决所有的问题。

于是，我提议：“如何解决鹬蚌相争的难题，每个人都有自己的看法，其实，不但是你们，老师也很为难，就是你们的父母，因为个人的经历不同，采取的解决办法也肯定不同。我们是不是可以做一个有趣的调查？从自己身边的大人中选择四五个不同职业、不同情况的，采访一下他们认为鹬蚌该如何做才能避免两败俱伤。我建议，一定要记下被采访者的社会身份和他们的观点，到时候我们一起来研究，说不定会有很有趣的发现，你们同意吗？”

（在此真诚感谢范老师，感谢她无私地将未发表的文稿《“旁逸斜出”也精彩》赠给我，让我顺利地完成了此篇文章。）

这样的阅读教学，就是我前面所说的从自己的原初体验出发，创造性理解并赋予寓言以意义，并进而改变生存可能性的阅读行为（生存方式）！此课最大的优点，就在于它将阅读寓言与思考当下生存的问题天衣无缝地结合在了一起。

可以说，从一开始，范老师就清楚地意识到：不能“将寓言借以传达寓意的载体——故事，放置在客观自然界去观照，从自然界的生存法则的角度来看待鹬和蚌”，因为“这种观照……显然无法理解寓言所要表达的意思”。也正是对此点的清楚认识，所以范老师能够借机点拨：“鹬和蚌为了生存努力抗争没有错。……可是，请告诉我，它们苦苦抗争的结果是什么？”“你能更进一步地想一想，它们之所以没有能成功地生存下来的原因吗？”而正是这几处轻轻点拨，引发了学生之间的一次次投入的、忘我的讨论，这些孩子，可都是用自己的生命体验在理解寓言啊。

然而，此课毕竟留下了一个并非遗憾的遗憾：师生们并未能解决“关于鹬蚌该采取怎样的办法解决矛盾——谁该先让一步”这一问题。从教学的角度讲，这不仅不是一个遗憾，甚至可以说是一处异常精彩的地方。这与我在《斑羚飞渡》一课的结尾有相似的地方：“一堂课下来，我没有任何的答案可以给大家，因为我也同样困惑、犹豫——在生命与崇高之间，在生存与文明之间该如何选择。这里我仅仅提供一点我对这个问题的个人的看法。请记住，这不是答案，这只是一个生命个体面临艰难选择时的一些想法……”还有窦桂梅教授《圆明园的毁灭》一课的结尾（课堂实录见《教师之友》2004 年第 11 期）：“圆明园的大火早已熄灭，可是我们思考的脚步不能停止。有着五千年文明的强大的中国为什么会被几千个强盗杀到京城？圆明园里烧掉的究竟是什么？毁灭的究竟是什么？永远也毁灭不了的是什么？——也许，今天的学习只是给同学们打开了一扇小小的门，无非让同学们看到这一点风景，之后能沿着更多的视角，怀着更多的思考走向未来的人生。这才是这两节课学习的真正的目的。”问题比答案更重要，我们的教学不妨从一个问题出发，最终抵达另一个更深刻的问题或者关于前一个问题的更深的困惑，这样用心解答却最终悬而未决的问题，将迫使孩子用一生的时间去解答，在以后的岁月里给出基于他的个人经历而得出的答案。然而，从理解并赋予寓言以创造性意义这一角度讲，这毕竟是一个遗憾，如果教师能够通过点拨让孩子在课堂上创造性地把握这个寓言，那么他也就实实在在地品尝到用思维工具来提升存在品质的幸福。这种对求知的幸福体验也就是马斯洛所说的“高峰体验”，“高峰体验”本身也就是生存的终极目的，也是我们继续积极地生活、主动地求知的原动力。

“我们不想两败俱伤，该怎么办？”其实并不如范老师所认为的那样，“《鹬蚌相争》这则寓言本身并没有将解决之道寓于其间，这是本课无法完成的命题”，如果我们再度通过用原初体验解读寓言，通过对寓言文本的“悬置”与“还原”（胡塞尔语），我们其实并不难获得一个较完满的解答。

鹬蚌相争，其实写的是一种特殊的状态，它象征的其实就是由于侵略与保卫、进攻与防守、欺侮与抗争、压迫与反抗、同行间恶性竞争而导致双方陷入僵局，再发展下去就将两败俱伤的这种状态。正如范老师与她的学生们所认识到的那样，对于这样的问题，仅仅用道德是非来看待与尝试解决是幼稚的，我们应该从生存伦理的角度来寻找答案。

我们在阅读文章之后，有没有确定不变的答案？如果从海德格尔的释义学理论来看，所有的领会都是自我的领会。阅读与理解主要目的并不在于获得绝对正确的解释（因为也并不存在着这样的解释），而主要在于阅读者自身存在可能性的展开。那么此课至此，我们如何展开读者自身存在的可能性，让学生通过阅读再度“筹划意义”，感受存在呢？

如果是我，我会引导学生思考：当双方发生冲突僵持不下即将两败俱伤的时候，如果一方是主动者，另一方是被动者，那么一般会是谁先退让？（请注意，我并没有说“谁应该退让”，而是让大家用生活中的原初体验来理解这个问题，而不是用现成的道德标准来解决这个问题）在这个故事中，鹬与蚌谁是主动者，也就是说，谁是肇事者，是谁导致了可能出现的两败俱伤的局面？

这是第一步，它不能解决问题，但它是必须迈出的重要一步。通过分析课文我们不难发现，鹬是事件的主动者，如果在可以退让而不导致自身的伤害、不退让必将与对方一道受伤的情况下，事件主动者总会给自己找个台阶下。当然，在这个故事中鹬如何退下来，这是后话。

解决了问题之后，我会再度引导学生思考：当双方发生冲突僵持不下即将两败俱伤的时候，如果一方是强者，一方是弱者，你认为谁会先退让，为什么？

这是理解寓言的真正关键处。也许教师在引导学生阅读与讨论的过程中还需要补充足够的材料，以补充学生可能并不足够的“原初经验”。

其实正如两个同学在发生争斗时的情况一样，弱者是不能够退的，一般也不会退，他不愿退也无法退。可以这么说，对弱者而言，双方僵持不下这种状态，也是他唯一的一次机会，因为在这种状态中，双方一样强大也一样软弱，弱者正可以通过此次机会，“教训”强者以后不敢再轻易欺侮自己，而弱者的主动退让则会导致自己的灭亡。正如在学生间的冲突中，弱者的委曲求全只会有一个结果：成为屡屡被欺侮的受气包。但是强者可以从容地退让，因为他的撤退并不足以让弱者趁机对他进行攻击，强壮的孩子即使再谦虚也不可能成为弱小孩子的受气包。

显然，在这个故事中，无论是仅仅从字面的意思或生物学的角度来理解，还是回到赵国与燕国的即将发生的战争的最初问题来理解，“蚌”都是弱者，它若主动张开双壳，无异于送肉给“鹬”；而“鹬”是强者，它的退让并不会导致“蚌”趁机将它消灭。

理解了这些，我们就不难明白：只能是鹬先作出退让的姿态。至于后面的问题，就不难解决了，它们可以通过对话、立定契约、争论（如邻居通过发生争执以解决积压的矛盾那样）、调解等方式来达成以上的共识，并采取行动来使双方脱离困境。这里特别补充一点：即使从最字面化的理解而言，被夹住了嘴也并不表示不能发出声音，而鹬在被夹着的状态下，也并不是不能做出退让的姿态，譬如当它在用力后拔的同时，蚌稍稍松一下壳，就足以让双方脱离险境。

显然，赵惠王是一只很聪明的“鹬”，他知道自己是强者，是主动挑起事端者，所以当“蚌”（燕国）托人来调解的时候，他便主动地松了口。鹬蚌相争而终于未争，秦国这位“渔翁”这次自然也并没有得利。

深度阐释之后

——评郭初阳《珍珠鸟》课案①

区别于板书、普通话、下水作文等传统的教师基本功，我认为可以将文本解读与组织课堂教学视为当下语文教师最重要的两个新基本功。在课程代替大纲与教参解放了教师后，语文教师的文本解读能力已经越来越显示出它的重要性；从相反的角度来看，也可将这个解放看成一次“放天足”，对那些已经在“裹脚布”里待得太久而长成“三寸金莲”的教师而言，新课程带来的并不是解放的快乐而是寸步难行的痛苦。面对一个文本如何才能解开它从表层到深层的结构？如何才能探得深埋于文本深处的骊龙之珠？郭初阳的《珍珠鸟》一课，无疑在这方面做了大胆、前卫、有益的探索。

一直以来，文本的意义掌握在“作者”（一个并不实际存在的权威解说者）手中，阅读的任务就是准确地理解作者蕴含在文本中的意义；阅读教学的任务，也就相应地成为“学会理解课文中蕴含的作者所要表达的意义”。这种陈旧的阅读观和陈旧的阅读教学观使得师生（读者）成为被动、消极、无所作为的文本消费者，使得教学活动不仅没有能够成为富有创造性的智力活动，而且往往单调枯燥得如上下级间传递公文。

郭初阳所上《珍珠鸟》一课，无疑是不同于这种被动的阅读观与阅读教学观的，它采用了一种迥然不同于传统以作者思想为文本意义的解读方式。郭老师认为文本的意义是由读者与文本（含有作者意图，而不仅仅只有作者意图）对话的结果；而语文教学的任务，也就是展开这种师生与文本

---

① 郭初阳:《珍珠鸟》课案详见《人民教育》2005 年第 2 期，本文刊发于第 3 期。

的自由对话，同时在此过程中实践性地掌握创造性解读文本的方法。

如果用传统的阅读观来阅读此文，读者的任务就是通过吟咏词句，体会作者所描绘的人鸟和谐的美好境界，理解作者已经清楚地点明的“信赖，往往创造出美好的境界”这一哲理。而阅读教学也就是教师引导学生进行“虚心涵咏”，进行“切己体味”，“抓住中心句来读和议”。

但是，郭老师的课堂提出了相反的意见：从来如此，便是对的吗？是不是文本中还具有超越作者意识的更多的东西？一个时代的局限与它在身在其中者身上所打下的烙印，每个人写作背后的无意识，文本展开时自身的发展规律……这一切使得文本意义与作者思想二者之间从来不能简单地画上等号。显然只有拥有了一种全新的阅读观和阅读教学观，我们读者才有可能从原来消极的附属地位上获得真正的解放。

郭老师通过对文本结构的解构，通过互文性阅读（用筱敏的《鸟儿中的理想主义》、影片《群鸟》和古诗词中的鸟等与《珍珠鸟》原文构成相互解释的文本群），不仅让学生理解了作者所希望寄寓的前文所述的表层意义，还深刻地指出：“《珍珠鸟》中作者的沾沾自喜与津津乐道，实有‘欣赏囚禁’的嫌疑。”“《珍珠鸟》一文，实是研究中国作家自由缺失的无意识表现的最好案例。”这样，阅读便从狭隘的就文解文，上升到了在文化上乃至普世价值高度上来对一个文本进行观照了。

当然，水平高并不一定意味着正确，在对文本解读的时候，我们还必须注意到多元解读的边界，并防止对文本做过度阐释。关于此点，郭老师显然是清醒的。如果不是抱有成见的话，细读课案后我们不得不承认，郭老师的解读是“深度”的而非“过度”的。整堂课其实是教师经过整理后的自己对文本解读的一次成功的呈现：“以人与鸟之亲近，来观察鸟与笼子的距离；以筱敏与冯骥才态度之差异，来发掘对囚禁的欣赏；以影片《群鸟》中笼子的置换，来反省人类自恃有力的迷狂；以小竹笼束缚身体与大房间束缚精神，来推究天生的囚徒对自由的担当……”这个过程是有理有据的层层剖析，而不是脱离文本的天马行空。

但是，在教师个人完成对课文的深度阐释之后，课堂教学（学生的阅读）又该以怎样的方式进行？在课程赋予了语文教师解读的自由之后，它有没有确保学生的自由解读？作为课堂教学的集体解读，究竟应该是呈现教师阐释的结果，还是师生一道重新探索文本的意义，完成阐释的过程？是谁在向文本提问并最终做出回答？考察这些教学上的问题时，我认为郭老师此课在“教学推进”的方式上，还是有值得推敲的地方的。

用结构主义认识论的观点，我们可以比较清楚地理解一个学生在阅读一个文本过程中是如何完成他个体的认知过程的。一次创新的完整而有效的阅读也许可以视为一个“平衡→（干扰）→不平衡→（同化与顺应）→再平衡”的过程。

当学生怀着某种期待阅读《珍珠鸟》的时候，如果没有郭老师的指点，那么我们可以认为学生也许只不过是阅读了一个感人的动物故事，他原有的认知平衡不会被打破，只会在旧的认知结构中进行一次知识与语言的微弱的“量”的积累，而认知结构因为没有大的干扰，也就不会发生变化（质变）。因此，应该像郭老师所做的一样，必须让学生在阅读过程中遭遇干扰信息，遭遇他用旧结构不能处理的信息，让他不得不在努力用已有知识结构“同化”这个信息的同时尝试着改变原有结构，去主动“顺应”这个信息，完成一次学习的质变！

这是一个极为复杂的过程，其中的许多微妙的原理，至今未被人类完全理解。但是，我们从经验中已经能够理解和掌握许多心理与教育的规律，譬如，在认知转变的过程中，如皮亚杰告诉我们的那样，这一“不平衡必须被深入地发觉或具有‘深远的影响’”，学生在认知结构“重组之前应在过去的模式中尽可能地停留，或许比应停留的时间要长。为此，干扰和困惑必须在深刻的结构层次上真正引人困扰——它们要求学生从根本上怀疑正在使用的程序和作出的假设”。[①]

我们再来看这堂课的几个干扰信息是如何呈现的：

1. 师：当它离人越来越近的时候，离什么越来越远？→教师揭示：它离

① 《后现代课程观》第117—118页。

笼子越来越远→听歌曲《囚鸟》→师：这节课我们就来探讨一下笼子问题→两个问题：珍珠鸟的笼子有什么样的特点？小鸟是否真的离开了笼子？

2. 师：所有的人对待鸟儿都和作者冯骥才一样的态度吗？→比较筱敏的《鸟儿中的理想主义》。

3. 师：无论是筱敏文章中的鸟，还是冯骥才文章中的鸟，都是很小的鸟……被我们关在笼子里面，欣赏把玩，但是鸟儿真的都是那么温顺可爱的吗？→观看希区柯克电影《群鸟》，思考：谁更有力量，在影片里面，有没有笼子？→如果我们成了珍稀动物关在笼子里面，你会怎么想？

我们不难发现，在郭老师提出问题（也就是发现困惑或者发现干扰信息）之前，学生不仅没有能够发现这些问题，而且甚至还没有做好面对问题的准备。他们在自由阅读文本的阶段中停留的时间太短，在与文字“游戏”的过程中体会表层文字带来的感动太浅，这也就妨碍了后面认知落差的形成。也就是说，学生对《珍珠鸟》文字所带来的表层的感动是肤浅的，这种肤浅影响了后面对深层意义的发现，二者之间缺乏落差，缺乏必要的张力。于是，在课堂中出现了这样一段对话：

师：那么，我们再来想，假如这只小鸟我送给了你，你会怎么对待它？（示意旁边那位同学。）

生：我，我会把它养起来。

师：你把它养起来？为什么？

生：因为，我比较喜欢小动物！（众笑）

师：小宠物，养起来，是吗？

生：对。我觉得，养在笼子里面，我每天可以看它，非常可爱的！

师：那你是和冯骥才一样，欣赏它，是吗？

这段对话并非出现在课堂的开始，而是出现在教学即将结束之前。这固然可以理解为体现了课堂上气氛的自由，但如果细加考察，也许我们不得不承认：过多的主题（有限的时间与有限的学生认知能力都是多元解读的边界），过急的转换，缺乏必要的个人的充分体验（无论是困惑前，还是对困惑本身），使得教师的深度的文本解读，却可能造成了相当一部分学生在课堂上体验与理解的浮光掠影。

如果从在规定的时间里可能实现的解读广度与深度来考察，这堂课引入的这些文本有哪些可以精简？这堂课讨论的主题有哪些可以精简？如果从学生所处年龄的认知水平与原有解读能力来考察，这堂课应该在哪几个问题上聚焦？哪些互文性文本有助于学生体会文本的表层意义，哪些互文性文本有助于学生自己发现困惑，哪些互文性文本能够帮助学生发现文本的深层意义？或者说，能不能通过对文本本身的进一步体会，达成对此课的由浅入深的阅读理解？对此课的理解，郭老师显然远比我要深刻与全面，所以我想这些问题的最佳解答者，仍然将是郭老师本人。

教师本人的深度阐释毕竟不能等同于课堂教学中的深度解读，教师苦心孤诣地长期研究所得的解读成果，如果一定要在短短的时间里让能力明显弱于教师的七年级学生获得，那就无法避免灌输，且势必不敢真正地开放课堂，而只能严格地在预定的程式中进行操作。

同时，如果不仅仅从认知的角度，而同时从教育社会学和教育伦理学的角度来考察此课的师生关系；不仅仅从人与文本的对话关系，而同时从人际对话（包括老师与学生、学生与学生的对话）来考察课堂上的对话构成；不仅仅从最后抵达的课堂解读深度，而同时也从学生个体自我建构、自我对话的深度或者说语言—精神结构的提高程度来考察课堂实现的教育目的——那么我们也许还可以借此课反思更多的东西。

郭老师此课的意义是深远的，正如它曾经在浙江省新课程研讨会上所引发的强大的冲击一样，相信它还将给更多的读者带来惊喜与“干扰”；而这种“干扰”将促成我们的语文课堂与语文课程尽快地调整结构，形成新的更高层次的平衡。也正为此，我在无限欣赏此课的同时，宁可多费一些笔墨在批评上，以期形成一个多声道的对话场，为进一步的研讨抛出第二块引玉之砖。

成为课程开发者

——教师专业化之思考

提要：种种迹象表明，语文教育实践正在经历一次前所未有的突破。在理论层面上，它的宽度与深度和纠缠了数百年的“工具性”与“人文性”之争相比是不可同日而语的；在操作层面上，它是一次全方位的课程开发工程。在此转变中，作为课程的核心——教师，理应自觉地成为语文课程的开发者，成为语文教育的反思性实践者。舍弃以“理论样式的话语”作为评价标准，选择从“实践样式的话语”出发来反思教育，这是本文思考语文教育问题的切入点。本文试图通过对一个理想主义的“语文教育公式”的分析，来思考打破课堂中心后的语文实践的丰富含义；进而，把理论视为对实践的反思。通过反思理论自身的不足，获得它自身疆域的开拓——突破认知心理学和语文知识体系，从社会学、语言学及其他人文思潮等诸多领域获得它更新的力量。

关键词：专业化成长课程开发者反思性实践

100年前，杜威在《教育中理论与实践的关系》一文中写道：

我怀疑，我们作为教育者，是否一直关注师资培养的问题是更为普遍的问题之一，亦即专业培养问题之一的事实。……进一步说（应当感到耻辱和吃惊），教师这一职业难以被认为是必须有特别的专业教育的职业。

100 年后，2004 年 4 月，《教师之友》杂志和徐州教育科学研究所在江苏徐州举办了第一届青年教师论坛，论坛的主题是“教师专业化成长”。来自四川的网络写手、高中历史教师“刘支书助理”向韩军等语文教师发难：“有人说语文教不教、由谁来教都无所谓，即使拴一条狗在门口，也可能比语文老师辛辛苦苦地讲要好。你怎么看待这种说法？”令人深省的是韩军不仅没有驳斥这个讽刺，反而补充了一个事实：某校由于严重缺乏语文老师，结果有一学期最差的那个班没有安排语文老师，只发下教参与练习让学生自学。一学期后，这个班级的语文成绩在全年级中并不是最差的。

100 年过去了，至少就语文教师这一职业而言，仍然是专业化程度匮乏，或者说尚不足以用“专业”二字来形容。语文教师和语文教学的非专业表现在理论上，是至今没有形成自足的理论体系，即使代表当前语文教育研究最高水准的王荣生博士的《语文科课程论基础》，也主要着力于理论之理论的研究，以及语文教育理论的框架性建设，却尚未能够潜入课程的实践内核，针对当下的“语文教育生活”和作为课程核心的教师，实现语文教育在理论建设上的质的突破。非专业化表现在实践上，是现实中语文教师的工作仍然停留在将“语文知识”从一本书搬到另一本书（学生的笔记本），和通过反复操练让学生习得一些固定的解题技能这些机械简单的层面上。

导致这种症状的原因，从外部讲，是刚性的不容置疑的、也并不存在教师个体活动空间的“大纲—统一教材—指定教参—知识体系及检测”这一旧课程体系对语文教师的束缚所致；从内部讲，是大多数语文教师缺乏独立思考，缺乏现代知识分子应该有的批判精神与独创精神，一味屈从于教参与考纲而进行“非专业化”的自我认同。在外在束缚与内在怯懦的双重作用下，无论是“素质教育”“创新精神”，还是“人文精神培养”，每一次都只能成为数不胜数的语文教学论文中漂亮的词语，而对语文教育本身，起不到多大作用。

然而，种种迹象表明，近年来的语文教坛所发生的变化，确实在预示着一种新的可能性的出现——这就是说，不仅仅是从文字层面，而且可能从语文教育实践这一层面上，借助新的课程标准的颁布，借助于王泽钊、严凌君、韩军、李镇西、黄玉峰等实践者的先行经验，以及理论界王荣生、钱理群、王尚文等语文教育理论者从多个角度对语文教育的反思与理论提炼，语文教育将有可能获得一个前所未有的突破。在理论层面上，它的宽度与深度和纠缠了数百年的“工具性”与“人文性”之争相比是不可同日而语的；在操作层面上，这是一次全方位的课程开发工程，与以往对语文教学大纲的语句的修订或者修补教材，以及穷毕生之力制造一两堂表演课充作语文实践都是不可同日而语的。这一转变可以从多个维度进行描述与开发，本文就紧扣作为课程的核心——教师这一职业做一些思考。教师理应自觉地成为语文课程的开发者，成为语文教育的反思性实践者，这是本文对教师这一职业的专业化描述；而文章论述的重点则在教师如何成为课程开发者和反思性实践者，反思的目光从何而来，课程开发的实践性含义是什么，语文教育理论与实践如何在教师的反思中融合为一等问题。

实践：语文课程的边界与内涵

美国课程研究者施瓦布早在20世纪70年代就批评美国的课程，他说：“课程领域已步入穷途末日，按照现行的方法和原则已不能继续运行，也无以增进教育的发展。”“课程领域之所以步入这种境地是由于对理论的根深蒂固的、不加考察的、错误的依赖。”因此在构建个性化的、开放的、对话的课程过程中，确实要防止为求得理论上的快感而耽溺于对新词语、新术语的搬用，防止或执工具论或执人文论而不以开放的心态聆听言说方的声音的做法出现，并了解到考察实践的语文教育其实远不是人文论或者工具论可以概括的事实。甚至可以这么说，尽管中国语文教育缺乏真正的理论，但教与学的问题仍然需要通过实践而不是通过理论来处理，理论相互排斥、攻讦，但实践却远非任何一种理论可能囊括。舍弃以“理论样式的话语”作为评价标准，选择从“实践样式的话语”出发来反思教育，这是当前的课程理论界的共识。我们也不妨从这里出发，来思考语文教育问题。但是很显然，我们以往（事实上包括现在）对语文实践的理解是十分狭隘的。一堂课、两本书（教材与教参），一套试卷、几本作业本，至今仍然是大多数语文教师实践中的全部内容。改革正须从这里出发，依托一切现存的可用资源，开发可行（适合具体学生、教师与学校）的“课程系统”，扩大语文实践之边界，丰富语文实践之内涵，这正是语文教学专业化的起点所在。

但是这里必须警惕的是当前的“论坛”有一种将实践本身狭窄化的理解倾向，由于缺乏正确的课程观，一些所谓的“实践”，往往落入技术主义的泥淖中去。我曾经用一个比喻描述这些技术崇拜者和某些名师的课堂：“他们真是世上最高妙的厨师，居然能够把一块烂肉调搅得色香味俱全，尝者吃者观者无不啧啧有声：‘味道好极了！’只是烂肉依然是烂肉，吃下去依然坏了学生的肚子，让他们无法辨别真伪与是非，见绿叶就歌颂，遇蜜蜂就赞美，拿了蜡烛也不忙点燃，而先要吟哦赞叹再三。于是，从‘五四’直到进入21世纪，依然只是制造文人、文人、文人，却少见真正的作为人类与民族良知的知识分子。一样写得一笔好字，操得一口京腔，码得一笔好文（充满了美妙的词汇），只是这与那些清朝的京官与阔少们有什么两样？这难道便是我们所要的语文？”

我曾经在“教育在线·语文沙龙”里发过一个“理想主义的语文教育公式”。这个公式并不恰当地描述为：

> 语文课程＝严凌君－王泽钊式的自编教材＋韩军－袁卫星式的诗意解说＋郭初阳－干国祥式的文本解读＋钱梦龙－李镇西式的课堂对话生成的方式＋梁卫星式的语文生活……

我提出这一公式，原是为了对“课堂中心”做一次反抗。课堂，是语文学习网络中的重要交汇点，是有思想的教师与有个性的学生对可写性文本的游戏与解说，是临时性共识（课堂上的文本意义）的生成，它自有不可替代的重要地位，但语文仍远比课堂要丰富、要复杂。

在这个游戏性质的公式中，之所以冒天下之大不韪列入一些人名（且包括笔者），正是为了遵从当前语文教学的实践，以现存实践为起点，而不是以抽象理论为出发点对语文教育进行反思。在游戏性公式中，严凌君的十四册“青春读书课”，代表了这个时代语文老师力所能及的范围（仅指当前的代表性，而非永远，另外谢泳、丁冬、王丽等人编写的《中学生人文读本》与王泽钊的《新语文读本》等，也具有相似的价值），也代表着这个时代给予语文老师们的自由。韩军与袁卫星等人（这个队伍是最为庞大的，其数量之大几乎无法估量，这里仅从笔者视野出发来进行描述）可以说是继承了钱梦龙、于漪等前辈名师的优秀传统，把课文的传统解读（或者说传统语文课）上升到了一个极致，一个抒情的极致，一个精巧的极致，一个言语品位的极致，一个感动的极致。在这个极致上，反对者出来了，他们或将文本解构，或为文本写入当下的意义。这种对传统的反动不是没有意义的，尤其是我们的大多数课文仍然质量低下，仍然自觉或不自觉地在代表一种意识形态说话的时候。传统语文教学以认同作者的写作和编者的编选为前提，认同文本所寄托的价值取向为前提，来展开教学。虽有质疑，也只是作为一种手段，目的最后还是趋向对作者与编者的认同（质疑仅仅作为教学的手段，这在钱梦龙老师的课堂上表现得最为明显）。而通过对文本的解构，通过真正的对话，通过互文性文本的介入，通过与生活本身的参读，生成课堂当下的意义，这无疑将极大地拓展语文教育在实践上的疆域。

当我们津津乐道、扬扬自得地在试卷上出“《故乡》中的‘我’是不是鲁迅”或者“杨二嫂为什么要在灰堆里埋碟子”这些题目的时候，不知道我们有没有想过答案由谁告诉我们，会不会有问题？在前一题目中，是否都成了正答；而在后一题目中，更多的人倾向于是闰土埋了碟子。当我们把一篇文章讲得头头是道的时候，不知道有没有想过万一有一天学生会不会在颠覆这篇文章的同时，把本该留存的集体意识也泼将出去？所以，必须对自觉（如《个人与集体》）或者不自觉的谎言（如《珍珠鸟》《斑羚飞渡》）进行解构，同时通过对真正具有人文价值的好文本的解读，建构学生个体的“言语—精神”。另一方面，从李镇西提出“语文生活化”“生活语文化”以来，已经有许多语文实践者在各个方面做了有益的探索：课堂外如建设文学社、学生文学网站、教学论坛；课堂内如把网络、电影和社会故事引入教学，与课文形成互文性文本……如果我们不只把这些实践视为语文教育的另类，而视为语文教育的疆域的开拓与内涵的丰富，则已经获得了一种可以观照、反思个体语文教育实践的结构，我们已经不再是白手起家了。

作为一个游戏性质的公式，自然是极不科学甚至不够严肃的，因为它涉及的面太广而了解到的事实毕竟太少。同时，它将几位名师也包含在内后，容易使人产生误解，让人觉得这个公式太过理想化——甚至作为奋斗的目标都有些可怕。然而我列出这个公式，其实并不是认为某个人可以或者应该开拓它的全部指向，而是说，理想的语文，正应该是一批志同而道不合者合力拓展与丰富的结果——大家各有自己的芬芳，却又共同汇聚成一片花海。这仅仅是当前语文教育实践的一个比喻性结构，作为个体的实践，理应在类似这个乌托邦式的新语文教育的框架上，各从自己的资源与历史出发，善于广泛借鉴——譬如直接引进严凌君或者王泽钊的教材，直接引用学术界对教材的解读等；在广泛借鉴的同时，充分发展个人的风格，如建立文学社团，研究课堂进行方式，创办班刊，师生共写日记，开发研究性学习与综合性学习等，这或许就已经是一个比较理想与前卫的语文课程了。但是，拥有实践——哪怕是理想的实践样式——是不是就是未来的理想课程了呢？是不是就成了课程的开发者，实现了语文教育的专业化呢？教育理论真的可以束之高阁吗？谁能保证这些埋头实践不会是“盲人骑瞎马，夜半临深池”呢？

理论：反思的视野与焦点

当我们把实践作为语文教育思考的起点与核心的时候，理论确实会显得尴尬。但是也正是把理论视为对实践的反思，而不是高高在上的指导或不合某一理论就对实践全盘摧毁的时候，理论才通过反思它自身的不足，进而获得自身疆域的开拓。一直以来，我们为语文教育虚构了一个以语文知识体系为框架的语文教学乌托邦，而理论也仅仅停留在围绕此知识体系的传授而展开的认知心理学、行为主义教育学上。只有当我们把语文教师不再视为语文知识体系的兜售者，而视为具体的生活性难题（譬如如何具体地让一个学生获得语文素养的提升）的克服者的时候，我们才能在发现语文知识体系的虚妄（我们将不难发现，一直赖以生存的语文知识体系几乎无益于学生语文素养的提升）的同时，重新理解出于自身发展的需要，我们必须拥有更宽广的理论视野；只有当我们不仅仅把语文视为认知的过程，同时也视为社会交往与个体内在审美的过程的时候，我们才理解我们的视野应该涉猎到社会学、人文思潮、文学批评等新的领域。限于笔者自身视野的狭窄，这里对课程开发者所应该具备的反思视野所做的描述显然是有些勉强的。

（一）粗略地对国内外教育哲学进行历史性地把握与诠释

一直以来，与西方哲学不断推翻前人学说寻找新的解释相反，中国哲学始终在古人的哲学中寻找正确答案，于是哲学便成了注释的代名词。中国教育哲学受其影响，也始终在走一条往回看的道路，即从已经存在的教育典籍中寻找解决今天教育问题的办法。即使在今天，这种教育哲学仍然在各大教育院校流行，一个表征就是现在的大多数论文基本上是名家观点的罗列，新的问题与新的事实，在这些文章中仅仅是提供了已经被证明为真理的旧教育思想的一些新的论据。然而如果用历史诠释的眼光来客观地看待这些教育哲学，我们还是不难发现，只有在被赋予新的含义之后，旧的教育哲学才可能作用于当下，为当前的教育服务。

以孔子的“因材施教”和苏格拉底的“对话法”为例。加德纳的多元智能理论引入之后，马上有人提出，这种教育思想其实在中国“古已有之”，孔子早在两千多年前就明确地提出了“因材施教”的教学思想。在伽达默尔和伯姆的对话思想渗透到教育领域中时，也有不少人提出，苏格拉底不正是“对话法”的真正发明者吗?

这种顾名思义的做法是非常有害的，它往往用新旧术语代替哲学思考，并因此蒙蔽了逻辑推理与事实的判断，使得多年来教育“历史”不是仅仅罗列“史”的死的知识，就是仅仅用一种观点（如马克思主义）来剖析一切思想与现象，而缺乏真正的历史诠释。

以“因材施教”为例。如果用《论语》作为分析它的证据，我们就会发现，孔子追求的教育哲学是一种古典的和谐观，这种和谐观用一句话说，就是“中庸”和“过犹不及”，所以，一切要追求适度。因此，“因材施教”的实质，其实是对过度行为、过度思想、过度才能的抑制，同时也是对不足方面的弥补。在《论语》中，我们可以看到孔子对冉有叹其“勇”不足，同时却一再地批评子路勇气过度，不足取，而对“恪守中庸”的颜回则赞叹有加。显然，这与今天我们提倡的多元智能背景下的“因材施教”是大相异趣的。

苏格拉底的“对话法”也一样。对话的实质是“没有人拥有真理而每个人都有权利要求被理解”，即对话的双方在对话行为中取得一定的共识，发展各自的思想。但是如果我们阅读《文艺对话录》，就不难发现苏格拉底的“对话法”其实是老师一方掌握着真理，然后通过盘问的方式让学生明白与掌握教师手中的真理。这恰恰是与现代的对话思想背道而驰的。

由此可见，如果没有独立的判断，如果对整体教育史缺乏哲学把握，我们的教育思考便很可能陷落在那几条在传播中被严重歪曲的教育格言中。然而要想整体地哲学地把握教育哲学史，这就需要具备一些历史诠释和现代哲学的修养，只有对当下的哲学、人文学科有所涉猎与了解，才可能把握当下的教育问题，形成当下的教育哲学思想。“在一个系统中的构成要素，存在着自我相关性，因此，处于这个系统中的人们的认识能力，不能解决此系统中的全部问题，只有跳出原有系统到一个更高的层次上，才能解决原有层次上的问题。”对于教育哲学而言，它必须与当下的哲学相关联，才能避免自己成为最为顽固的思想堡垒。

（二）对现存语文教育理论进行个人化的梳理，并根据自己的教育理念对新出现的语文教育理论和实践进行评价与选择

语文教育作为一个单独的学科，它拥有自己的思想与历史，需要对之进行单独的梳理与把握。也就是说，作为一个独立思考的语文教师和课程开发者，他必须能够对已经存在的语文教育理论进行个人化的梳理、评价与选择，进而形成自己的语文教育观，能够对诸如语文学科的性质、工具性与人文性之争、语文知识体系的价值与缺陷、单元主题教育的优点及其危险等当下的教育焦点话题拥有自己的思考。

语文学科具有它自身的结构和历史，通过历史性地把握语文的结构，我们便能够获得超越学科知识的洞察力，获得可以作用于当下的教育智慧。譬如语文界持续了几十年的工具性与人文性之争，如果我们能够不纠缠于两种理论的是与非，而冷静地把它们放到语文教育的历史中，就会发现一个有趣的现象：工具主义和人文主义在20世纪的大多数时间里一直在语文教育界纠缠不止，此起彼伏。每一次工具主义占上风后不久，肯定会有人文主义的声音出现，并且渐渐取得优势，直至占主导地位；但是，当人文主义占据语文教育理论阵地之后，不久又会出现工具主义的声音，他们试图将语文重新纳入工具论中。同时，我们不难发现，人文主义——确切地说应该是内容主义——在不同时期有着不同变种，如“五四”前后的德、赛先生与传统伦理，抗战时期的抗战文学，等等；而工具主义——确切地说应该是形式主义——则相对要稳定得多，而且更具有内容上的连续性，譬如从字词句篇到听说读写，再加上能力与思维训练，现在又发展到语感与语文素养论。这样，我们发现这二者其实是互相依赖、形成语文教育波动发展的两个极点，语文教育理论与实践的丰富性（相对于其他学科），正是通过此二者的相互批判得以实现。进而我们可以发现，从历史发展的情况看，这二者的斗争显然还远未结束也不应该结束，它将长期为语文教育理论的发展提供理论阵地——成为语文教育理论之争的“巴尔干半岛”。

如果我们用这样的反思去观照当前出现的种种术语与理论，就不至于陷入术语的海洋，而茫然不知方向。同时这也能够引导自己的语文教育实

践避免走入一些凑热闹的误区。

（三）触摸当前人文思想界的呼吸

在进入具体的阅读教学实践时，我们将会发现，离开大纲的搀扶，将与原来依赖大纲一样令人无所适从。文本在向我们诉说什么？生活在向我们显示什么？在前人的教诲脱离了我们今天的生存语境的情况下，我们依据何种资源或准则来展开文本的解读？解决种种困惑的出路之一，是对当前的人文思想保持密切的关注，并将它视为语文教育实践最生动、最鲜活的资源。

以鲁迅作品的教学而言，以前我们仅利用一本教参作为教学资源，但正是这种轻松的、不假思索的做法使得我们的教学日渐失去活力，显得陈旧单薄。如果我们稍稍关注一下人文思想界对鲁迅的解读，则发现几乎每年都有几十种有关鲁迅研究的书籍出版。在那里，钱理群与汪晖等对鲁迅同一作品有着不同的视角与理解，而林贤治还会有另外的视角。这些学术界的研究成果的介入，将从根本上改变我们的课堂。以日本人藤井省三的《鲁迅〈故乡〉阅读史》为例，18.9 万字，清晰地梳理了《故乡》一文在中国不同时期被解读的历史，梳理出政治和人文思想如何潜在地影响语文教育的历史——也就是说，《故乡》的意义并非完全取决于鲁迅，而更多地取决于教学实践的具体语境。这样，语文教育的“对话”也是在历史的多重声音，同一时代的不同声音，年长者与年幼者，专业者与业余者等丰富的语境下展开的，也只有这样，课堂的对话才既是历史的，又是当下的，同时还是指向学生成长的。如果没有这些资源，即使拥有最自主的课堂，即使教师与学生在课堂上的对话是充分平等与热烈的，也仍然有着在低水平状态下热闹的危险。

站在自由主义思想的角度解读《珍珠鸟》，不难发现这无非是一个贤君忠仆关系的无意识反映；站在敬畏生命的哲学解读《斑羚飞渡》，我们又将发现“安排”老年斑羚的死亡未尝不是一种令人恐怖的念头在作祟；用神话还原的方法来解读《西游记》，我们又发现了恋母弑父的情结……语文教育与人文思想拥有一个共同的历史文本资源，语文教师正可借此来提升语文实践的内容之丰富性。

从静态的“大纲—教材—教参”到动态的“课程”，不仅仅是词语的变换，更意味着这已经是一个范式的转变。面对整个范式的转变，两种观点之间形成了冲突：一种极端的观点认为，根据库恩的理论，范式的转换意味着从元理论、应用理论到操作方法的全部转换，所有的旧的思想与技术都已经过时，应该彻底地抹去；另一种极端的观点认为，新的课程理论仅仅是套用了后现代的几个术语，它没有自己的应用技术，注定要破产，因此说是范式转换恐怕言之过早、夸大其词了。反思这种争执，我们发现大家最后还是把焦点聚集在了“建设”或者“可操作”上，这也就意味着，能不能将理论应用于语文课堂等实践领域，这是所有语文教育理论能否为一线的教师所接受的关键，同时也是课程能否取得成功，语文教育的范式转换能否取得成功的关键。

因此，成为课程开发者，也就意味着成为反思性实践者，通过“思想的行动”和“行动的思想”，来小心翼翼地探索（而非想象）一条未曾有人走过的路。

两种阅读观:“只读”与“可写”

“只读”和“可写”是从法国当代结构主义和符号学家罗兰·巴尔特的《S/Z》中引申而来的一对概念。巴尔特这样定义他所谓的“读者文本”和“作者文本”(又译作“可读性文本”和“可写性文本”):“读者文本”使读者无事可做或成为多余物,“只剩下一点点自由,要么接受文本,要么拒绝文本”,读者只能以屈从的态度面对文本;“作者文本”则赋予读者一种角色和功能,让他去发挥,去做贡献,要求读者自觉地阅读文本,“参与”并意识到写作和阅读的相互关系,给予读者以共同著作的乐趣。或者可以这样说,“读者文本”是静态的,它使一种关于现实的公认的看法和一种价值观的确定格式永远地存在下去,它维护世界已经存在的模式;“作者文本”不要求阅读者通过文本了解“真实的世界”(因为它不承认存在着先验的意义),它要求阅读活动成为文本与读者危难与共的充满挑战的现时活动。

显然,巴尔特以上论述主要是从写作的角度来思考这个问题,或者说他论述的是两种不同的写作态度及由此生产出来的作品。而在此文中,我将把这对概念移植到阅读活动上来,并把它们视为阅读的两种态度及这两种不同的阅读态度所带来的不同后果。同时,参照电脑方面的术语,我将它们改为“只读(不可写)”和“可写(自然也包括可读)”。具体地说,就是前者视课文(文本)是“只读”的,文本的意义由作者规定,阅读就是从文本中提取作者想要寄寓的意义;后者视课文(文本)是“可写”的,文本的意义将在阅读活动中由读者和文本(而非作者)在对话中共同决定。用我在另一篇文章里的话来说,这种阅读就是“读者向文本提问,并在与文本的对话中由读者自己生产意义;文本则提供并规定了意义的可能性”。

然而问题远没有这么简单。首先，文本的作者允许并赞同读者的这种“意义写入”吗？其次，这样做会不会导致意义的相对性？最后，我们如何分辨众多意义中何者是“正解”，何者是“误解”？

因此还是得回到作者与文本的关系来思考这些问题。文本本身究竟是不是“可写”的？从作者的主观意愿上讲，文本确实具有“只读”与“可写”这两种状态。也就是说，文本面对读者，确实表现为欢迎被重新阅读或者只是要求你聆听这两种不同的姿态。

譬如神话、童话以及大多数运用意象和隐喻的诗歌，文本本身就要求读者“写入意义”。如《丑小鸭》一文，文本固然有自传的影子，但是作者创作这个文本却并不是要读者代入作者个人，而是要求读者根据自己当下的处境，来理解丑小鸭的困境和抉择，以及天鹅蛋所蕴含的巨大可能性。没有这种当下感，丑小鸭就或者成了一只鸭子的故事，或者只是一个失意男人的白日梦，从而失去了它存在的真正意义。再如食指《相信未来》一诗：

> 当蜘蛛网无情地查封了我的炉台
> 当灰烬的余烟叹息着贫困的悲哀
> 我依然固执地铺平失望的灰烬
> 用美丽的雪花写下：相信未来
> ……

诗中，作者并没有要求我们用他当时的生存处境来理解“当蜘蛛网无情地查封了我的炉台”“灰烬的余烟”和“美丽的雪花”这些意象背后的具体所指和作者当时的生存状态，作者在这里用几个意象的对立营造出结构上的张力，其间可以容纳无数符合这种结构的状态，譬如一个失恋者、一个经商失败者、一个考试落榜者……都可以从这一落差极大的结构中获得安慰，而这些阅读生产的意义与是否理解食指写作时的心境全无关系，读者无须知道这些就能理解诗的意义，这也就是巴尔特所说的“作者死了”

的意思。所以说，像这些课文（文本），它本身就要求“被读”与“被写”。而与此相反，更多的古典主义的小说与散文，作者在希望文本被阅读（其实不是被“读”，而是被“聆听”）的同时，却并不希望读者从文本中获得作者没有预先设定或者知道的意义；甚至可以说，面对读者可能出现的“拆解”，作者与文本将怀有不可避免的恐惧与抵触心理。

如在何其芳的《一夜的工作》中，作者试图通过描述他与周恩来的短暂接触而传递给读者这样一个信息：这就是我们新中国的新总理。我看见了他一夜的工作（他每夜都是这样工作的）。他是多么劳苦，多么简朴！面对这样一个意义，读者的任何提问或者怀疑（譬如有学生问：一个人可不可能每天这样工作？他为什么要让作者睡在招待所等候他处理完这个相关文件，而不提前处理这个文件，这样作者就可以不在招待所里等上一夜？），都可能彻底破坏作者的意图，这是作者在主观上并不希望看到的。即使是在诗歌中，也存在着同样的拒斥读者“写入意义”的情况，如柯岩的诗作《周总理，你在哪里》一诗：

我们回到祖国的心脏，
我们在天安门前深情地呼唤：
周——总——理——
广场回答：
“呵，轻些呵，轻些，
他正在中南海接见外宾，
他正在政治局出席会议……”

总理呵，我们的好总理！
你就在这里呵，就在这里。
——在这里，在这里，
在这里……

这里情况稍有不同的是，作者用了一个省略号，允许读者根据他的规定，适当地填入自己的想象，如周总理可能在灯下伏案批阅文件，可能在中南海发布指示，但是显然这些所谓读者写入的意义，其实都在作者的预设与意料之中，同时，这些预设不能改变“我们伟大的好总理永远活在人民心中”这一主旨。换句话说，读者在阅读此诗的过程中除了进入设计好的感动，是无可作为的，它的任务是如何更好地演绎规定的意义，而不是生产意义。当然，我们下面将分析到，这仅仅是作者与文本的一厢情愿，事实上，他希望的“只读性文本”最终将被分解，最终将写入读者的意义。

当作者写下文本，接下来阅读的任务就交到了读者手中。那么阅读者究竟是如何获取意义的呢？这是一个认识论、语言学和文学批评等领域长期讨论的难题，我们这里仅从阅读活动展开时各要素的关系之间来理解“意义究竟如何产生”这一问题。为了理解方便，我将阅读活动中的六种要素画成一个图式：

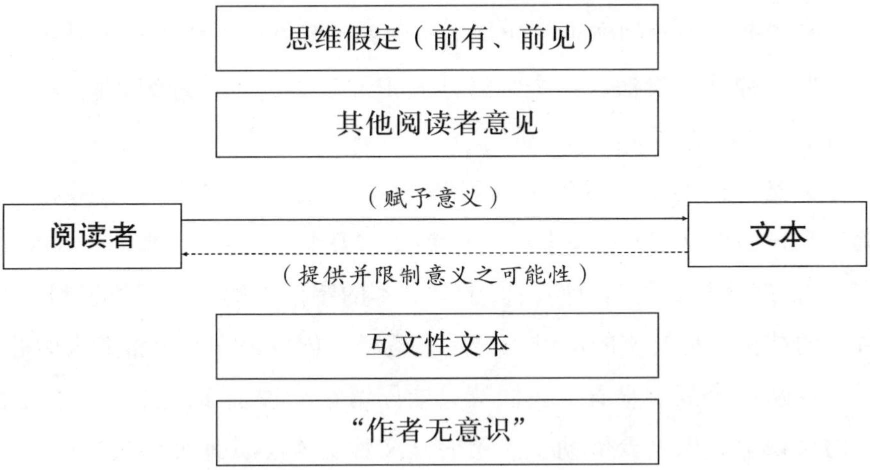

图示的意思是，在一个完整的阅读活动中，有六种要素在交互作用。

①正像在写作活动中作者是写作主体一样，在阅读活动中，阅读者是当然的主体。

②文本是阅读活动的承受者（就像是足球赛中的足球场地与游戏规则

一样）。

③但是，阅读不是简单地由阅读者从文本中提取所需信息或者所含信息。在阅读活动中，阅读者无法逃避一个事实：他是带着一定的“思维假定”开始阅读的，他不是一张白纸，他的“前有”（以前的经验积淀）将成为他的智力背景，他的“前见”将提供他阅读的方法同时也限制他阅读的方向，即使阅读者努力像胡塞尔所说的将各种现象外的解释“悬置”，但实际上，他仍然不可能突破自己的历史。

④发现自己的思维假定很重要，反思是其中一种方法，但是，与他人对话将是一种更有效的方法，所以“对话”在阅读中也就显得极为重要。在对一个文本（或者主题）的思考中，其他阅读者的意见就像是一面镜子，能够帮助我们发现自己的思维假定，并可能修正其中的谬误。这里的“其他的阅读者”，不一定是同一时间进行阅读的同伴，在面对文本的时候，五千年与一天同样久远，读者们都是在当下对某一文本进行基于其自身的历史和思维假定的解读。对话可能带来辩论，但更可能带来某些共识。共识并不是指取得一致的意见，而是指对问题的某些主要方面或者基本方法，取得临时性的共同看法。这个临时性共识并不妨碍个性理解，同时本身也将在对话中不断发展。

⑤但是，借助于作者的个人阅读史（“前有”与“前见”），以及别人的阅读史，如果这些阅读史都没有借助于“互文性文本”（即同一原型的其他文本），那么我们仍然只能停留于对文本的字面理解，而不能识别这个文本背后的结构。最典型的例子之一是《圣经·创世记》中上帝造人的故事，如果仅仅从这个故事来看，我们就只能停留在一种字面意义上的“父子关系”的认识上。但是，借助于大量的互文性文本（其他神话故事中的“人之来源”：女娲抟土造人，普罗米修斯用土造人……），我们便能够从中获得更深广的意义。

⑥从这些互文性文本的异同中，我们不难窥见一个更大的我们只能意识到但不能透彻分析更难以清晰表达的意义的存在，荣格把这个存在叫作集体无意识中的“原型”。根据心理学的研究成果，每一个写作者都以为他

是按自己的意图或命令者（如集团、政党）的意图在自由地进行表达，但其实这是一种无知的自负。弗洛伊德和荣格告诉我们，我们所写的任何文字中，不只有作者的意识，还有作者的“个人无意识”，以及借作者的文本而偷偷呈现他意愿的“集体意识”（社会文化）和“集体无意识”（人类原型）。这些“作者无意识”在文本中的显现，它往往可以通过时间来得到澄清，譬如“文革”中作者写下的文章，只有在“文革”那段历史被沉淀下来之后，我们才能清醒地看到这些文字背后作者未必意识到的东西。另外，一个富有阅读经验的人或者深度思考者，也能比较容易地发现初写者和浅思考作品中的“作者无意识”。其实从这里我们已经能够发现，作者一厢情愿写的“只读性文本”，放在历史中或者超越他的心理结构深度的阅读者面前，还是附带有许多他自己也未能认识清楚的“歧义”的。也就是说，任何文本，从这个意义上讲都是“可写”的。严格地说，“作者无意识”是包含在文本内部的因素，但是，由于只有通过阅读才能发现这些无意识，而且往往要借助对话、互文，才能显出这些被遮蔽的阴影，所以这里将其单独列出，视为阅读过程中起重要作用的一个要素。当然，如果能将这一要素与读者的无意识放在一起进行思考，那么产生的意义和信息也就会成倍地增长。

通过对这个“阅读要素结构图”的分析，我们可以得出以下的结论：

①任何文本都不仅是“可读的”而且是“可写的”——无论作者愿不愿意，读者有没有这个自觉。

②在不同的语境、不同的对话者和不同的条件下，读者对一个文本的理解是不可能完全一样的，当然，同一个读者在不同状态与条件下的理解前后也并不完全一致。

③要获得一个比较满意的“意义”，我们不能仅仅根据作者规定的解释，参考其他阅读者的阅读意见与同此文构成互文关系的其他文本可能帮助我们获得比较理想的意义解释。

④这样，最终这个解释是由我们个体作出，而并非由文本作出。

⑤文本限定了我们解释的可能性，对于错误的解释，我们可以从文本

中寻找出证据来加以否定，同时，我们也能够通过互文性文本及其他证据，证明文本中某些观点证据不足或者文本本身就是“伪证”。

⑥从不同的角度来看同一个文本，我们将获得不同的理解，这些理解是可以共存不悖的。

在讨论了这些阅读的基本原理之后，也许我们只能通过具体的个案分析，才能获得对文本的“可写性”比较丰富而不是干瘪的印象。由于童话、神话与隐喻类诗歌本身就要求读者根据当下给出具体的意义，所以我们也就不必对这类文本再进行更多的举例，这里举一个作者认为文本的意义是自足的课文——冯骥才的《珍珠鸟》——来对文本的“可写性”做进一步说明。在这篇文章中，作者在叙述了具体的情景之后，用一句话来给出这个故事的完整的自足的意义：“信赖，往往创造出美好的境界！”而用来支撑这一意义的故事，是作者获赠两只珍珠鸟，将它们精心安置在鸟笼里并细心地照顾，小珍珠鸟出生后，作者与它们在关了窗的室内相伴嬉戏，建立了深厚友谊……然而，作者这个给定的自足的意义，到了动物保护主义者或者自由思想者的面前，它立刻产生了两种不同的解释。动物保护主义者认为，你把生活在大自然中的鸟儿囚禁在狭小室内的狭小笼子里，还来谈什么爱心，这从根本上便是荒谬的；如果将你囚禁在笼子中喂养你，你会作何感想。自由思想者则从象征的角度来思考，他们可能会将人与鸟的关系视为君主与奴仆的关系，这种信赖的前提是奴仆对君主的忠诚，决不背叛（飞出窗外），而君主对奴仆的信赖的边界，也正是在关上窗后；因此，这个文本我们既可以视为人对鸟的奴役，也可以视为对高高在上的君主示忠并希望获得信赖、食物与安全感的曲折表达。在这个阅读活动的个案中，我们主要是通过“对话”，来理解作者文本背后的“个人无意识”和“集体意识”（文化心态）。

我们再来看沈石溪的《斑羚飞渡》一文。很明显，作者作为一个动物小说作家，这个故事他想要表明的，是保护动物和动物身上具备比人更崇高的品质这两个意义。然而我们通过阅读发现：小说中的斑羚并不是现实生活中的斑羚，自然界中并不存在文中描写的那种斑羚，那么，我们保护的是什么动物？讨论这种动物的优秀品质是否符合作者所说的意义？这样，文章出现了体裁上的“转身”，它从一篇动物小说，成了一篇关于人类的寓言，即假托于动物的人类道德训诫。这是一个根本性的转变，因为“体裁”在阅读和写作活动中是一个相当重要的概念，它“指导读者同文本遭遇时的标准或期望”（卡勒语）。体裁要求我们根据某种规则来阅读，体裁的界限也就是读者在阅读时生产意义的“各种可能性的界限”；体裁是一种信息的编码方式，它既要求写作者以此方式来进行编码，也要求阅读者根据此种方式来解码或再编码。这样，保护动物这一最外层的文本意义消失了，同时也并不存在动物比人更高的精神品质这一层意义；文本中存在的，是作者思想深处的某种意识（或无意识），或者人类文化通过作者无意识的一次呈现。因此，故事的关键处，也就落在人类面临整体性灭绝的灾难时该如何作出选择的问题上。不管作者是否有清晰的意识，他还是在文本中给出了答案：个体无条件地服从集体，老者无条件地为幼者先作出牺牲。而显然，面对与自己性命攸关的处境与此种他人强行给出的答复，大多数读者都不会感到满意而服从这一结论（文本意义）。在这个时候，我们只能借助于“互文性文本”来对文本给出的问题本身进行更深广的思考，从而获得（其实是生产出）一个意义来。我们可以从电影《楢山节考》中描写的“姥捨て”（弃老）故事，从电影《泰坦尼克号》、小说《“诺曼底”号遇难记》和真实的“克拉玛依大火”事件等互文性文本中，来获得对此主题的更为深广的理解。最终，我们仍然无法替读者个人作出任何一种选择，但是，我们还是可以在对话的基础上获得一些共识：①善的本质是保持生命、促进生命，使生命达到其最高程度的发展；恶的本质是毁灭生命、损害生命、阻碍生命的发展。②面临灾难时的任何一种选择都应该被理解，至少应该被谅解。如果说自我牺牲是伟大、不负责任的逃避是无耻的话，那么出于个体生命的恐惧而犹豫、而躲藏、而逃亡应该被人类理解。因为每一个个体都有保全他自身生命的权利。③正因为生命如此可贵，让人不舍，所以那些义无反顾地献出生命的人，泰坦尼克号上的小提琴手、哈尔威船长，乃至文中的“镰刀头羊”……他们才能够如此深地打动我们，成为人类不朽的记忆……

其实任何文本，哪怕是看上去似乎还要“坚硬”“封闭”一些的、像《一夜的工作》这样的课文，只要以一种积极的阅读心态去阅读，我们都将生发出新的不简单地等同于作者给出的意义来。也就是所谓的“只读性文本”，其实也仅仅是“伪只读文本”，由于作者的无意识或者社会文化方面的原因，最终使得每个文本都具备了“可写性”。而更重要的还并不是作者是否认为他的作品是“只读”的或者“可写”的，重要的是阅读者在面对文本时的态度。同时，这种态度还将影响阅读者的阅读能力：对一个习惯于听从作者的指令的“聆听者”而言，面对“可写性文本”时他将感到极大的困惑，万一作者没有给出具体的意义，如诗歌与神话经常做的那样，他就会在阅读中迷失方向，找不到理解文本的道路；而反之，对一个真正的阅读者而言，面对作者有意而为的“只读性文本”，他将会出现极大的不安，他的阅读习惯将使他打开“只读性文本”——而打开“只读性文本”的方式，往往是用一种破坏文本表层意义的方式，也就是说，他往往会采取批判、否定的方式对文本进行解构。

多元之界与“临时性共识”

对于一个文本的解读应该是多元的，而且必然是多元的，这应该不是此文讨论的重点。多元解读的合理性，可以从后现代课程观和解放教育学中找到较为确切的表达：“存在一个‘迷人的想象王国，在那里没有人拥有真理而每个人都有权利要求被理解’。……我相信在我们对知识和为了知识的探索中，我们面对的不是已经固定‘在那儿’等待发现的实在而是解释上帝回音的多种方式。”①“在解码过程中，参与者把他们的主题具体化并因而使他们对世界的‘真实意识’变得清晰明确……他们开始看到，他们在真正感受他们正在分析的情况时自己是如何行动的，因此达到一种‘对先前认识的认识’。”②而多元解读在理论上的证明以及多元解读的自我限制等内容，则主要归功于结构主义学者，正如乔纳森·卡勒在J.M.布洛克曼的《结构主义》一书的扉页上所题写的那样：“将结构主义引入文学研究的领域，基本上不是一种阐释的批评，它并不提供一种方法，一旦用于文学作品就能产生迄今未知的新意。与其说它是一种发现或派定意义的批评，毋宁说它是一种旨在确定产生意义条件的诗学。它将新的注意力投向阅读活动，试图说明我们如何读出文本的意义，说明作为一门学科的文学究竟建立在哪些阐释过程的基础之上。”③需要特别指出的是，作为语文教学方法的多元解读，它在符合一般意义上的文学解读规则的同时，还应该符合

① 小威廉姆·E.多尔：《后现代课程观》，王红宇译，教育科学出版社2000年9月第1版，第221页。

② 保罗·弗莱雷：《被压迫者教育学》，顾建新等译，华东师范大学出版社2001年11月第1版，第60页。

③ J.M.布洛克曼：《结构主义》，中国人民大学出版社2003年11月第1版。

教育学与语文学科维度的规范，也就是说，语文教学中文本的多元解读将同时受到结构主义文学批评的规则、教育学的基本规律和语文学科特殊目的与规则的限制，我们不妨将此视为文本多元解读的“界”。

然而我在试图避开多元解读之源的讨论而直接进入多元解读边界的讨论时，却发现一个无法回避的事实：多元解读的边界是它与“一元解读”（后面将以名词“临时性共识”取代，以表达不同于“一元意义”的意思）之间模糊的相互渗透的复合带，它并非一条清晰的不可逾越的“国界线”，而像是不同地区生物物种之间存在的漫长的过渡圈。因此，在试图讨论多元解读之界的时候，似乎不可避免地需要对多元解读之源做简单的描述。我曾以结构主义的方法，在《两种阅读态度：“只读”与“可写”》中对多元解读做过较细致的分析。文章在讨论多元解读之可能的同时，其实已经清楚地表明，多元解读存在着“界”，越过这一虽然模糊但确实存在的“界”，阅读就是“犯规”了，或者说，违反了阅读的“游戏规则”。

我们将每一个文本视作一种游戏，那么阅读活动也就是在此游戏中游戏。这样，文本本身的存在也就成了构成“多元解读之界”的第一个因素。用通俗的话说，也就是虽然“一千个读者就有一千个哈姆雷特”，但这一千个都只能是哈姆雷特，而不应该读成了猪八戒或者林黛玉。作品和寓于作品中的“作品意图”（以此来取代“作家意图”，是试图将作家未清晰地意识到的无意识因素也包括进来）是一切读者所能产生的意义的源泉，自然也就是多元解读的边界。但正像设置足球规则的目的不是对踢足球者构成阻碍一样，“作品意图”一样也不会对读者在正常的多元解读中的自由发挥造成阻碍——除非你违反规则。在文学批评界，这就是意大利人艾柯提出的“诠释和过度诠释”的辩证：每一个文本具有自己的特殊结构，它要求读者按照此结构，以文本应该被阅读的方式来阅读文本，并且应该尽量地向文本靠拢。[①]

举一个例子，《人民教育》2004 年第 1 期周益民老师《无法预约的精

① 野云刀：《艾柯的诠释和过度诠释》。

彩》一文中讲到学生在课堂提出“鹬的嘴正被蚌夹着呢，怎么可能说话呀”的疑问时，周老师因势利导将此课上成“鹬和蚌此刻可不可能说话”的讨论课，并鼓励学生写信给编辑，上网查找资料，探究“鹬的嘴被蚌夹着时它们可不可能说话”的问题。从这里我们可以发现，文本最初的结构——用一个寓言故事来喻指当时的赵国和燕国之争以及秦国的虎视眈眈——已经被彻底地消解了，阅读已经不是在寓言与故事（以及历史与当下的类似）的同构性上进行，而成了对一个科学文本的理解。这虽不是时下流行的强调意义独创性的“过度诠释之症”，却同样是一个逃逸文本规则的阅读例证。

构成语文教学中的“多元解读之界”的第二个因素我们不妨从人的阅读需要中寻找。人，正像历史所呈现的那样，是充满悖论的存在。一方面，人需要在阅读中体验自我、发挥想象力与创造力；另一方面，人同样需要寻求确定的意义，以及由此而带来的安全感。如果说以前的阅读教学是过于强调意义的确定性，追求阅读中的安全感而导致了自由、丰富性与个体感受的丧失，那么在过度追求意义的相对性与多元的过程中，我们确实可能丧失了阅读的明确的意义和与此相关的心灵上的安全感。“人的开放性体现出其自身的悖论，带有指向终结、解决和界定的愿望。开放性和终结性之间在多种水平上复杂的相互作用似乎是转变发生的关键。”[①]也就是说，多元阅读就是在代表安全的“确定某一意义”与代表自由的“创造更多意义”的两极间寻找平衡，过于强调意义的多元与创造，也就可能陷入相对主义的泥淖，最终也就必然滑向阅读意义的虚无主义。所以说，是人的需要解放了阅读，使阅读获得了自由；同样，也是人的需要使人在阅读中寻求确定无误的意义。不难判断，连续一个学期的没有确定意义的多元解读的语文课，最终导致的也就可能是让教师和学生步入意义感的荒漠中。

构成语文教学中的“多元解读之界”的第三个因素是阅读者的特殊性：一定年龄、认知水平与心智结构的儿童。无论是维果斯基的最近发展区理

---

① 小威廉姆·E. 多尔：《后现代课程观》，教育科学出版社 2000 年 9 月第 1 版，第 79 页。

论，还是皮亚杰的心智结构理论，都既有发展的可能性，同时也是对学习的限制。以《海的女儿》为例，很多成年人都有过相同的感受，认为：“只有在成年后重读时，才发现这是一个多么伤感的爱的故事。由此也发现，像这样的童话，纵然小时候看了，也是不可能完全看懂的——也可以这么说，小时候看到的，只是作品其中的一个断面，而只有长大了，可能才发现它的全部内涵……必然要等读者的头脑完全成熟后才能完全体会。所以每一部童话都有它自己的生命，它会随着你不同的年龄不同的经验而呈现不同的面貌……当你最终尝到了作者藏在书里的果实后，再比较一下最初阅读时的无知，你会看到时间的痕迹，看到自己的成长，看到岁月对自己的馈赠。”①也正因为此，作家毕淑敏自言每隔一段时间就要看一遍《海的女儿》，并总会有新的感受。

这样，面对特定的学生，是应该通过教师的引导与借用专家的分析，让儿童理解童话的深层意义，还是应该尊重儿童的认知与情感特征，甚至尊重他的“不知情权”，把那些需要他们用一生时间来慢慢品味、慢慢领悟的东西搁置起来，而只在此时此刻他们应该而且可以理解与领悟的范围里进行对话与解读？也就是说，不仅是因为儿童可能理解不了成人所理解的关于此文本的某些解读，或者对这些解读不感兴趣，而且还因为儿童有用更长的时间、更多的体验来自己解读这个复杂文本的权利。再没有比刚刚开始看侦探破案电影，就有饶舌的人告诉你那个穿风衣的就是凶手更无聊的事了；如果你已经知道某一场足球赛的结果是多少，那么再看比赛的录像的趣味也就会大大消减甚至荡然无存。所以面对一个经典的、足够用一生来诠释的文本（如《海的女儿》），面对只有小学四五年级水平的儿童，多元解读清晰地设置了一道边界：需要成年之后来理解的意义，就不应该提前架桥铺路让学生获得。这是认知的需要，同时也是对儿童权利的尊重。

构成语文教学中的“多元解读之界”的第四个因素是语文教学是一种具有确定目标与追求的活动。它不同于个人的阅读，而是集体对一个文本

---

① 安猪：《儿童节，让我来侃侃童话》。

进行解读，这就需要尊重他人的解读意见，即尊重像德里达所说的“他人的他者性”，需要通过开放自己的对话与反思，致力于“临时性共识”的形成；它不同于一般的自由阅读，它是在此活动中寄寓了许多明确目标的特殊阅读，它必须照顾先存于阅读之前的教学要求——在这里，语文知识体系、思想道德教育甚至政治要求等诸多因素将制约多元解读不可能完全等同于课外阅读；作为一种特殊的教学活动，它还具有明确的时间要求、可操作性要求、效率追求，因此它必须在尽可能短的时间里，寻找到最合理或者说此时所能获得的尽可能好的意义。以笔者在七年级教学安徒生《丑小鸭》为例，先于师生解读的专家们的解读意见已经是充分的多元解读，仅仅是考察、理解这些意义，即使不考虑七年级学生认知结构水平，也无法在几堂课内将诸多意义展示，更不要说师生们在课堂上重现这些意义的发现。同时，作为一篇在“成长”主题单元中的课文，我也必须在兼顾童话的叙事结构与此童话的现实意义二者的同时向后者倾斜。因此，在课堂教学这一特殊的解读过程中，我舍弃了朋友郭初阳所说的“从《丑小鸭》，也许我们还可以读出诸如以下主题：广大的世界，出走与找寻，个人和群体，沉默和言说……”，而在多元讨论的基础上，引导学生主要扣住文章的关键句“只要你是一只天鹅蛋，就算是生在养鸭场里也没有什么关系”，以课本中的语句为依据，将“天鹅蛋”解读为“高贵的心灵”，理解“寂寞的成长”中应该具备哪些优秀的品质。这就是说，语文课堂教学的特殊性也势必影响解读的多元追求，成为多元解读过程中的一条边界。

讨论多元解读之界，绝不是想否定解读的多元性，而是试图寻找或者探讨语文阅读教学的必要的规则。对话理念的强调导致了语文阅读教学中的不可预测和意义的多元性，但是解铃还须系铃人，在追求明确的意义和语文教学的有效与有序中，我们不可能退到按图索骥、按教参给定的意义宣讲或者“设彀”指向固定答案的旧式教学，而应当更充分地利用对话，通过达成课堂上的“临时性共识”，来寻求多元意义与确定性、自由与完成课堂教学目标（在学生的阅读自由与教学目标之间，也应该以对话的方式来使二者达成共识）、个体解读与他人的意见等诸多因素之间新的动态的平衡。

可以说，这是一个文本与读者、教师与学生、教材教学内容（语文知识）与自由解读、前人解读与当下解读、教育循序渐进原则以及学生的成长阶段性与教师的教学意愿，乃至课堂的效率追求，阅读中的自由追求与确定性意义追求，政治与文化的声音等诸多因素同时发出声音的、在许多层面同时展开的“多层次对话”与“多焦点预览”。在这一切对话中，学生与文本对话、与师生对话是所有对话展开的经纬二线，而“临时性共识”则可以视为这个复杂的意义网络的交汇点或交汇带。如前所说，作为语文教学的“多元解读之界”的“临时性共识”，并非为了获得一个确定无疑的唯一意义，而是寻求过程中的栖息点、漫无方向中的确定性。“临时性”一词表明，它不是真理的，不是固定的，不是先在的，而是开放的、丰富的，但同时也应该是严密的。甚至应该将“临时性共识”视为一个动词，因为在具体的教学中，它确实是开放的、成长的和相互作用的。

这样，也许将能够在自由多元的解读与必要的解读界线之间获得阅读教学所需的必要的张力——就像是足球运动员在他个人的自由发挥与集体配合下，在尽可能表现力量、冲突，与在不违反游戏规则的前提下尽情地展现足球运动的魅力。

阅读与游戏

一、每一个文本都是一种游戏

每一个文本都是一种游戏。阅读就是在此游戏中游戏。

当我写下这两句话，我其实就是在创造一种游戏，我很清楚任何比喻都仅仅只是比喻，它对于真正想要表达的意义的表述是有限；同时，它仍然是一种有效的修辞，它在不能达到“本义”的同时，也赋予了并不在场的“本义”以新的含义，它就是我们所能表达的意义本身。认同这个游戏，就是你阅读本文（参与此游戏）的一个前提。

游戏的乐趣与意义由游戏者与游戏内容共同决定，阅读的意义取决于阅读者的“前有”“前见”“前假定”，以及文本自身的有机结构：阅读给予文本以意义（是球员马拉多纳进了球或者犯了规，不是足球进了球或犯了规），文本规定了意义所有的可能性（在足球比赛中，你不可能欣赏到乔丹式的飞身上篮，或者弗拉明戈舞的精彩）。

就像没有游戏者的游戏就没有意义一样，文本只有在阅读者进行阅读的时候才具备意义；阅读者也只有在一定的文本中，才能发现或者创造一定的意义。

二、阅读所得的意义

可以将阅读所得的意义分为两类：①熟悉游戏的规则（即结构），熟悉句法、文法、修辞（知识与能力）；②创造游戏的快乐（力量、激情与意义），理解所阅读文本的意义，完成创造解读。这二者其实是不可分割的，而且从某种意义上，它们也并不区分何者为先何者为后，就像那个著名的解释学循环：我们必须从个体出发去理解整体，并且从整体出发去理解个体；理解的运动总是由整体到部分而又返回到整体。在这里我们也可以这样说：只有理解了规则与文法，才能理解（创造）游戏与文本的意义；只有在理解（创造）游戏与文本的意义中，我们才能真正地掌握规则与文法。

但是人类的头脑决定了它不可能同时把握与理解这样的复杂的情况，它必须要用分析的形式来看待问题，所以，无论是对游戏还是对文本的阅读，我们都有了两种理解模式：意义模式与结构模式。

我们可以称意义模式为强调阅读教育的人文性，称结构模式为强调阅读教育的工具性。这样，仅仅为了理解方便，我们不仅从两个角度来看同一个事物，而且把一个整体的事物分成了两个事物，这就是当前阅读教育的最尴尬之处。

意义模式的足球教练会更多地注重一场场实战比赛，结构模式的足球教练会加强分解性的突破，如传接球、任意球、造越位的训练。假若二者都走到极端，意义模式就会认为只要反复进行一场场的比赛，球员任何需要的技术就会潜移默化地提高；而结构模式会认为只要掌握了所有的分解动作，球队就会赢得场上的胜利。当然，除去其他的因素，我们不得不承认，就算是一场低水平的比赛它也是一场真正的足球赛，而一场最高水平的分解训练也并不能够视为是一场真正的足球赛。

我们的阅读何尝不是如此。为了训练的需要，我们把整个复杂的阅读分解为辨别词性、分段、概括层意、归纳中心思想、找出意象并进行分析等数百个规定动作，好像这些动作的训练到了场上就能够帮助我们完成比赛。是的，我们从来就没有上过场，机械训练使我们面对任何一个文本就情不自禁地想要去分段、归纳中心、找修辞手法，但是，这样我们就真的理解了文本了吗？好在任何一个足球教练都不会愚蠢到向我们的阅读指导教师学习，否则足球比赛岂不就成了世界上最无聊的游戏？

我似乎忘了自己曾经说过，两种模式是一个事物，不是两个事物，我自己似乎也将它一分为二，站在一种立场上向另一种立场发起难来。其实我这样做无非想要明确：是以人为本的“人本”，而不是以文为本的“文本”；是手段服从于目的而不是反之。关于阅读重于文本的说法似乎还得推敲，如果是游戏就容易明白一些：固然是足球给了马拉多纳以无上的光荣，但只有一个马拉多纳的事实告诉我们，毕竟伟大的只是马拉多纳，不是任何一个站在场上的人都能够成为英雄。我们现在在没有阅读的前提下承认《论语》《理想国》的伟大，是因为它们的阅读者即传播者在反复地赋予它们意义，否则，它们就会静静地躺在那里，像个废弃的足球场，等待着人们的重新涌入。当然，同样的事实你也可以理解为：为什么人们只选择这个文本或者这种游戏，是因为只有在这个游戏或这个文本中，人们才可能达到某个高度的趣味或获得意义。本来这些作为同一有机体的几个方面就不可能分开了讲清楚，讲述只是一种理解的需要，仅仅是一种修辞。

三、一个文本就是一种单独的游戏

一个文本就是一个游戏，每一次阅读都构成了这个文本的阅读史。后来者在面对这个游戏的同时，也是在面对着整个游戏历史的。面对阅读史或者游戏史，我们如何学得先人的经验，以更好地进行自己的游戏？

相对于难以复现的足球赛和篮球赛，象棋、围棋的学习者们可以通过复盘的形式来重复前人所进行过的游戏。不过足球与篮球也可以通过反复地观摩录像，模拟演练其中的一些片段来进行学习。只是，无论是棋手还是球手，他们都十分清楚：接下来的任何一场比赛，不可能是前人某一比赛的重现；自己对前人的复盘，在本质意义上并不是自己参与的游戏，演练这些，只是为了能够创造自己的游戏。每一个教练也不可能用这种观摩来替代实战——把游戏者放入新的一局游戏中，这永远是无可替代的。

但是我们的阅读指导者似乎就有这个本事，可以让学生通过对前人解读的重复，来充当自己的解读。

读前人的解读，就像是坐在观众席上观看其他球员进行游戏，我们也会忘情地为进球而喝彩叫好，但每一个喝彩者都清楚，赢的是球员们，不是他自己。然而就是在我们那种阅读教学的暗示下，我们的阅读者产生了一种幻觉性神经症状：他们是文本的真正的阅读者，文本的意义是他们发现的，是他们理解（赋予）了文本的意义。

没有人能够代替其他人阅读。但是阅读史将使你明白应该怎样进入文本，你可以做些什么，不该重复什么，怎样做可能获得文本更准确的意义。

四、两种阅读观

当巴西的孩子忘情地在沙滩上、在街巷间进行着几乎没有多少规则的足球比赛的时候，中国的孩子正在训练场上一次次地做分解练习；当长大的巴西孩子成为职业选手并进行专业的技能训练的时候，长大了的中国孩子开始真正地上场比赛，试图将那些技术运用在变化莫测的球场上。

这就像两种阅读观。回到解释学循环，就是面临从整体入手还是从部分入手的困境。来看看怀特海的过程理论，他认为，无论是具体的学习还是大的教育计划，都将遵循“浪漫—精确—综合”这个无限重复链接的循环。相对于青年人来说，孩子处于浪漫的阶段，过度追求精确将会导致对其可持续学习能力的伤害；相对于中年人来说，青年人也仍然处于浪漫的阶段；相对于中学，大学更多的是从浪漫发展到精确，并逐渐地发展到综合……面对每一个文本，它开始是一种浪漫的感知，然后是精确的求证，最后还得回到整体的综合。综合的意思不是把前面的东西叠加，而是重新回到浪漫，一种创造的精确的浪漫。对于阅读而言，庖丁解牛绝非最高的境界，这仅仅是达到精确阶段，最后还是要达到综合，这个经历了“见山非山”后的“见山是山”，便是对文本创造性地顿悟与把握。

阅读就是阅读者向文本提问，并在与文本的对话中，由自己做出解答。

从“知识体系”到“主题单元”

旧大纲与新课程体现在教材编选上的差异，在于它是单元式的组成方式。在旧大纲中，整个语文教育目标根据“语法—文体体系”（文体也可称为语法体系的附属，因为它在教材中是根据表达方式的不同作为主要的划分依据）分解为一整套前后串联、详细可索的知识点，每一单元就是具体一个知识点的落实，如“说明的顺序和方法”“小说中的语言描写和心理描写”“议论的方式和方法”等。而这些知识点又是前后呼应承接的，各自在更大的知识板块中形成一个体系的某一特定分支。如在议论文板块中，一般分为“论点和论据”“议论的方式和方法”“议论文语言的严密性”等前后相呼应的几个单元（根据认知心理学的研究成果，螺旋式的学习被视为优于长期的单块专题知识的学习，所以在议论文单元间往往穿插其他文体的一些知识点）。以这种知识体系单元建构课程的背后，是科学主义式的教育哲学，究其根源，在教育史上可追溯到约翰·洛克的白板说，集中体现在泰勒和博比特的科学性课程观中。这种教育思想其实是笛卡尔和牛顿的科学世界观对教育的影响（以科学主义的方式）。它认为知识就是一系列清晰不模糊、朝向某个明确方向的阶梯，而学习就是按照此阶梯循序渐进地习得知识（后来又把名词性的“知识”用动词来描述，并冠之以“能力”的新名称，但其本质并无变化）。为了照顾思想教育的需要，在这一知识谱系上，又陆陆续续地加上思想教育的目标，如把爱国精神放在某一记叙文单元或者小说单元中，把科学精神放在某一说明文单元中。这样，具体每一篇课文的教学目标也就同时含有了知识、能力（从文本中找出此知识的能力而非解决生活问题的能力）、情感与思想等几个方面。至于思想教育与语文教学，其实并不能这样被规划与操练，则只能靠提倡老师提高“教学艺术”这四个字来弥补了。把这种教育中的科学主义发挥到极致的，表现在至今盛行不衰的几个词语和短语上:“知识树”“一课一得，得得相连”“目标教学法”。而曾经红极一时的“情景教育法”，或者“情感派”，原来是可以与“知识派”相抗衡，以弥补知识体系的僵化的。但是在实际教学中它反而是在努力削减自己以适应“知识派—科学主义”的大的框架，于是，“情景教育法”也就不过是“以文祭道”，用情景的办法来完成“知识—道德”体系的目标。究其原因，是当时的课程思想局限了语文教师，他们既然把知识体系视为语文和语文课程本身，把反映教学大纲的课本作为唯一教材，最后也就势必走入此一僵化体系的陷阱且不能自拔。

而当“语感”和“语文素养”代替“语文知识”成为语文教育的主要追求——教学目标的时候，整个脆弱的“语法—文体体系”就受到了最大的质疑。且不说汉字表意的特点和汉语无时态的特点使得建构一个西方式的语法体系是否可行，就是语法体系最为严谨与发达的西语国家，也早在20世纪初便开始反思自己先前以语法为体系的母语课程所带来的种种积弊。再者，母语的教育，需不需要像学习外语那样从清晰的语法入手，这在国际母语教育中也是基本上有了定论的。鉴于此，新课程提出以较为模糊但却是更符合汉语特点的“语文素养”和“语感”来替代“语文知识”，显然是点到了旧大纲的死穴，一下击中了前几十年语文教育的要害处。尽管从表面上看，培养说不清道不明的“语文素养”和“语感”，比习得“知识”要困难得多——尤其是对习惯了科学主义（在思想方式上又与现代主义互为渗透）清晰思维的头脑而言，现在要接受“语文可以而且应该是模糊的”这一概念本身就非常困难。这里应该加以说明的是，20世纪初以来的中文语文教育并非传统意义上的汉语教育，因此也可以说，把“语文素养”视为语文教育的目的恰恰是恢复汉语教育传统的举措。

那么在拆除知识体系的“大厦”后（而非排斥语文知识，否定语文知识的存在，只是否定此种建构语文的框架），语文教育——首先体现于语文教材——能走向何处?

“知识板块单元”和“主题聚合单元”是两种不同的语言观和教学观的体现。从教育史的角度来考察，它的背后是“博雅教育”与“通识教育”两种教育观若干世纪来的对立。源于柏拉图《理想国》中的“博雅教育”以分科为特点，带有脱离现实问题的精英主义倾向；而源于美国中高等教育、以杜威思想为代表的“通识教育”，则以具体的某个主题为中心综合组织教育，追求有助于社会问题的解决的市民教育。这两种教育思想体现于语文教育，前者就是把“语文知识（能力）”等同于外在于语言实践的“语法—文体知识”，以及对此知识的辨析能力。与此相应，它的语文学习观也就势必是举一反三的：“举一”，就是从某一文章中提炼出的某一知识点；“反三”，就是在其他所有同类型文章中找出此知识点。沿袭多年的“精讲一篇，自读多篇”的单元教学方法，正是此学习观的具体外显。而“主题式单元”构建的语言观，则要模糊得多，也要复杂得多（这模糊与复杂恰恰正是语言，尤其是汉语的内在特点）。它把语言看成是一个人全部精神的体现，因此它肯定有一部分是处在不可能显露在外面的暗处的，如树木的根在泥土中；而另一部分露在阳光下的，且与此一不可显露的部分密切相关。它把语言视为一种建构，建构既包含了名词性的“结构”（但这里的结构并不完全等同于建筑学上的结构，它是不稳定与不清晰的，所以单独提出结构便可能会重新落入知识体系的窠臼），又包含了动词性的此一不稳定结构对外物的排斥与接纳，并同时改变其结构本身的“过程”。如果不把“举一反三”的“一”视为一个清晰的“知识点”，而视之为一种个体的、生成性的、模糊与不稳定的“语言结构”，那么这个词语的确能够从一个角度说明“主题式单元”的目的。当“语言”与“精神（并非思想）”不二，当二者都作为人内部的动态结构的时候，主题式单元其实也就是试图用外在的“语言—精神”材料，来反复刺激学生内在的“语言—精神”结构，以建构一个新的“语言—精神”结构。

显然，虽然知识体系自有它的诸多优点，譬如清晰、可操作、序列性强等；但是“主题式单元”显然更符合当下所需要的“通识教育”的教育思想，符合汉语本身的特点和人的认识规律。然而，“主题式单元”建构想要取得成功，还需要具备一些其他的条件。

首先是对主题的认识。如果把“主题—话题”视为某一固定的政治或者道德话语结构，如把“探讨理想”此一主题变形为“要有远大的理想”，这其实就是对刚刚解放出来的“主题—话题”重新进行了束缚与捆绑。在此思想指引下，单元中各文本的组合势必将出现“近亲结婚”的弊病，同一频道反复播送同一歌曲，一元价值、单极进化使得不同文本可能具备的丰富性消失，由于此一单一主题的暗示，由教师引导学生去异存同，最后仍然是从不同的文本中得出一个外在的、先验于学生学习的“语言知识—思想”，而无法出现课程标准中期望学生个体出现的“语文素养”。最后，整个语文教育还是会像几十年前的情境派，回到另一强势力量的“怀抱”中去。

所以，在同一主题下进行“异质组合”，首先必须在教材上实现“多声道”，然后才能期望在教学中出现“多声道”，出现“噪音”与“干扰”，从而形成期待已久的真正深入与持久的“阅读对话”（与文本的对话、文本间的对话）和“课堂对话”（师生对话、生生对话）。

教材的“单声道”与“多声道”、“同质组合”与“异质组合”的问题，可以以现试行的人教版语文七年级下册（2001 年版）第三单元为例来做分析。本单元共五篇文章，分别是杨振宁的《邓稼先》，臧克家的《闻一多先生的说和做》，何为的《音乐巨人贝多芬》，莫泊桑的《福楼拜家的星期天》，以及《资治通鉴》选段《孙权劝学》。这个单元的主题是“名人”，单元的“写作 · 口语交际 · 综合性学习”是《我也追“星”》。且不论其中有个别课文使得整个单元的组合显得有些脆弱，如《福楼拜家的星期天》和《孙权劝学》都无益于“名人”主题的展开，而且在五篇课文对主题的展开上，编选者显然是意识到了“异质组合”这一问题，但是，在这里他们理解的“异”，仅仅是外在的、所从事事业的不同，而并不是名人内在气质的差异。名人内在气质与禀赋的差异，可以举《邓稼先》一文中的一句话说明：“我以为邓稼先如果是美国人，不可能成功地领导美国原子弹工程；奥本海默如果是中国人，也不可能成功地领导中国原子弹工程。”如果按此种方式组合单元，那么本单元的课文就并不只是把“勤奋、刻苦、忠诚”的单元主题反复重现，而是直接地把学生引导入一个“成为名人或伟人有何种途径，要具备何种气质”的讨论中，每一篇课文的展开，都是对学生内在“精神—言语结构”的一次刺激，在此刺激下，学生可以在心中选择奥本海默或者邓稼先作为自己的偶像，此一选择主要是按照内心的意愿与禀赋，而不是按照外在环境与要求来作出。只有当凡·高、鲁迅和周润发一道走近学生，而且编选者不是简单地扬此贬彼的时候，才能算是实现了“多声道”和“异质组合”，真正的讨论才可能在教材上就得以体现，而不必教师挖空心思在后面加以弥补。

然而支持“异质组合”和“多声道”，并不意味着把所有的声音推到学生的面前，在这里，将某些对学生有危害的观点对学生暂时搁置是必需的，因为童年的定义和建构主义本身的理论决定了这种教育中的搁置的重要性。在建构中，时间不再以一个为达到知识点的量的积累所必需的要素出现，而是作为一种结构形成的要素出现——同时也是此一结构产生重大裂变的要素出现。也就是说，材料既是异质的、能够引发刺激以分解原先的“言语结构”的，同时它也应该促进新的“言语结构”的形成。当太艰深或者太离奇的文本频繁出现在学生面前时，就反而有可能使得旧的结构因为无法接受而排斥此文本，或者在破坏了学生原有的“语言—精神”结构后，却无从形成一个足以让学生感到安全的新的“语言—精神”结构。从人类的演化来看，虽然后现代主义否定了单向发展的科学—历史主义，但是在语言和文学上，古典主义→浪漫主义·现实主义→现代主义→后现代主义，此一线索却是一条已经存在的“语言—精神”进化线。文学走上此一进化道路虽然不是必然，但显然有近似的规律。如果把这个发展视为人类语言发展的隐喻，那么作为个体的人的发展，会不会像高等动物在胚胎期重复整个进化历程一样，需要对下一阶段某些更适宜的“语言—精神”材料进行一次暂时的搁置呢？此点在没有得到论证之前不便贸然下结论，但我们确实必须尊重人的成长规律。过早地把成人的全部世界（包括许多秘密）推到儿童面前，其结果可能便是童年过早地萎缩甚至消逝。从“搁置”这个意义上讲，现行的许多语文读本以文本的知名度和本身的含金量作为主要的选文标准，确实存在着一些“成人化”“哲学化”的倾向。

单元教材的编排，其实暗含着对语言认知的理解和对具体教学实践的理解。语文教学实践与语文教学用的教材，它们正是在同一语言教育思想支持下的前后两个紧密相连的语文教育环节。只是在今天的概念中，这二者其实已经成了同时发生的环节。2004 年 1 月，在浙江新教材省级培训上，七年级下册主要编辑之一聂鸿飞老师与杭州的几位语文教师主讲了此次教材培训。在培训中，作为教材编选者的聂鸿飞老师更多地讲了教学实践的问题，这说明她在编选的过程中已经开始了模拟的教学行为；而作为教学实践者的郭初阳等老师，则在具体的教学设计中重新以教材编选者的角色出现，他们重组了整册教材，进行了大量的删减与补充（补充的文章约是原文的二到三倍），这说明他们已经清晰地认识到教材的选择就是教学行为本身。

实际上，在上述看似偶然的事件中，其实已经体现了教材背后的一个教学中的解读问题，即编者解读≠教师解读。同样，在接下来的教学中，教师解读≠学生个体解读，而所有这一切，都不等同于课堂解读。这个阅读中的变量，就是每个人原先存在的“结构”，每个人都基于个体的文化基因对文本进行重译，这里当然不排斥误读，但更多的是合理的多元解读。而课堂上的语文教学行为，显然已经不再是一个正确与否的问题，而是如何获得一个“当时当地的最佳的场景性解释”的问题。关于误读和多元解读问题，我们可以分析一个具体的例子——人教版语文七年级下册第一课《从百草园到三味书屋》。在本教材出现之前的所有版本中，三味书屋都被解读为历史的错误与罪恶，而且与百草园的快乐做对比，然而在新的试行版本中，由于它被安放在一个以“成长”为主题的单元中，它第一次被视为一个客观的成长环境，与百草园仅仅形成时序上的承接，而不再有对比的意义。在这个例子中，我们如何能够判断何种解读是正确，何种解读是错误？其实二者无非都只是多元解读中的两种解读，而不能称其中的任何一种为误读。但是在教学实践中，既要认识到实现每个人的个性化解读是可能的，而且正是我们所要追求的——它是一个过程，其间可能会不断地进行矫正，而并不是一个一旦形成就自我封闭的结论，同时我们又要认识到作为一个集体的行为，我们可能还要根据特定的时间、地点和背景，形成一个彼时彼地的“临时性共识”。以人教版七年级下册第三课《丑小鸭》为例，我个人的课前解读是“它告诉我们，一颗高贵的心灵总是在寂寞中静静地成长。寂寞，既是它的境遇，也是它的营养”。而杭州外国语学校的郭初阳老师一下就给出了若干解读：广大的世界（“这个世界真够大！”），出走与找寻（在流浪中才能证实世界的博大，外界充实了丑小鸭，让它完成到白天鹅的转变），个人和群体（种种不同动物对丑小鸭的评价），沉默和言说（“白天鹅没有说话，把头深深藏在翅膀底下”）……在课堂上，我发现学生无一例外地按照自己的思想来解读课文：一直渴望自由、崇拜周杰伦且喜欢体育的一个学生从中读出了“勇敢”；有天赋但勤奋很不够的一个男生反复强调“只要你是一只天鹅蛋，就算是生在养鸭场里也没有什么关系”的意思，也就是故事的主题是告诉我们无须努力，只要你是天鹅蛋就必定获得成功；一个勤奋的跳级女生根据丑小鸭在冬天的挣扎认为天才的成长必须经过努力……在各种解读中，确实存在着误读，如有一个同学把丑小鸭在农夫家的遭遇理解为丑小鸭对人类的憎恨。在课堂教学实践中，根据当时的“形势”，最终我们选择了“把天鹅蛋视为高贵的心灵的象征”来作为课堂的最佳解读，把故事作为巨大的隐喻与象征，把天鹅蛋视为人的“生命意志”（既有先天的善与愿望，更有后天的修炼），把丑小鸭的成长过程视为整个心灵的修炼过程。这样，大家既可以保留自己的理解，同时又可以选择接受一种在当时争论中较为合理的解说。

如果需要找出一个现行的比较理想的主题单元样例，人教版七年级下册第一单元不失为一个比较成功又略有缺憾的样板。上面已经分析，此一单元的主题是“成长”，除《从百草园到三味书屋》和《丑小鸭》这两篇课文之外，另外三篇是林海音的《爸爸的花儿落了》（《城南旧事》节选）、王安石的《伤仲永》、《诗两首》（分别是普希金的《假如生活欺骗了你》和弗罗斯特的《未选择的路》)，单元综合性学习是“成长的烦恼”。我们可以看到，围绕着“成长”这一话题，除已经做分析的《百》和《丑》之外，其余几篇分别从“成长的裂变”(《爸》)、“选择与遗憾”(《未》)、“挫折与信心”(《假》)、“天才与努力”(《伤》)等几个方面来对此话题进行展开，其中的大多数篇目仍然留有自由解说的空间，而不只是同一立场的多次证明。在选择文本对主题进行展开中，教材排斥了犬儒主义、市侩主义与倡导个体无条件牺牲的集体英雄主义，但仍留下巨大的可填充的空间，一是给教师和学生留下对“成长”话题进行其他文本补充的空间，二是文本本身也留下了多元解读的可能性。但是，作为必学的鲁迅的文章，将《从百草园到三味书屋》放在此一单元中仍然有“硬塞”的嫌疑，此弊端在七年级上册将《风筝》一文放入“亲情”单元中更为明显。如何将传统名篇与现在的主题单元相结合，看来已经是一个教材编选上的难题。同样的难题还有文言文以主题的形式编入相关主题单元中所导致的对语言难度的忽略。应该说《伤仲永》此文放在此单元中非常好，无论是文章的可读性还是与主题的关联性，都无可指责。但是另外的一些单元中，如七年级上册中的《童趣》和《山市》，则明显有为了照顾主题而选择文本，结果导致出现选文不够经典，不值得学生记诵的问题。而下册第三单元中的《孙权劝学》，则虽然可读性增加了，但与主题关联不够，不利于围绕单元主题进行展开。

以“主题单元”取代“知识体系单元”看来已经是大势所趋，但是要编选一本无可指责的教材，显然只能是一种理想的追求，因为它自身也存在着一些致命的不足。其一，跳出两种体系编选教材的争论，我们发现二者之间也并不是没有相同的地方——它们都是“文选式”教材。我们知道，要在一个人的复杂的心灵上形成一个稳定的结构需要具备一些要素，如持久地刺激，对言语材料有足够时间的关注，与之反复对话等。而实现这种持久刺激的教材其实并不是文选，而是长篇小说。正如知识体系的倡导者们所认识到的，文章的结构（叙事方式）与思维的结构之间有着密切的关系，而长篇小说是大框架，更有助于一个人建立良好的“语言—精神结构”。长篇小说从一开始，就已经暗含了发展和结局的各种可能性，故事的展开就是这个可能性不断实现（或排除）的过程。因此，读一部长篇小说，就是对一个大结构的反复认识与接纳的过程，而不只是对一个小框架的一次性接触，或者近乎机械地对同一结构的重复接触（《读者》杂志就是一个同一范式文本反复重现的典型，所以它既不能有助于读者提升阅读的能力，也不能在摆脱了此种阅读方式的读者中留下深刻的印象）。说得简单一些，就是一本教材在学生“语言—精神”上的影响，许多时候远不及一本打动学生的长篇小说，如果不是教师带领学生在教学中反复操练，一本低劣的教材对学生的影响就几乎是微不足道的。当然，选长篇小说做教材也有它自身的弊端，而且可能在实践中会发现弊端更大。

其二，“选择”同时也就意味着另一“未选择”。如果说旧体系是牺牲了部分精神来换取知识的话，那么新体系也就意味着牺牲了部分知识来换取精神。在知识点的落实上——如果我们承认语法与文体确实存在的话——主题单元确实存在着左右为难的尴尬。两全只是一个不可能的神话，至多能够实现的，是在二者之间找到一个黄金分割点，即在多大程度上进行“精神关注”与多大程度进行“知识关注”之间寻找一个合适的平衡。

其三，无论是何种体系，汉语教育一直没有真正地照顾到学生自身的成长规律。认知规律并不等同于知识体系，同样地，单元话题体系也并不等同于人的认知规律。当一个知识点有一篇最好的能够体现此知识点的文章时（如说明文中的《中国石拱桥》），我们曾经做过为知识而牺牲语文本身的事情。而现在，当一个主题中有一篇最好的文章，但这篇文章却仅仅因为学生年龄而不宜选入此册时，编选者们又会做何种选择？事实证明编者们已经忽略了这个在教育学上非常重要的问题，体现于人教版七年级上册的教材中，无论是话题本身还是选文，都存在着此种弊端，如“生命单元”显得过于沉重，如“亲情单元”中强行放入艰涩难懂的《风筝》（鲁迅的散文）等。而七年级上册教材中问题最大的地方，是没有将文本与学生特有年龄层对文体的阅读兴趣进行联系。如果打一比方，此种弊端可以戏称为“文体营养不调症”。对中学低年级学生而言，他们的阅读兴趣与相应的能力，都主要集中在“故事”中，散文和议论文对他们而言，是陌生的文体。而且散文和议论文本身含有大量的文化信息，阅读它往往需要阅读者具备较广的小说、故事和社会的积淀。在七年级上册教材中，真正的故事在全册中只有第一单元的《走一步，再走一步》，第五单元的《羚羊木雕》，第六单元的《皇帝的新装》《女娲造人》和《盲孩子和他的影子》及几个小寓言。被理性主义充斥的教材对刚刚步入初中的学生既没有吸引力，同时也势必造成教学上的困难。

其四，作为国家通用语言的汉语，它其实也就是中华文化本身。作为以传播汉语—文化为己任的“语文”教育，由于政治原因而导致的被延宕的“汉语—民族精神”与“世界文化—普世精神”的冲突，势必也将在教材的选择上暴露出来，使得语文教学还将长期面对本民族思想的传授与西方思想的传播这二者之间的冲突。

综上所述，从“知识体系”到“主题单元”，与其说是一次进步，不如说是一次对语文的重新理解与选择。它避开了许多沉积多年的语文教育的老问题，但势必将不断地发现与面临自身所致的新问题。这既是教育复杂性所带来的“宿命”，同时也是发现并创造意义的一次挑战。

公开课之七种武器

1988年我普师毕业到中学任教。如果当时有人对我说某一天我会到校外上公开课，或在优质课上获个什么奖项，我是怎么也不会相信的。因为当时大家都认为公开课是“表演的艺术”：优美的嗓音，迷人的姿态，漂亮的板书是它的三项基本要求。而我在这些方面无疑是个“三等残废”，要想博得公开课组织者的青睐，那得是下辈子的事情了。

所以，当漂亮的“白兔们”在公开课这条塑胶跑道上不知疲倦地奔跑的时候（这些兔子是不会大意地躺在地上休息的），我可是做梦也不敢想象有一天自己能够与他们并驾齐驱，甚至是胜过他们。因为我这只“乌龟”胸无大志，只是凭着个人的兴趣，不言收获、不问是非地读着自己的书。

然而我当小学老师的妻子却是一只能够奔跑的兔子，我的同事与后来的徒弟中也不乏这样的能手。当他们想要奔跑，我也就只能一回回地陪练——几乎每一次别人的公开课，我都得扮演一回“为他人作嫁衣裳”的“缝纫郎”。于是，虽然十余年不上公开课，但什么导入的艺术、板书的艺术、提问的艺术、小结的艺术……我都深谙其中的奥妙。十多年来，我就是在这样的环境中，练就了一身无所可用的“嫁衣神功”，锻造出上公开课的“七种武器”。

于是，某年学校无人可派的时候，我不得不从幕后走到台前，不料从此一头撞进公开课中，着实“公开”了好一阵子。现在既然已经“金盆洗手”，也就不揣冒昧，将“七种武器”献上，供诸位品评。

定音锤——课前故事

尚未开始上课，我们就得祭出一种特殊武器：课前故事。然而大多数使用者并未领悟此招的精髓。

许多老师在上公开课前，为了让听众缓和一下紧张的心情，往往会先讲一个笑话或者故事。然而由于笑话与故事跟课文本身缺乏有机的联系，使得这一招也就仅仅停留在有趣的层面，而未能使课堂因此丰厚起来。

其实课前故事若选择精当、处理巧妙，它能够成为课堂学习的有效的“前奏”，而不仅仅只是课堂的点缀与修饰。

上公开课《儿子的旋律》，文章的主题是“结束，意味着新的开始”和“新老交替，继往开来”。于是我在上课前，用两三分钟时间介绍了那一年风靡全球的畅销书《谁动了我的奶酪》，而书中小矮人哼哼与唧唧，小老鼠嗅嗅与匆匆的故事，讲的正是一个简单有趣的“结局或许是新的开始”的故事。

上公开课《斑羚飞渡》，我用的是这个：“假日到了，有个男人带着一家人——他的母亲，温柔的妻子和可爱的儿子去划船游玩。不料船翻了，全家落入水中。这家人中只有这个男人会游泳，而他的能力只能救一个人。请问，他该救谁？为什么？”

——就这样，一锤定音，众说纷纭的《斑羚飞渡》是一个以“该先救谁”的两难故事升华为一个“人类面临灾难时的选择”的寓言，使得整个课堂从一开始，就直接上升到探寻作者与读者背后的“集体无意识”的高度。

一般来说，课前的“同结构小故事”具有以下功能：

1. 激发兴趣，吸引学生，让学生的注意力集中在将要讨论的问题上。

2. 促使反思，引导学生对生活中司空见惯的事与物进行深度思考。

3. 使学生亲身介入故事—问题场景中，可以在《斑羚飞渡》一课的导入部分清晰地看到学生“介入事件”的状态。

4. 测试学生的理解能力，为教学的展开及把握下一问题或程序的难度提供依据。

5. 最重要的是，一锤敲定基本主题，帮助学习者确定初始立场。

火焰刀——课件

课件在当前的公开课中扮演了极为重要的角色，它使得课堂从冷兵器时代进入火器时代。

我在公开课上使用课件是被两个原因“逼上梁山”的：一是自己板书虽然设计精妙，但字迹草草，据说这会影响比赛性公开课的得分，不得已用现代化武器 CAI 课件代替；二是那几年的优质课比赛规则定得荒唐，说是没有课件便不能获一、二等奖，所以制作课件几乎成了所有公开课前的头等大事。

然而任何一项新的技术，它既可能是对人的解放，同时也可能成为对人的束缚。所以为了防止课堂被线性的 PPT 课件束缚，我的这一套“火焰刀法”的练成，还真是经过了一波三折呢。

我开始的时候苦思冥想，熟研 PowerPoint 软件的每一个功能，使得制作而成的课件同时具备了任意跳转和简单动画的功能。第一次参加优质课评比只是区级小赛，上的是《人民解放军百万大军横渡长江》，上完之后，听众反响颇为热烈。当时不少老师便要我留下课件供他们拷贝，我自己也觉得精心制作的课件在上课的时候实在只是展现了冰山一角，大有明珠暗投之憾，所以索性坐下来，为大家展示了一番。

后来参加市赛，上的是一篇课外文章。得到激励之后，我将课件制作得更为精致美妙，结果那一次败走麦城。原因是：学生的基础远远低于我的预期，他们竟抄起了课件中的内容，而我当时试图说服学生不做抄翁，却没有想到，正是我自以为得意的课件，才给了他们不主动思考的机会。

火焰刀折了！当时我想，这只能是我使的刀法有误，岂可能是刀本身有错？于是继续精研软件，自学 Flash，一时还未成赛课能手，倒先成了远近闻名的课件高手，不少要参加优质课比赛或有大型公开课的老师，便托人拿了名酒咖啡来央我做课件。

2002 年，在县市级和大市级的公开课上，我都获得了一等奖。两个课件都做得别致，文字极少，画面极精，能互动，能一定程度地输入“变量”，自然在获奖中也分了不少功劳。在嵊州上《故乡的小路》这堂课时，我在课件中要同时解决如下矛盾与难点：让学生任意选取文章的一个部分来学，没有固定的顺序；限于时间，要舍弃文章中的某些片段，但学生仍然可能选择它；让学生用词语归纳段意时，词语是不确定的；更重要的是，学完全文之后，所有由讨论得出的学习成果将在课件中生成一条曲折的通往故乡的小路（这条小路与作者的人生之路形成同构）……正是解决了这些难题，才使课堂让人“看”起来耳目一新，取得了奇兵之效。

但作为一名天生的怀疑派，我会不断地质疑自己已取得的成功（相反，在失败的时候我倒可能会自我辩护）。绍兴市优质课获奖以后，我开始对优质课和课件产生怀疑，我认为那个课件的成功恰恰证明了我课堂的精巧设计，让学生不由自主地中了我的圈套。

一怀疑，就生叛逆心。后面几堂较为成功的公开课，我弃苦练而得的“火焰刀”不用，竟然也获得了成功。尤其是《丑小鸭》一课，回归黑板板书，由讨论而生成板书，充分呈现了“走向未知”的后现代教育观与对话课堂观。

然而弃课件的成功反过来又缓解了我对课件的怀疑。只是从此，我的课件开始返璞归真：不再用虽然精美但特别费时的 Flash，而只采用最简单的 PPT，课件中不再含教学程序的设计，因此也就不再成为课堂进程的枷锁，而仅仅成了其他“兵器”的有效载体，成了高效率、高质量的资料呈现手段……在《斑羚飞渡》的课件上，我只用课件来呈现几段文字与影视资料。仅用一两个小时制作成的课件，配合着课堂走向了深层对话。这次，没有人再感叹课件的精妙，而只是在课堂的高潮处沉默不语。

长生剑——朗读秀

课件是最新的武器，朗读是最古老的武器。朗读对一个语文老师的重要性，不亚于烧回锅肉的水平之于成都的厨师。

身为语文老师，无论你音质是否动听，普通话是否标准，你都无法绕过朗读这一关。

对支玉恒、韩军而言，朗读便成了他们的“常胜剑”。支玉恒教《金色的鱼钩》，当场范读，听课的全体师生潸然泪下，乃至抽咽不止；韩军在舟山上深情吟诵《大堰河——我的保姆》二十多分钟，全场为之动容……

我的普通话至今没过二甲，然而在平时自家孩子面前也一样深情吟诵，一样能够让听者动容，黯然动情，甚至起到事半功倍之效。但是遭遇公开课，我还敢这样“玩火自焚”吗？

其实还是得量体裁衣，按季穿衣。如果上的恰巧是诗歌，拼了命也得使一回并不熟练的“长生剑”。

一次校级比赛上艾青名诗《假如我是一只鸟》，我只读一遍，便全场肃然。只是没有人知道，为这一回读，我跟着磁带练了百十回，且不是学它如何把握语气语调，而仅仅是为了纠正自己实在很不可靠的“绍普”。

参加大市级优质课的那几天，我耳朵里整天塞着耳机。后来人家跟我说，你当时真是成竹在胸，好不悠闲。只是他哪里知道，我 MP3 里放的是课文的录音！因为是课外选文，所以还特意请了一个普通话极好的同事录了放在 MP3 里，来来回回地听。

有人说粉笔字和普通话是一个语文老师最重要的基本功，信然。既然逃不掉，即使你并不喜欢这一柄“长生剑”，也得不时拿出来好好地练上一练。

然而关于此招我岂敢多言，想必个中高手肯定会有更精彩的表述。

多情环——电影剪辑

公开课上爆破力最强，也最取巧的武器是放电影剪辑——你要赚眼泪或者掌声，都有明星们伺候着呢。

“拘禁”在大山里的时候，我便有意识地收集能够促进教育的影视，从好莱坞大片《拯救大兵瑞恩》到学生特喜爱的卡通片《灌篮高手》，都曾经是我教育学生的“暗器”，以至于我的不少学生给我写信，至今还以“教练”

相称。然而有意识地在语文课堂上使用电影剪辑，则是受到了朋友郭初阳的启发。他的《烈日暴雨下的祥子》和《珍珠鸟》等课，在引入电影的思想与方法上，都有所突破。

逼真的影像、感人的音乐和扣人心弦的剧情……电影所具备的强大力量，远远超过文字或一般文字加上图片的课件。电影还是一部时空穿梭机，让你随时随地进入人类所能想象的任何地点、任何时间，介入人类所经历的任何事件。

古老的语文课堂要焕发新意，岂能弃人类最新的艺术与科技手段不用？

然而电影剪辑这个"多情环"使将出来，却既要当心成为情感的点缀，又要当心放得出去收不回来。上《故乡的小路》一课时，曾有人提议用上某个母亲为儿子缝衣的电影剪辑，然而我看了之后，觉得这个剪辑过于感性、肤浅，也没有增加课堂的张力，所以放弃了。后来在赛课时我不止一次看到其他选手使用这个剪辑，正如我原先所想，无非是加了一个漂亮的点缀，但课堂并没有因此而亮起来。

课堂上运用电影剪辑更常见的毛病是电影固然摄取了学生与听课老师的魂魄，一如"吸星大法"，但若食之不化，喧宾夺主，便容易使电影取代了文本，冲淡了思考。

我自己感觉用得较好的一个剪辑是在上《斑羚飞渡》一课时用的《泰坦尼克号》剪辑，让实录来替我说话：

播放《泰坦尼克号》电影片段，描述场景如下：

泰坦尼克号渐渐下沉，船员们忙着组织妇孺登上小艇逃命，甲板上上演着一出出丈夫与妻子、儿女与父亲永别的惨剧。恋爱中的杰克和露丝也在甲板上，露丝不愿抛下杰克一个人逃命，她的未婚夫卡尔找到他们，劝说露丝逃命，他撒谎说已经定好了逃命的小船，杰克也可以上船。露丝信以为真，登上小艇徐徐下降。

而在小艇下降前的片刻，泰坦尼克号的主人艾斯梅偷偷地溜上了船逃命。组织逃命的船员迈达特看到这一幕后十分震惊，但仍然不动声色地指挥小艇下降……

《泰坦尼克号》悲怆的主题音乐响起，人声消失，徐徐下降的露丝和其他获救的人们望着镇静地指挥着这一切的迈达特和混乱的人群……

（全场肃然，为电影中的镜头深深感动。）

师：为什么指挥登船的迈达特没有揪出那个下船逃命的男人？

生：我想是因为当时很乱，如果揪出他只会增添混乱。

生：因为他也是一个生命嘛，多救出一个生命不是更好的事吗？

师：为什么杰克要向他的情敌卡尔说“没有说好吧”？（学生略沉默）

生：他也想逃命，他不想死。

师：同样身为健壮男人的贵族青年卡尔为什么能够逃命？

（全场沉默，肃静。）

师：我知道，现在我们每个人都面临着一个真实的选择：我会自顾逃命吗？我这样做是不是卑鄙？对这个问题，也许我们可以这样思考：面对死亡时任何犹豫、慈悲、怜悯、胆怯都是生命无比珍贵的体现，也是舍己救人者之所以伟大的体现。你可以迫于情势和规则反对一个人自顾抢先逃命，但是你不可以认为他的死是应该的，而且没有犹豫的权利。只有万分珍惜、不舍的东西，我们才能说它是珍贵的；轻易可以抛弃的东西，怎么可以说是珍贵的呢？而生命，恰恰就是我们最珍贵的、最不想抛弃的东西。也唯有这样，那些献出自己生命的人，才显得如此高尚、高贵，值得我们敬仰。

……

霸王枪——论辩

既然公开课含有表演的成分，那么总得在课上展现一下每个人最拿手的“好戏”，或唱，或舞，或诵……从表面看来，我的那柄无敌的“霸王枪”

是论辩。

快捷地抓住对方话语中的要义与要害，用简洁清晰的语言给予快速反击，这是我在网络论坛上的“个性”，也是我在生活中的“长处”。平时，我在课堂上经常性地表演“双手互搏”，同时串演正反方，然后自己诘驳自己。在公开课上，岂能不露一手长期演练的必杀绝技？

上《故乡的小路》一课时，借班学生没有提问习惯，我设计的“你有什么问题提出来”这一招受挫，且几乎消耗近三分之一的课堂时间。然而转机出现在“论辩”上，当我以课文的语句为依据，坚持认为“守在乡下的母亲从内心里想要远在京城工作的儿子回去陪伴她度过晚年”时，学生终于忍无可忍，勃然而起进行反驳……成了，他们从课文中找出的证据越来越多，课文的解读越来越细……终于，老师们的掌声响起来，表面上是给“愤悱”的学生，实际还不是给扮演一回反角来启发他们的老师？

上《儿子的旋律》一课时，我们围绕“儿子认为父亲该不该被免职”的问题，展开了对主题的深入讨论；上《丑小鸭》一课时，就“丑小鸭是不是注定要变成天鹅，而不管它有没有经过努力”这一难题展开的正反方面红耳赤地辩论，使得文本的解读与课堂的对话，都达到了一个相当的高度；而《斑羚飞渡》一课，说穿了，无非是一个没有结论的“遇到灾难时我们该先救谁（或先遗弃谁）”的大辩论。

孔雀翎——问题（文章解读）

然而，当我们不是简单地从文章中学习丑小鸭永不放弃的精神，而是结合具体的课文语句来讨论“丑小鸭是不是注定要变成天鹅，而不管它有没有经过努力”的时候，其实我们也就是在使用另外一个更重要的武器：有深度的且角度新颖的文本解读。论辩只是表面的形式，论辩下面潜伏着的“真问题”，才是课堂的灵魂。

最终，决定公开课成败的，不是谁用了什么花招，而是谁把课文上得最有“意义”。决定课堂“意义”质量的两个因素是课堂对话的质量与文章解读的质量，而二者其实不过是钱币之正反面，且以对文章的独特解读为前提。

在所有的文本之后，都有一个牵涉人类经验的根本主题，抓住并厘清这个主题，你就能发现问题之所在、之所出。而教学最困难、最有争议的恐怕就是发现一个根本性的问题。

一篇课文只会有一个根本问题。一堂课只能有一个根本问题。其他的不是问题，而仅仅是走向这个问题或者带着这个问题走向未知深处的途径。

上《斑羚飞渡》一课时，它不可能是人应该保护动物，猎人不应该冷漠地在旁边看着斑羚赴死。因为作者并没有意识到，他写的不是斑羚，斑羚并不具备这样的本领与本能，他让它们赴死，只是把人的道德观和生命观，投射到了其他动物的身上……因此，这篇课文的根本问题就是：面对灾难，谁应该赴死？

上《爱莲说》一课时，在“莲出淤泥而不染”的背后，难道没有古时文人的自命清高吗？但反过来作简单的“淤泥赞”，是不是又无视了“莲花赋予淤泥以多彩的生命”这一辩证的关系呢？

找到了一个根本性的真问题，就是握有无敌于天下的“孔雀翎”，当它展开的时候，将使课堂发出“比彩虹更美丽绚烂的光芒”。

拳头——应变，无招之招

我不知道拳头该不该算成一种武器。

但一到台上，你就会发现，原先打造的武器都不过是决斗前的准备，而且别人也一样握着锋利的武器。你还将发现，各种武器之间并没有高下之分，真正决定胜负的是双手；在许多时候，原先精心策划的所有招数，购置的新型武器都会因为情况突变而无法发挥它们在理想状态下的功能，这时候，克敌制胜的只能是你的应变能力——就像是赤手相搏中，决定胜负的是谁的拳头更硬、更有力。

而且，随着课程理念的逐渐普及，课堂由表演走向对话，由预设走向生成，这已经是大势所趋、人心所向。这时候，一个教师的人文视野、阅读积淀和应变能力，将越来越成为决定公开课成败的重要因素。

比招式，终将让位于比拼内力；比设计精巧，终将让位于比课堂生成。《笑傲江湖》中风清扬传令狐冲“孤独九剑”，至第九剑“破气式”，只是传以口诀和修习之法，并无任何剑招，且说什么“神而明之，存乎一心”云云。看来这无招之招虽然可以习得，却不能用语言来加以形容。

应变、生成与僵化设计矛盾，但与精心准备并不矛盾。只有在精心准备的前提下，在自由与从容的状态下，课堂才能迸发出前所未有的灵感。

上《丑小鸭》一课时，一学生提出“野鸭”和“大雁”对丑小鸭的态度并不像前面同学所说的是一样的，它们评价丑小鸭一个说“你丑得厉害”，一个说“你丑得可爱”……于是乎我积淀了几十年的生物知识和神话（童话）知识一下子被点燃，我们通过阅读课文进而发现：

文章中所有动物对丑小鸭的态度呈现为一个亲疏的顺序，这个顺序依据的是跟丑小鸭的血缘关系，或者说物种的远近关系。猫是哺乳动物；鸡是禽类，但不会水；家鸭是野鸭驯化后的物种；大雁又叫作鸿雁，与天鹅很像，长脖子，但毛色是青灰的，它还是家鹅没有驯化的先祖；而丑小鸭就是一只天鹅……文章就是按照这种亲疏关系在写，关系越远的，就越不理解丑小鸭的想法，不理解就会导致误解，甚至是不屑。为什么后面丑小鸭看到天鹅就感到激动与亲切，天鹅看到丑小鸭也立即表现出亲热？因为它们是同类，完全理解对方的语言与梦想……我们这样从动物学来解释它们对丑小鸭的态度为什么不同，也许并不正确，但至少是一个巧合，至少在课堂上我们品味到了创造的快乐。

“怎样进行这种准备呢？”不妨借异域高手苏霍姆林斯基的话来印证此招之玄之重：“这就是读书，每天不间断地读书，跟书籍结下终生的友谊。潺潺小溪，每日不断，注入思想的大河。读书不是为了应付明天的课，而是出自内心的需要和对知识的渴求。如果你想有更多的空闲时间，不至于把备课变成单调乏味的死磕教科书，那你就要读学术著作。是啊！我们应当在自己所教的那门学科里，使学校教科书里包含的那点科学基础知识，只不过是入门的常识，在科学知识的大海里，我们所教给学生的教科书里那点基础知识，应当只是沧海之一粟……”

说到底，“技术”毕竟是个中性词，或者说，它是个褒义词，因为它能够帮助我们解决许多现实的难题。技术无罪，正如刀无罪、剑无罪——尽管刀剑也可能沦为凶器。

然而正如人在制造工具的同时，工具也在改造着人类。当“技术”与“主义”结合上升为“技术主义”的时候，我们就可能会因此而遗忘课堂与教育的本意：师生生活在一起，彼此带来希望、幸福与挑战。

超越技术的是持续地关注技术为之服务的本来目的：在课堂上的人的幸福与成长。

我们是不是还有其他更简洁或者更复杂的途径，可以达成这一目的？

丢开框框，计算落差

——新课标下的公开课前瞻

如果把公开课看成是教研活动中的“名门闺秀”的话，那么我们给这位“贵夫人”所列的条条框框可真不少于封建社会的“三从四德”。而且我们的标准就像个太过灵活的风向标，那边说才“合作”，课堂上就到处起了合作风；北京用了课件，不久全国普开课件花……每一个流行的观念，都成了评委和教师们对公开课和优质课的又一道紧箍咒。在这么多条条框框的束缚下，我们的公开课居然还能上得热情洋溢、气氛热烈，实在很不容易。

且慢，我并不是说他们事先进行了排演——排演课早在课程标准出台之前就该走下历史舞台了，在这里再提这个，未免不够“流行”。我是说，即使我们的课上得“在教学过程中，教学目的明确，教学内容清晰，教学方法灵活，有理论、有实验；教学过程活跃，教师问问题，学生回答问题，师生互动，气氛热烈；教师语言准确简练，教学时间安排精当，当老师说‘这堂课就上到这里’的时候，下课的铃声正好响起，掌声雷动”，①我还是不得不遗憾地说：这仍然不该是课程标准下的优质课。

公开课和优质课之所以流弊至今、积重难返，我个人认为最大的病根，是评价的对象和评价的标准一直都是错误的。试想用一杆不准的秤，如何能够称出课堂的真实的重量来呢？

首先，我们一直把目光放在教师的“表演”上，以前是板书和仪态，现在比口齿与应答，当我们为教师的一个“有预谋”的应变喝彩，或为教

---

① 袁振国：《问题与答案，哪一个重要？——新世纪基础教育改革微观思考之一》，《人民教育》2001 年第 4 期。

师以标准的普通话背诵全文而鼓掌的时候，我们早已经忘了我们坐在这里的目的是进行学习研究而不是观看演出。

其次，即使当我们把目光放在学生上，我们所做的评价，也只是学生表演的绝对值的大小。也就是说，学生讨论热烈、发言积极，这就是好课，而反之，学生磕磕绊绊、冷场良久自然坏了一堂我们期待已久的“优质课”。

错了！根本就是错了！——如果学生一开始就懂了，就明白了，就能提出反诘且已经滔滔不绝，那么我们公开课的意义何在呢？我们对话也好，合作也好，探究也好，个性也好，又有何意义呢？

我们上课，原初的目的就是让学生从不敢到敢，从不会到会，从不懂到懂（再到新的不懂），如果我们的公开课课堂没有体现这一过程，那么我们的公开课的科研价值在哪里呢？难道我们真的只是为了欣赏教师与学生的“集体秀”？

所以我说：丢开一切“三从四德”式的条条框框，只以课堂前后学生在知识、能力、思想、情感等方面（或某方面）的落差为依据，来评价这堂课是否成功，是否有益于学生，是否为真真切切的科研活动而不是友情演出。如果我们把这些视为一堂课的真正价值的话，我们又怎么可以把其他的因素当成是示范和研究性质的公开课的论据呢？

让思维在问题之间飞翔

——“问题教学”的再探索

关键词：问题、问题教学、答案、思维

一个我们并不想否定的理论是：问题，是思维的发动机；思维，永远从问题开始。问题，在语文教学中有着举足轻重的地位。但是在语文教学实践中，我们却遗憾地看到：答案，成了思维的终结者；思维，在找到答案时停止了脚步。

有人把这种“学生带着问题走进教室，没有问题走出教室”的教育称之为“去问题教育”；而我则把这种一个根本没有问题的教师用“问题”问一群根本不想知道答案的学生的教学称之为“伪问题教学”。学生为解答教师提问来学语文，背着教师提供的答案离开语文课堂，这难道真是我们语文教育的目的吗？能不能让学生“自己带着问题来，生出新问题走”，让学生在离开语文课堂之后，不离开语文呢？

基于上述思考，我们尝试在教学实践中对问题教学进行改进。我们尝试由学生自由提问，对问题进行集体讨论思考，并不断地在寻找答案的同时寻找新的问题，以问题为钥匙，开启学生的思维之门，培养他们的创新精神；而不只是以教师的问题为课堂的纽带，并最终以此来打开答案仓库的大门。下面是我们在探索过程中出现的两个典型案例。

案例一：问题比答案更精彩

《曹刿论战》第二教时。由于我自己之前对这一名篇有些不太在意，所以备课时只是简单地设计了一些问题，目的在于引导学生得出教参上的答案。于是不多久，我们就几乎完成了任务：课文用对比的手法，以鲁庄公之愚昧昏庸，反衬出曹刿在政治上的远见卓识和在军事上卓越的指挥才能。

就在我们都以为教学任务将要顺利完成时，一个学生突然冒了出来，把课堂带向了另一种境界：

学生甲：我认为这样评价鲁庄公是不公正的，如果他真是一个愚昧昏庸的人，就不可能起用一介平民曹刿，不可能取得长勺之战的胜利。

一石激起千层浪，这一发言引起了下面的纷纷议论，这时我才意识到这篇文章完全可以有另一种新的教学法，完全可以上得兴味盎然、创见迭出。于是我趁机诱导：现在我们对鲁庄公有了两种截然不同的评价，你认为哪一种比较有道理，请结合课文、结合历史和社会知识来说明理由。

于是，学生纷纷重新审视课文，并以课本的语句为本，结合一些课外的知识，得出了一条又一条的鲁庄公并非昏庸的理由：

学生乙：他好学善问。古人云非学无以致疑，非问无以广识。鲁庄公一问就能问到妙处，即使称不上是一个好君主，至少也是个不错的学生。不比今天，有些人为顾全颜面，便不懂装懂，再说鲁庄公虽说是个小国之君，却多多少少是个“头儿”，能如此不耻下问，实在是当今社会一些领导同志的榜样。仅此一点，便不能说他“鄙”，说他目光短浅。

学生丙：还有，他礼贤下士。像曹操这般枭雄，乍一看心胸开阔，计谋胸襟胜于鲁庄公多多。其实未必，曹操容不下一个小小的杨修，鲁庄公却独具慧眼，又与曹刿同坐一车，听其教导，用其计谋，细问缘由，这实在是历代君王少有的行为，这怎么可以说是“鄙”呢？

学生丁：人们所处的岗位不同，分工不同，能力也就各有所异，又怎么能用同一尺度来度量呢？我们不能因为要赞扬曹刿在军事上的深谋远虑，就一定要贬低鲁庄公在政治上、用人上的英明。就像韩信带兵远胜于刘邦，但他却为刘邦所用，因为刘邦所长的是“带将”的本领。同样，曹刿之所以能够脱颖而出，这难道不是鲁庄公慧眼识英雄的功劳吗？

……

就这样，一个小小的问题引发了一场热烈的讨论，让几十个人成为积极的思索者，让思维在问题的天空进行了一次自由自在的飞翔。而这一场讨论又把师生从课文带向了更广阔的生活空间和书本世界，引发了一场场新的阅读、思索和讨论。

案例二：答案未必是丰富多彩的

然而“问题教学”（或称“学生问题教学”）并不是不要任何一种结论或者定论，有些问题必须得出一个答案就应该得出一个答案，关键在于这个答案的获得是应该让学生自己提出问题并最终找出的。请看下面的案例——

在以钱梦龙创造的字词教学方式解决了《愚公移山》一文的字词后，学生对愚公的行为议论纷纷：有人认为智叟才是明智的；有人认为愚公的精神是可嘉的，但做法是愚蠢的；更有人甚至认为中国人的落后正是信奉了愚公移山的愚蠢精神……我因势利导，告诉学生下一节课以辩论的形式讨论“愚公究竟愚不愚”这个问题，到时大家根据所持观点分成两个阵营相对而坐，进行正反方大辩论。下面是课堂上正方（愚公不愚）与反方（愚公实愚）的第一回合交锋的摘要：

正方先以课本语句为据，从愚公移山的目的、过程、结果等方面论述了“愚公不愚”的观点。

反方：愚公之愚，在于有勇无谋，不识变通。他一碰到二山问题，考虑还不周，就决心要把二山移走。愚公他虽有坚忍顽强、百折不挠的精神，但他缺少了灵活性，不思变通。倘若他当初选择的是搬家而不是移山，那他只要把家搬迁，易地而居，二山问题即可迎刃而解，又何劳子子孙孙都为愚公的愚付出如此沉重的代价，糟蹋了他们的一生。愚公！汝心之固，固不可彻，曾不若孀妻弱子。子孙之难，无穷匮也。

反方：从古至今，也不知道有多少人像愚公一样，做事不考虑长远利益，他们都不曾考虑对不对、值不值。就像有一些樵夫一样，决心要把森林铲除。于是，世世代代都在坚持不懈地砍树伐林，终于，得到了上天的“怜悯”，上天赐予了我们“特大洪灾”。试想，如果这些樵夫没有砍那么多的树，就不会导致水土流失，洪灾也就可能没有那么严重了。这都是前人的愚，给我们带来的难。

反方：拿破仑曾说过这样的一句话，世上有四种人，聪明人、愚蠢人、勤快人、懒惰人；聪明而勤快的人、聪明而懒惰的人，甚至愚蠢而懒惰的人都可用，唯有那些愚蠢而勤快的人不可用。因为愚蠢通常会使他们走错方向，而方向错了，他们的勤快岂不是会造成更大的麻烦？

反方：如今，在这个适者生存的时代，那些愚公式的人都会因无助于或少助于社会而被淘汰。所以当我们遇到问题时，应考虑“移山”好还是“搬家”好。这才是智者，更是适者。

……

结果如我所预料，反方由于找到了第一届新概念作文比赛的一篇获奖作文，一下子就占据了场上的主动权，把老老实实依据课文，认为课文讲得不错的正方同学打了个措手不及。辩论出现了一边倒的倾向，似乎大家已经完成了这场辩论。于是我分发了事先准备的一道文言加标点练习（前一段是钱梦龙教学时为巩固课文字词而做，后一段是我预测论辩赛的情况而做，为方便阅读，下面都已加上了标点）：

甲乙二生共读《愚公移山》。生甲掩卷而长息曰："甚矣，愚公之愚。年且九十，而欲移山，山未移而身先死，安能自享其利乎？"生乙曰："愚公之移山也，盖为子孙造福，非自谋其私也。故以利己之心观之，必谓愚公为不惠；若以利人之心观之，则必谓愚公为大智大勇之人也。"生甲亡以应，生乙复曰："今欲变吾贫穷之中国为富强之中国，其事之难，甚于移山。若我十余亿中国人，人人皆为愚公，则山何苦而不平？国何愁而不富？"生甲动容曰："善哉，君之所言。愚公不愚，我知之矣。"

生丙闻二生之言，移席而笑曰："愚公之精神虽甚可嘉，然其法则实愚也。移山何若搬家，所费之力寡，而子子孙孙免受山之阻、移之苦，何乐而不为？况移山之法，叩石垦壤，毁山之草木，损海之生灵，实有百害而仅一利之为也。愚公之愚，愚不可化也。"生乙闻言而正色曰："见国土鄙陋而厌弃之，委身为他乡之客、异国之子，实今人之常所为也。然则长此以往，何人整治吾乡吾国，搬家之举，虽省力少忧，然非大丈夫之所为也，毋须复论也。至若叩石垦壤之法，亦当初所仅能为之者。愚公及后来者，必能于干中思、移中学，时至今日，有悬索之法，有隧道之法，有盘山公路之法。皆既能使山中之出传之四方，复能使山外之物输之于内；既可不损天地之大貌，复能达'指通豫南，达于汉阴'之目标。愚公之为，何愚之有？"

在纠正标点并进行朗读之后，辩论继续进行，这时正反方的力量又出现了一个大逆转，原先认为自己无懈可击的反方阵营中产生了相当一部分“倒戈相向”的起义者，而本来以为自己已必败无疑的正方又看到了一片光明。并据此把对方原来提出来的盘山公路、高架索道都纳入了“移山派”的“方法论”中……

最终，我们得出的结论是：“愚公不愚”，我们应该以新的方法来完成愚公的“指通豫南，达于汉阴”的理想，并学习他那种百折不挠的精神。就这样，通过辩论，为一个具有积极意义的寓言故事重新正了名。但随之而来生成的新的问题是：在实际的生活中，我们的行为哪些只是愚蠢之“愚”，哪些才是“愚公之愚”呢？在“固执”与“执着”之间，我们走的究竟是哪一条道路呢？

结　语

哈佛大学有一句名言：“教育的真正目的就是让人不断地提出问题并思索问题。”而我们传统教学的一个弊端，恰恰是缺乏独立思考的能力和习惯，缺乏精神的独立性。在培养创新精神和独立精神上，语文教学很重要，而问题教学则很有效，但是，问题教学法绝不能理解成教师提出问题，学生回答问题的教学。语文教师应该引导学生自己去发现文章中矛盾的焦点，让学生自己去审视、去发现、去生出问题，并得到问题的答案和随之而来的新的问题。

问题是思维的起点，而答案不应该成为思维的终点，我们不应该让思维在答案出现时停止，而应该鼓励它展开更为有力的翅膀，在布满问题的天空飞翔。

作文个性的湮没与拯救①

语文教学改革是个整体性的工程，任何局部的改进都不可能取得整体的改观。因此以作文教学为话题，也只是寻找一个切入点，我希望自己指向的仍然是语文教育乃至教育的整体改革。

近几十年来作文教学一直为人们诟病，身为语文教师，我认为我们无须为自己辩白，我们需要的是用实际行动来改变这种状况。反思自己这十多年的作文教学，再结合已经探索到的一点点心得，个人以为，我们中学作文教学最大的错失之处，既不是基础的崩溃，也不是创新的缺乏，而是我们的教育湮没了学生的写作个性。因此，我把今天论述的内容定题为“作文个性的湮没与拯救”，愿以这一孔之见和大家探讨。

“另类原是大多数”——为“个性”正名

文章，是个体人格的外化，“作文的个性”其实也就是“作者的个性”。而一直以来，我们把“个性”片面地理解为大胆、泼辣、果敢，而把与此相关的另一个名词“另类”定义为标新立异、哗众取宠。于是，我们会认为一个泼辣张扬的学生有个性，而不会认为一个文静内向的学生有个性；我们会认为一篇尖锐深刻的文章有个性，而不会认为一篇优美恬静的文章有个性。实际上，个性本来指的是这个人已形成的、内在的、不同于他人的气质。沉静者的个性是沉静（如沈从文），泼辣者的个性是泼辣（如王朔），

① 此文系 2003 年 1 月在绍兴市青年语文教师论坛上的演讲稿。

标新立异者的个性是标新立异（如韩寒），忧郁者的个性是忧郁（如叶赛宁），甚至，颓废也是颓废者的个性（如波德莱尔）。

因为每个生命都是独一无二的，自然而然就是与众不同的，所以，也就是“另类”的，是有自己的“个性”的，因此我们说，“另类原是大多数”。只有承认每个学生都是“另类”且有着成为另类的权利，具有独特的“个性”；并进而认识到我们所追求的“作文个性”，其实就是让学生写出他自己（当然，这个自己是矛盾的、发展的、变化的动态自我，而不是静止的遗传结果），按他自己内心的本来面目来写的时候，我们才可以讨论“作文个性的湮没与拯救”这一话题。

作文个性的湮没之由

原因一：“文以载道”是作文个性湮没的罪魁祸首

作文教学中最大的毛病是对“文以载道”这四个字的片面理解和顶礼膜拜。语文教学中所谓的“道”，一般并非学生内在的独特感受，而是外在的、一统的、在作文之前就已经确定并不容学生怀疑的东西。本该抒写真感受真思想的作文一旦载了那么沉重的“道”，它基本上也就废了。为了这个“道”，我们的作文只能“歌颂”与“赞美”，可实际上除了教徒、疯子和文客，谁在每天歌颂着？还不是牢骚比赞美多，忧伤比快乐多，自私比大公无私多，怀疑比坚定多？所以我的看法是“文以写人”，文章首先应该是个人的东西，是一个人的喜怒哀惧、酸甜苦辣、嬉笑怒骂，当然也包括反思、逻辑、思辨在纸上的凝结。

我总怀疑，“文以载道”“教作文就是教学生学做人”这些话是不是太大了些。至少，这些话会给教师带来这样的负面影响：既然教作文就是教做人，而做人必须做一个积极的、健康的、乐观向上的人，所以作文也就理所当然地不能写低级趣味的、消极颓废的、肤浅片面的东西。

命题者也正是抱了这样的观点，在命题的时候就已经指明了“该怎样思想”“该载什么样的‘道’”，以期望自己的命题能帮助学生“通过作文来好好地做人”。如1998年高考作文题为“战胜脆弱”，命题者认为，脆弱是一种不健康的心态，应该战胜；但命题者并没有想，学生现在究竟是不是已经战胜了脆弱，他有没有这样的经历或者是否赞成这个观点。而学生的实际是：真正体验过战胜脆弱的只占少数，而能成功地战胜脆弱的少之又少；作文的事实是：他们只能编造父母双亡、家庭离异的故事，先无中生有地“制造脆弱”，再无中生有地“战胜脆弱”。我们平心静气地想一想，对一群事实上连脆弱都没有感觉到，更谈不上战胜脆弱的学生而言，他们怎么可能把这篇文章写好？

如果在提倡个性和创新的过程中不允许思想出错，就像在科学实验中不允许实验出错与失败一样，正确的思想也就不可能由此产生。于是到最后，在作文中出现的，只能是已经被先人论证了是正确的，并且是由教师提供的思想，而不是学生的思想。一方面是作文要求有“真情实感”，另一方面是作文不能有消极、颓废、另类、早恋的思想与感情，难道这些就不是真实的思想和情感，而只有阳光灿烂、将革命进行到底才是真实的、正确的思想和情感吗？

本来，“个性”是不用提倡的，只要不横加扼杀，它就能自行发展。因为每个人先天地带着不同的密码来到这个世界，而在阅读生活和自然这本大书的时候，每个读者读到的内容和读后的感受也是不可能一样的，这个“不一样”就是个性。可是，我们一直所做的恰恰是在消除着这个“不一样”。于是我们只能用一种眼光来看社会这本大书，然后再来要求学生有“作文的个性”和“创新精神”，这不是南辕北辙吗？

原因二：作文教学已经沦为作文技巧的教学

如果一个材料已经有了铁定的情感意向，只能做一种是非观，学生只能在一个既定的观点中阐发，那么这必然是一次伪话题的作文检测。这里只有技巧，只有说谎编故事的技巧，没有也不能有自己的思想。

既然作文的思想已经是既定了的，既然我们教师和学生都只能是代这个思想立言，那么，我们的作文教学也就自然地沦为作文技巧的训练。

这几年的高考作文题目都很讽刺:“答案是丰富多彩的。”其实只有一个答案，这个答案就是“答案是丰富多彩的”，这是一个既定的、不容改变也无须思考的文章灵魂，你要做的，仅仅只是为这个灵魂添一些故事或者数据，来证明“答案是丰富多彩的”就行了。谈“诚信”其实最无诚信可言，因为你要得高分，你要不被判为离题或者离经叛道，你就必须在所有的背囊中最后剩下诚信，至于在生活中你有没有弄虚作假，在“诚信”和“个人利益”之间你先会丢弃何者，那都并不重要，重要的仅仅只是在作文中的表达。“心灵的选择”其实也只有一种选择，那就是你不必经历选择的痛苦，你只要在黑与白之间选择白，在聪明与狡猾之间选择聪明，在说实话与得高分之间选择高分就行了。

这些高考题目一再地暗示教师和学生，作文的思想是已经事先被定好了的，我们要做的，仅仅只是提高写作的技巧，或者干脆说是提高编故事的能力而已。所以我们也就不必奇怪，为什么课堂上和报纸杂志上贩卖的作文教学，基本上都只是一些技巧训练的指导。

这是一种由不自觉到自觉地丢弃作文灵魂的教学，在这种机械的作文技巧训练中，个性又何从谈起呢?

原因三:信奉一条并不存在的“认识规律”

在人人喊“创新”的热潮稍稍平息之后，有人又开始为作文教学提出了一种看似很符合认识规律的说法，叫作:始求规范、次求个性、终求创新。意思似乎是说:“规范”“个性”和“创新”是作文教学的三个台阶，不可躐等。

可是如果仔细分析一下，就可以发现这是一条并不存在的规律。本来，“规范”，指的是语言规则;“有个性”，指的是用言语来表达自己的感受和思想;而“创新”，指的是这个思想的发展趋势，三者并不是时间的前后和层次上的高低关系。

首先来看“规范”和“个性”。“语言的规范”和“语言的个性”是相互制约的一对矛盾，每个人都有婴儿期和青春期这两次语言发展的高峰期。在这两个时期，人会自觉地运用一些对他来说是新的词汇和句式来表达自己正在形成的思想，因此他也会较多地出现一些别字、错句和语意晦涩的语句。我们都能够容忍儿童在第一个时期出现的语言错误，甚至把它视为一种可爱的行为，儿童就在这种宽容中实现了语言的发展，并逐步在反复交流中达到语言的规范。但是，我们却往往不能容忍学生在第二个语言发展时期出现的不规范现象，为了避免教师的惩罚，学生也就学会了避免使用新的词汇和自己还难以有绝对把握的语句，事实上，他们也就因此失去了语言第二次发展的可能。所以语言的规范，是伴随语言发展始终的一个要求，是和语言的个性化相伴而行的。如果要等到学生已经规范了一切语言，然后才去求“个性”和“创新”，那么你将会发现，学生永远也不能达到真正“规范”的要求，于是，也就永远不可能有追求“个性”的机会了。

事实上，规范、个性和创新都应该是从小就培养的，错过了中小学这个培养个性与创新思维的黄金时间，后面也无法再加以弥补。甚至可以这样说，如果一个人在中学时代没有个性、没有创新精神的话，那么他一辈子也不可能再有个性和创新精神；反之，一个在中学时代语言不够规范的人，他完全可以在后来的学习与工作中加以规范。二者孰轻孰重、孰是孰非，一目了然。

再来说说“创新”和“个性”。本来，学生的每一次写作，就是一个自我的“创新”过程，是他对自己的语言、情感甚至思想的一次超越的尝试。在这点上，“个性的”也就是“创新的”，二者并无矛盾。但是，学生的这个创新对教师而言，对阅卷者和其他思想阅历远远高过他的人而言，仍然只是幼稚和肤浅的。于是，为了让教师和阅卷者承认自己的文章是“创新的”，他只能不说自己的话，而说社会上认为是新鲜的话；他就不得不为了“假创新”，而背弃“真自我”了；到这时候，“创新”也就成了“个性”的刽子手，作文教学开始打着“创新”的旗号，扼杀起学生的写作个性来。

就这样，夹在慢性顽症“不够规范”和流行性疾病“缺乏创新”之间，“个性”永远不得脱颖而出。学生的作文要么为“规范”所累，千人一面、千篇一律；要么为“创新”所害，花里胡哨、稀奇古怪，始终不能得以展现心灵与头脑的本来面目。

作文个性的拯救之路

途径一：允许思想“另类”，甚至“不健康”

如果作文真的应该是“我手写我心”，那么，我们就应该允许学生在作文中自然地流露一些“另类”的，甚至“不健康”的思想。

如果不允许“虚无”“油滑”“玩世不恭”的存在，那么文学也就不可能出现，个性与创新也就不可能出现。个性就是不以同一个模子出现，要知道，与虔诚的泰戈尔和健康的惠特曼并生的，是颓废的波德莱尔和忧郁的叶赛宁。因为思想是一个共生的“生物群落”，没有蚊蚋，燕子也就不能生存；没有狼，羊群也会出现机体衰退。一个思想的森林中只有一种乔木，没有其他种类的乔木，也没有灌木，没有蕨类，没有菌类，没有地衣和苔藓，这是很可怕的，也是不可能维持多久的。

但是我们却认定，“蕨类”不如“灌木”，而“灌木”又不如“乔木”；我们又认定，“狼”是有害无益的，“自私”是有害的，“消极”是有害的。于是我们努力使“灌木”“蕨类”“菌类”拔高自己、假扮自己成为“乔木”，努力猎杀尽一切思想上的“自私”“消极”，且只能“毫不利己，专门利人”，只允许学生的思想和心情三百六十五天阳光灿烂，万里无云。但是这可能吗？我们许多教师最怕学生作文中写到阴暗面，正如鲁迅所描绘的那般：“描写黑暗，便吓得屁滚尿流，以为没有出路了，所以他们讲最后的胜利……”或者如胡适所说：“他闭着眼睛不曾看天下的悲剧惨剧，不肯老老实实写天下的颠倒惨酷，他只图说一个纸上的大快人心，这便是说谎的文学。”正因为这样，如果我们的学生写出了不够成熟的《恶之花》《麦田里的守望者》或《挪威的森林》，完全可以预测，我们的教师们会怎样好心地批判它、扼杀它。

作为一种妥协，我以为既然作文是个人思想与感情的真实表达，如果这里面真有什么不对劲的地方，那么我们应该去引导、去教育、去帮助他，等到帮助他成为一个快乐健康的人的时候，他自然也就能写出快乐健康的文章。但就我个人的想法而言，我仍然固执地认为：作文，应该可以写消极的、阴暗的、晦涩的、痛苦的、脆弱的内心感受，在作文的尾巴上，不一定要让阳光驱散那些有人认为是不健康的东西。即使刚强如鲁迅，也这样理直气壮地为“伤感情调”辩护：多伤感情调，乃知识分子之常，我亦大有此病，或此生终不能改。

允许出错，其中还有一个原因是这个“错”里很可能有着明天的“对”，有着很大的“发明和创造”，因为历史一再告诉我们：今天认为是错的或者对的观点，未必能够保证它在明天还是错的或者对的——关键是说的人是不是秉着真心，在说着真话，说着自己想说的话。即使是所谓的“不健康”“晦涩”“朦胧”“消极”等这些学生个人在某一时间的感受，至少也比那些“虚伪的颂歌”要好得多吧？如果说作文教学也是在教育学生做人的话，这个过程也应该是在写作过程中通过自我诘问、自我肯定、自我反省、自我激励实现的。也就是说，首先要说真话，才有可能在写作文的过程中实现自我教育；说假话套话的教育，怎么可能算是学做人的工程？

当然，我这样说必须解决一个操作上的实际问题：面对学生作文中的幼稚、浅薄甚至错误之处，我们应不应该指出或者更正呢？

我以为应该指出，更正就不必代劳了。我自己在教学中是这样做的：就同一件事，列举一些思想家、作家或者其他同学，也可以是我自己的观点，供学生参照，让学生自己来修改自己的观点，或许是使之更丰富、更有思辨性，能够足以与他人的观点相抗衡，或许是改变学生自己的观点，接受另一种他认为正确的观点——在自己没有真正理解一种观点之前，我们是不应该让学生学会把这种观点据为己有并随时挂在嘴上的。

途径二：解放阅读，让每个学生拥有个人的语文资源

有人说我们的学生之所以写不好作文，很大的一个原因是他们的生活太单调与贫乏了。对此我很不以为然。

我倒想这样说，现在学生的生活是太丰富而不是太贫乏：永不休止的音乐，太过斑斓的画面，提前了解的成人故事和滞后残留着的卡通电视，唾手可得的纸上爱情和网上爱情，永不饥饿的肚子……这一切怎么可以说生活太单调、太贫乏呢？

其实，他们贫乏的只是阅读和思想，而不是生活。他们手中的所谓“思想”，其实只是从节目主持人和影视明星那儿拾得的一些牙慧，而我所谓的“思想”，是一个动词，是一种完全独立的、艰苦的，甚至痛苦的探索过程。要讲生活的贫乏，没有谁比史铁生、张海迪更贫乏——就像没有多少人比他们阅读得更丰富，思想得更深刻一样。阅读是写作的语言之源，也是写作的思想之源。心灵的丰富主要取决于阅读与思想的丰富，而不是生活的多姿多彩。

而阅读的丰富，不仅指他必须达到足够的阅读量，还指他所读的书籍，应该包括各种不同思想的作品。只有一种思想，是不可能教会学生思想的；而只有把各种思想放在一起，尤其是把各种既矛盾对立又相互补充的思想放在一起，学生才可能学会自己思想。所以，我一直认为传统语文教材精读一篇、泛读多篇的“举一反三”的编写思路很不利于学生学会思想。我认为，真正能够教会学生思想的阅读应该是“举三反一”的，或者更确切地说，真正的阅读本该既是“海纳百川，有容乃大”的，又是每个学生都有他个人的阅读倾向与品位的。

关于阅读总量，苏霍姆林斯基在《帕夫雷什中学》一书中告诉我们，帕夫雷什中学的学生在十年中仅仅文学书籍就阅读了几百册之多，涉及本联邦和外国作家数百人，阅读总量达几千万字，这还不包括几乎同样数量的科学类书籍。苏氏这样告诉我们：“一个人要成为具有劳动者、斗争者、未来的战士、未来的丈夫和父亲的意识的真正的人，他在十四五岁的年纪，就应当在自己灵魂的深处有一份丰富的精神宝藏——这就是他通宵达旦地读过的一二百本书，这些书对他来说就是精神的启示。”

关于个性化阅读，我很害怕人们过于频繁地引用“一千个读者就有一千个哈姆雷特”这句近乎真理的话来证明这是一种阅读的方法。过于强调阅读者在阅读过程中的主观能动性，会导致人们产生一种误解，误以为只要读少量的书，只要读同样的书，我们就能培养思想丰富、个性鲜明的读者。但我们不能忽略这样一个事实：如果所有的学生从小到大都读一样的书，都是这几本，而且只有这几本，那么我们想要他们有自己的个性与思想，也就是缘木求鱼了，更多的可能是他们最终只会用同一种声音说话。所以我所谓“个性化阅读”，是建立在博览与自主选择基础上的个性阅读，而并非在语文课堂上的多元解读。

我在一个山区中学教书，四年之前抱着“改革可能是死路一条，不改革一定是死路一条”的决心进行了语文教学改革。我从自己的上千册藏书中选出几百册适宜学生阅读的书籍任他们借读，为他们开出一个包括部分名著、畅销书、校园文学书籍在内的“黄金书单”任他们选读。当时来自校长室、班主任和家长的阻力确实很大，但我横下一条心，坚持搞了下来。目前，这批学生已经读高一和高二。第一次，这些从山区走出去的学生成了高一级学校的语文科代表、黑板报负责人、校园广播站的主持人、文学社骨干；第一次，他们不再听城区来的学生谈书籍、谈文学听得瞠目结舌，而是其他学生听他们谈人生、谈书籍而感到有所不如了。我以为，改变这一切的，不只是语文课堂，而更得益于课外阅读；不只是教师的辛苦教学，而更得益一本本书、一个个作者的熏陶。

途径三：语文课堂，让思想在问题与问题之间飞翔

然而三年一千多小时的语文课堂毕竟还是大有可为的。正是语文课堂，让学生与作者的对话得以深入，而不只是浅尝辄止；也正是语文课堂，通过各种观点的碰撞，通过一个又一个问题的解决和产生，从而使学生在学会表达的同时，也学会让自己的思想独立地飞翔。

如果说引导与自由兼而有之的课外阅读解决了语文教学“吃什么”的问题，那么语文课堂理应解决“怎么吃”的问题。就这点，我想对“问题教学法”做一点补充。

能不能让学生“自己带着最初的问题来，生出更深的问题走”，让学生

在离开语文课堂之后，不离开语文呢？带着这一思考，我进行了探索。

于是，上《愚公移山》一课时，学生用新概念作文大赛获奖作文《莫做愚公之类者》中“移山何如搬家”的观点否定了愚公，又用“西部大开发”的事实否定了“移山何如搬家”的想法。也许我们最后也没有得到愚公究竟愚不愚的结论，但他们的视野却又一次得到了扩展。

而学《爱莲说》一课时，学生用“没有淤泥哪来莲花”的想法批判了“出淤泥而不染”的沾沾自喜、忘恩负义，接着又用“没有莲花的淤泥只不过是一堆死的烂泥”认识到莲与淤泥互相依存的关系。也许学生对《爱莲说》的喜欢因此反而不如一般的学生，但他们从此已经有了一个“淤泥使莲花生存，莲花使淤泥超越”的辩证思想。

于是，读欧·亨利的《最后一片藤叶》，优等生们在随笔中写道：

“记住，你放弃的不仅仅只是一个机会而已，你放弃的是向美丽前进一步的动力。尝试了，至少有 50% 的希望；而放弃，就连 0.01% 的机遇都不属于你。”

“我想，无论是否有一个伟大的智者为我画上那假叶，都不及我自己心中坚忍的守候。春天，终会来的，守住最后一片落叶；一样的，我相信，明年常春藤又将绿叶满枝。”

而已经不可能考上高中的学生，则在随笔中做这样思考：

“冬天一定会到，树上的叶也一定会落尽——藤叶也不例外。不要以为这是树木斗不过天，它是无能的，也是无奈的，而这恰恰体现了树木的一种智慧，为了明年春天的萌发，它实在没有必要死守着最后一片叶子，苦苦地挣扎，为此耗尽了最后一丝力量。

“因为，树叶落尽并不表示生命的结束或者希望成为泡影；反之，这是一种大智的等待、重新萌生的希望：在它落尽最后一片叶子时，新的希望，也就在叶子落下的叶柄处悄悄地孕育了，萌生了……

“而假如，到了冬天所有的叶子都不落下来，那么第二年也就会少了许多新生的芽，至少我们将失去欣赏一树新芽花朵般盛开的机会。

“也因此，守住你的最后一片藤叶的办法，就是让秋天的叶子随风飘尽，而守住那叶子落下处的饱满的叶芽，因为那叶芽里面，就是一片新的藤叶，一个新的春天。”

面对两种矛盾的读后感，我没有肯定或者否定任何一种，我只是问：那么生活中，有哪些是我们可以舍弃的，有哪些是我们必须坚持的？或者说，对我们的梦想，我们应该坚持到什么时候？

在语文课堂上，问题固然是思维的起点，而答案却不应该成为思维的终点。我们不应该让思维在答案出现时停止，而应该鼓励它展开更为有力的翅膀，在布满问题的天空飞翔。而只有拥有了自己个人的思维与思想，我们才能在他们的作文中，见到真实的个性。

结束语

我最后想说的是：每一次提笔作文，都应该是学生的思想的一次开放的过程。但是，我们不能要求他们开出完全一致的花朵，或者说不能要求各种花朵只散发出一种芬芳。我们不能因为一些学生是玫瑰花，而另一些是金盏花，就要求他们也改变成为玫瑰花。我们只是希望，他们都开出真实的花，而不是假花。假花虽然鲜艳，而且没有病虫害，也不会枯萎，但它却永远是没有生命的。

为了让他们开出自己的真实的花朵，我盼望我们的阅读能够为他们的思想成长提供充分的营养；我盼望我们的课堂教学能够施以合适的阳光；同时我期待，有一天我们终于走出应试的泥潭之后，作文命题能够允许学生真正自由地表达。

图书在版编目（CIP）数据

破译教育密码：干国祥教育教学精华 / 干国祥著
. -- 桂林：漓江出版社，2022. 9
ISBN 978-7-5407-9299-2

Ⅰ. ①破… Ⅱ. ①干… Ⅲ. ①教学研究 Ⅳ.
① G40-03

中国版本图书馆 CIP 数据核字（2022）第 161876 号

破译教育密码——干国祥教育教学精华
干国祥 著

出 版 人 刘迪才
策划统筹 文龙玉
责任编辑 宗珊珊
书籍设计 石绍康
营销编辑 杜 渝
责任监印 黄菲菲

出版发行 漓江出版社有限公司
社址 广西桂林市南环路 22 号
邮编 541002
发行电话 010-65699511 0773-2583322
传真 010-85891290 0773-2582200
邮购热线 0773-2582200
网址 www.lijiangbooks.com
微信公众号 lijiangpress

印制 大厂回族自治县聚鑫印刷有限责任公司
开本 710 mm × 960 mm 1/16
印张 17.5
字数 251 千字
版次 2022 年 9 月第 1 版
印次 2022 年 9 月第 1 次印刷
书号 ISBN 978-7-5407-9299-2
定价 52.80 元